이 책은 성장과 안락함에 대한 당신의 생각을 영원히 바꿀 것이다!

— 루이스 하우즈 Lewis Howes (『뉴욕타임스』 베스트셀러 작가 · 『그레이트 마인드셋』 저자)

이 놀라운 책은 정체된 곳이라는 안전지대에 관한 미신을 다시 정의하는 것 이상을 보여준다. 저자는 그 실현 가능한 방법과 이유를 확실하게 들려준다. 그의 말처럼 '편안하지 않은' 상태에서 우리 몸은 절정의 기능을 수행하지 못하기에 당연히 우리는 배우고, 창조하고, 성장하기 위한 최선의 노력을 다하기 어렵다. 『컴포트존』은 진정으로 성장하기 위한 사람이라면 반드시 읽어야 할 단 한 권의 책이다!

— 우마 나이두 Uma Naidoo (하버드 영양정신과 의사 · 『미라클 브레인 푸드』 저자)

저자는 마인드셋 분야의 선도적인 리더다! 지친 몸과 마음의 건강과 번아웃으로부터 극복하기 위해 가장 필요한 것이 바로 마인드셋이다. 이 책에 담긴 안전지대에 관한 기존의 관점과 다른 전제에 누군가는 쉽게 공감하지 않을 수 있다. 그러나 『컴포트존』이 이야기하는, '오래된' 생각을 완전히 뒤바꾸는 지혜를 이해하는 순간 당신의 삶은 달라지기 시작할 것이다. 지금 이 세상 사람들에게 가장 필요한 이야기가 바로 이 책이다!

— 에이미 샤 Amy Shah (『포브스』 자문위원 및 웰니스 전문의사 · 작가)

'성장은 안전지대 밖에서 일어난다'는 말을 진리처럼 들어왔다. 크리스틴 버틀러는 이런 고정관념에서 벗어나 자신이 진정 사랑하는 삶을 살기 위해 필요한 안정된 내면의 힘이 무엇인지 보여준다. 이 경이롭고 깊은 공감을 불러일으키는 책은 지금 당신 안의 컴포트존을 확장해 앞으로 나아가는 도구를 준다. 이것은 저자가 자기 자신에게 알려준 것이자 성공을 이끈 힘이기도 하다. 이제 그는 전 세계 수천만 명에게 풍요와 기쁨으로 채운 삶을 살도록 영감을 전하고 있다.

— 벡스 킹 Vex King (『선데이타임스』 베스트셀러 작가·마인드셋 코치)

저자의 진정성 있고 자신의 경험에서 우러난 생생한 이야기는 당신을 독려하는 동시에 쉽게 행동할 수 있는 용기를 준다. 흔히 말하는 '자기만족지대'와 '생존지대'에서 벗어나 흥미롭고 강력한 컴포트존을 만들도록 돕는다. 이 책은 당신의 삶을 가슴 뛰게 만드는 패러다임의 전환을 가져올 것이다. 성공의 지혜로 채워진 이 책을 읽고, 실천하고, 당신의 것으로 만들어라!

— 닐레시 사트구루 Nilesh Satguru
(영국생활의학협회 British Society of Lifestyle Medicine 이사 및 의학박사·하이퍼포먼스 코치)

성공, 성장, 안락함에 관한 신념을 180도 바꾸는 책이다. 안전지대 밖으로 벗어나는 노력보다 확장하는 선택을 하도록 돕는 데 필요한 도구와 습관, 마인드셋을 매우 자세히 설명한다. 이는 매우 실용적이고 통찰이 넘치는 이야기다! 번아웃 없이 더 나은 삶을 만들기 원한다면 이 책을 읽어야 한다!

— 데이브 홀리스 Dave Hollis (『뉴욕타임스』 베스트셀러 작가·
『용기를 가지고 만들어라 Built Through Courage』 저자)

『컴포트존』은 매우 강력한 메시지이자 독이 되는 성공신화를 넘어서게 만드는 알약이다. 이로써 우리가 누려야 할 건강하고 행복하고 흔들림 없는 삶을 가능하게 한다!

— 미셸 C. 클라크 Michell C. Clark (저명 연설가·작가)

저자는 지금 있는 그대로의 내 모습으로 목표와 꿈을 성취하게 하는, 쉽고 확실하며 실행 가능한 로드맵을 세심하게 보여준다. 책의 모든 페이지에 내 안의 컴포트존을 근본적으로 이해하고 확장해 진정으로 원하는 삶을 실현하는 방법을 담았다. 이 책을 강력히 추천한다!

— 엘리샤 코비 Elisha Covey (자산 1억 달러 기업가·비즈니스컨설턴트)

이 책은 지금 세상 사람들의 모든 생각과 마음을 바꿀 만큼 혁신적이다! 저자는 이미 해낸 것보다 더 해야 하고, 이뤄낸 것보다 더 성취해야만 성공한다는 오래된 이데올로기를 깨부수고 인생과 자아, 창조에 관한 완전히 새로운 관점을 선사한다. 인생에서 궁극적인 행복과 내면의 평화를 이루기 위해 지금 당장 실천해야 할 단계별 공식과 도구가 『컴포트존』에 있다. 세상은 오래 전부터 이 지혜를 갈망했고, 비로소 지금 마주하게 됐다! 지난 10년간 내가 읽은 책 중 최고의 책이다!

— 로렌 마거스 Lauren Magers ('행복한 인생 시스템 Happy Life System' 창립자)

이 책은 안전지대에 대한 사람들의 관점을 뒤집고, 최고의 삶을 성취하기 위해 자신의 내면과 건강한 관계를 맺는 법을 알려준다!

— 사이먼 알렉산더 옹 Simon Alexander ong (라이프코치·『에너자이즈 Energize』 저자)

『컴포트존』을 30년 전에 읽었더라면! 영화계에서 일하며 수백만 달러가 넘는 수익을 만들었지만 더 일찍 컴포트존을 이해했다면 10배는 더 벌었을 것이라 확신한다.

— 데이비드 주커 David Zucker (영화감독·작가)

크리스틴 버틀러는 보다 더 높은 수준의 성공을 이루기 위해 자신의 컴포트존을 확장하는 법을 알려준다. 이로써 내 안의 긍정성도 더 높은 수준으로 나아간다. 불안과 번아웃에서 벗어나 원하는 것을 이루고 싶은 사람이라면 이 책을 반드시 읽기 바란다.

— 에이든 메커스 Ayden Mekus (배우·콘텐츠 크리에이터)

코치의 추천으로 저자의 전작인 『하루 3분 긍정일기』를 읽고 진정한 변화를 경험했다. 이후 그의 글에 열렬한 팬이 됐다. 특히 『컴포트존』은 기대한 것 이상이었다! 컴포트존을 이해하고 이를 통해 성장을 이루는 법에 관한 저자의 노하우와 통찰력에 깊은 깨달음을 얻었다. 나 자신을 받아들이고 포용함으로써 최고의 인생을 살아가는 법이 이 책에 담겨 있다.

— 도미니크 모세누 Dominique Moceanu (올림픽 금메달리스트·「뉴욕타임스」 베스트셀러 작가)

컴포트존

◆ 내 안의 무한한 잠재력이 시작되는 곳 ◆

컴포트존

크리스틴 버틀러 지음 │ 안세라 옮김

THE
WISE
BOOK

일러두기

|

*   컴포트존**Comfort Zone**은 흔히 '안전지대'로 일컬어 인식되나 원어의 뉘앙스와 학
    문적 개념을 정확히 전달하고, 저자가 말하는 원문의 이해도를 높이기 위해 원
    어 그대로 독음해 표현했다. 간혹 맥락에 따라 일상에서 관용적으로 쓰는 '안전
    지대를 벗어나다'라는 표현은 그대로 담았다.

*   본문에서 언급되는 도서 중 한국어판으로 출간된 도서는 출간명을 기재하였으
    며 국내 미출간작은 원서명을 직역하고 원문을 병기하였다.

나에게 크나큰 사랑과 안락함,
영감과 기쁨을 선물해준 상냥하고 따뜻한 마음을 가진
할머니 미지에게 바칩니다.

당신은 이미
변화할 힘을 가지고 있다

| '그것만으로는 부족해' 세상을 산다는 것 |

"꿈만 꾼다고 꿈이 이루어지는 게 아니야. 조금 더 현실적으로 살아야지."

어린 시절 몽상가였던 내가 자주 듣던 말이다. 어려운 가정에서 태어나 혼란과 불편을 겪으면서도 장밋빛 안경을 쓰고 세상을 낙관적으로 바라봤고 희망을 찾으려 노력했다. 엄마가 일하러 나가면 조부모님과 많은 시간을 보내야 했지만 가족의 힘든 상황을 내 정체성의 일부로 내면화하지 않았다. 엄마가 힘들어한다는 사실을 전혀 깨닫지 못할 정도로, 남 일처럼 여기며 지냈던 것 같다.

조부모님 댁에서 나와 초등학교에 입학한 후 상황은 달라지기 시작했다. 매일 아침, 교실에 들어가면 교복에 묻은 얼룩이나 구멍 때문에 놀림받곤 했다. 중고로 산 교복을 세탁도 하지 않고 일주일 내내 입는 일이 부지기수였기 때문이다. 점심시간이 되면 식당 아주머니는 반 친구들이 모두 들을 수 있을 만큼 큰 목소리로 "네 점심은 공짜다."라고 알려주곤 했다. 또 쉬는 시간에 친구들은 취미나 재미있었던 일, 가족 여행 등을 이야기하곤 했는데 보통 부모님 이야기가 빠지지 않았다. 그런데 나는 전혀 공감할 수 없었다. 엄마는 홀로 네 명의 아이를 키우느라 생활보호대상자 신세였고, 아빠는 일찍이 우리를 버리고 떠났기 때문이다.

　　학년이 바뀔 때마다 나는 충분히 똑똑하지 않고, 충분히 사교적이지 않고, 충분히 날씬하지 않다는 이유로 온갖 비난과 조롱을 견뎌야 했다. 하지만 '충분하지 않다'는 말은 나의 내면 깊숙한 곳을 건드리진 못했다. 그런 내가 남들과 다르다는 것을 알아차린 건 친구들만이 아니었다. 선생님들은 수업을 제대로 따라오지 못하는 내 모습을 보고 학습 수준이 부족하다는 내색을 감추지 않았다. 하지만 아무리 놀림을 받고 거절을 당해도 나는 학교에 갈 수 있다는 사실에 감사했다. 그 당시 학교가 나의 유일한 도피처였고, 의지와 상관없이 던져지는 불편함을 참는 일에는 이미 익숙했다. 당연히 그럴 수밖에 없었던 건 "불편함은 좋은 거야."라는 말을 듣고 자랐기 때문이다. 선생님은 "중요한 일을 하려면 자신의 안전지대에서 벗어나야 한다."라고 말했다. 할아버지는 "너무 편안하게 살면 어떤 일도 성공하지 못해."라고 했다. 심지어 반에서 한 여학생이 다른 친구에게 "예쁘고 날씬해지려면 괴로움을 견뎌야 해."라고 말하는 걸 들었다.

자신의 성공 수준이나 가치의 정도가 고통과 불편함을 감내하는 데 달려 있다는 논리에 모두가 동의하는 것만 같았다. 지금 처한 상황을 바꾸고 싶다면 어떠한 불편함에도 익숙해져야만 했다. 절대 쉬운 일이 아님에도 불구하고 나는 어떻게든 내 상황을 바꾸고 싶었다.

한번은 에이브러햄 링컨에 관한 글을 제출하면서 선생님에게 이렇게 말했다. "언젠가는 저도 책을 써서 세상을 바꿀 거예요." 그러자 그는 어느 때보다 큰 목소리로 이렇게 말했다. "크리스틴, 넌 읽기와 쓰기에 소질이 없단다. 아직 내 수업에서 소설책 한 권도 다 읽지 못했잖니. 넌 절대 책을 쓸 수 없을 거다." 그때 선생님의 조롱 섞인 표정과 비웃음이 아직도 선명히 떠오른다. 돌이켜보면 나의 정체성에 대해 끊임없는 비판을 받았다. 말하는 것을 좋아한다고 하면 목소리가 별로라거나 말이 너무 많다는 이야기를 들었다. 또 개념을 빨리 숙지하지 못하면 이해가 느리다거나 실력이 부족하다는 말을 들었다. 리더가 되려고 하면 너무 거만하다는 얘기를 들었고, 내 입장을 변호하려고 하면 너무 예민하다는 말을 들었다. 나는 여전히 자신감이 넘쳤지만 시간이 지날수록 나의 자아상과 자존감은 세상이 휘두르는 잣대에 점점 무너지고 있었다. 결국 나는 내가 가진 모든 재능을 억압하기 시작했다. 심지어 스스로 무언가를 이루기에는 가진 것이 너무 없는 '지나치게 부족한' 사람이라고 생각하기에 이르렀다. 나는 스스로에게 물었다.

'나는 왜 더 많은 것을 원할까?'

실제로 나는 더 큰 꿈을, 더 많은 것을 원했다. 그렇다면 해결책은 무엇일까? 어떻게 하면 내 운명을 바꾸고 성공을 거머쥘 수 있을까? 그때 나는 그동안 배운 모든 것을 토대로 이런 결론을 내렸다. '더 열심히 노력하고, 더 불편해져야 한다!' 다른 많은 사람과 마찬가지로 이 말을 내 마음에 새겼다. 고된 노동과 불편함을 감내하는 것이 꿈을 이루기 위한 필수조건이라면 나는 그것을 나의 정체성으로 만들겠다고 다짐했다. 이후 '이런 삶은 내가 원하는 삶이 아닌데'라는 생각이 들 때마다 내가 존경하는 사람들이나 성공한 사람들이 "안전지대를 벗어나야 합니다."라고 말하는 걸 들으면 내 쥐어짠 노력이 정당하게 느껴지곤 했다. '이것 봐. 난 지금 옳은 길을 가고 있는 거야. 진심으로 기분 좋은 감정을 느끼려면 안전지대에서 더 멀어져야만 해.'

이런 식으로 살게 될 때 겪을 수 있는 가장 위험한 부작용은 이

것이다. 내가 불편함을 느낄수록 내 정체성이 다른 사람들을 기쁘게 하거나 그들로부터 사랑받고 또 인정받으려는 욕구에 더욱더 흔들리게 된다는 것이다. 가면을 쓰고 미소로 내 마음의 짐을 숨길 수 있다는 것을 알게 되었을 때 나는 스스로 똑똑하다고 생각했다. 당시에는 그런 자세가 훌륭한 생존 메커니즘처럼 느껴졌다.

내가 처한 환경에서 벗어나 큰 꿈을 이루고자 하는 열망은 고등학교에 진학하며 더욱 강렬해졌다. 나는 성공해야만 했다! 그래서 내가 해야 한다고 생각하는 일을 했다. 견딜 수 있을 만큼 불편하게 살기 시작한 것이다. 나는 매일 아침 다섯 시에 일어났고 목표에 집착했다. 사람들을 기쁘게 하기 위해 노력했고, 틈나는 대로 공부하면서도 하루에 두 번씩 운동을 하고 식이요법을 병행했다. 노력의 결과는 놀라웠다. 나는 선생님들에게 깊은 인상을 남겼고, 성적이 상위권에 들기 시작했다. 체중도 줄어들기 시작하자 반 친구들이 나를 받아들였고 마침내 친해지기 시작했다. 나는 '드디어 해답을 찾았다!'고 생각했다.

자꾸만 나 자신을 한계까지 몰아붙였고 그렇게 머지 않아 원하는 꿈이 이루어질 거라고 믿었다. 고통은 깊숙이 묻어두고 더 열심히 노력하는 것만이 험난한 세상을 헤쳐 나가는 열쇠라 생각했다. 모두가 입을 모아 말하는 안전지대에서 멀리 벗어날 수만 있다면 다른 재능이나 기술은 필요치 않다고 생각했다. 그저 더 열심히 일하고, 불편함을 감내하고, 점점 더 커지는 스트레스와 불안을 못 본 체하면 그만이었다. 이렇게 균형이 맞지 않는 삶을 살아갈수록 마음 깊은 곳에서는 내가 내리는 선택이 이해가 되지 않았다. '불편함이 편안한 삶을 가져온다'는 논리에 내심 의문을 품었지만 이 직관적인 감정을 명확하게 말로 풀어낼 재주가 없었다. 게다가 불편함을 참은 대가로 소기의 목적을 달성하고 있었기에 나는 결국 두 배 더 불편한 삶을 살기로 마음먹었다.

대학시절에는 시간표를 꽉 채워 수업을 듣고, 대학 잡지사에서 일했으며, 온라인 사업을 시작하고, 사교활동은 최소한으로만 유지했다. 나는 여전히 치유되지 않은 과거의 상처를 감추는 가면을 쓰고 모범생으로 가장해 성공을 좇으면서 스스로 마침내 정말 효과 있는 방법을 찾았다고 생각했다. 겉으로 보기에 내 상황은 꽤 좋아 보였다. 그러나 아무도 내 안에서 무슨 일이 일어나고 있는지, 어떤 고통과 스트레스를 겪고 있는지, 얼마만큼의 압박감에 시달리고 있는지 알지 못했다. 내 삶은 점차 말 그대로 무너지기 시작했다.

짊어진 짐을 내려놓고 몸과 정신 건강을 치유하거나 쏟아지는 압박감에 대처할 긍정적인 도구가 나에겐 충분하지 않았다. 그렇게 스스로를 혹사시킨 결과, 호르몬 불균형과 체중 증가, 극심한 불안 증세가 나타나기 시작했다. 수업 중에는 여태껏 한 번도 겪어본 적 없는 공황발작을 일으키기도 했다. 그럴 때면 재빨리 화장실로 달려가 발작이 끝날 때까지 기다렸다 자리로 돌아왔고, 그 후 얼마간은 온몸을 떨며 밀려오는 피로감을 감당해야만 했다. 그래서 대학을 자퇴했다.

| 결국 번아웃이 찾아왔다 |

나는 좌절했고 내 실패가 부끄러웠다. '고통 없이 얻는 것은 없다'라는 격언이 머릿속에 떠올랐다. 그리고 내가 아는 유일한 방법으로 다시 일어섰다. 바로 열정과 행동, 불편함을 더 큰 원동력으로 삼은 것이다. 그렇게 억지로 만들어낸 회복력은 이 책에서 내가 '생존지대Survival Zone'(3장에서 자세히 이야기한다)라고 부르는 곳에서 갖은 역경을 헤치며 최선을 다해 살도록 해주었다. 당시 웹 사이트를 만들고 소셜미디어를 활용해 매출이 어마어마하게 큰 1인 기업을 키웠다. 또다시 스트레스와 피로, 압박감 등의 징후를 외면하며 오로지 일에만 몰두해 살았다. 내 마음을 지배하는 생각은 단 한 가지였다.

'계속해서 안전지대에서 벗어나야 해. 그게 유일한 방법이야.'

한계에 부딪힐 때마다 나는 극복하고 뛰어넘었다. 꿈을 포기하지 않고 잘 관리해 나아가는 스스로가 자랑스러웠다. 배워야 할 기술이 있으면 반드시 숙달했고, 크고 작은 기회가 주어지면 놓치지 않기 위해 모든 것을 걸었다. 내 사전에 쉼, 휴식, 자기관리, 재미란 존재하지 않았다. 능력을 끌어올려 다음 단계로 나아가는 것만이 나의 유일한 목표였다.

끝도 없이 불편하게 살아야 하는 이유에 의문을 제기하는 내면의 목소리에 귀 기울이기까지 나는 숱한 번아웃을 겪어야만 했다. 불편함을 감내하라고 명령하는 안팎의 목소리가 잠잠해지기 전까지 극심한 우울증에 시달리며 평범한 일상을 포기해야만 했다. 당시 20대였던 나는 내가 가진 모든 것을 소진하고 말았다. 우울과 불안에 시달렸고, 몸은 비만이었으며 경제적으로 파산해 완전히 길을 잃었다. 자신을 한계 너머까지 밀어붙인 탓에 완전히 지쳐버리고 만 것이다. 나는 생존지대에서 벗어나 스스로를 정당화하는 '자기만족지대Complacent Zone'로 들어왔고, 그곳에서 심신이 완전히 무너져버렸다. 두려움에 잠식당해 몇 주 동안 침대에 누워만 있었다. 내 삶은 어느 하나 성한 곳이 없었다. 그저 오늘에서 내일로, 한 시간에서 두 시간으로 그렇게 세월을 견디며 꾸역꾸역 살아갈 뿐이었다. 침대에 누운 채 걱정과 자책, 원망, 우울, 불안 등 각종 부정적인 감정에 휩싸여 시간을 보냈다. 절망과 자기혐오의 늪에 빠진 나는 어떻게 하면 거기서 빠져나올 수 있을지 알지 못했다. 심지어 그럴 방법이 있다는 사실조차 알지 못했다.

20대 중반, 처음으로 치료센터에 방문했다. 정확한 진단을 받기 위해 입원을 했고, 가족은 내가 자살을 생각하고 있으며 침대에서 벗어나지 못한다고 말했다. 이후 상담사를 만났을 때 나는 어떤 일이 기다리고 있을지 전혀 예상하지 못했다. 내 이야기를 털어놓는 것이 부끄러웠지만 결과적으로 그 시간은 큰 치유가 되었다. 살면서 처음으로 숨겨둔 고통과 내면의 수치심을 입 밖으로 꺼내면서 짊어지고 있던 마음의 짐을 조금이나마 내려놓을 수 있었다. 눈물과 안도의 한숨이 새어 나왔다. 그때 상담사가 내게 물었다. "「더 먼스터즈The Munsters」를 본 적 있나요?" 당시 인기리에 재방영 중이던 TV 시리즈였기에 나는 본 적이 있다고 답했다. 그러자 그는 이렇게 말했다. "음, 당신은 마릴린이라는 캐릭터와 똑 닮았네요. 긍정적이고 지극히 정상이에요. 좀 더 자기 자신답게 살 필요가 있어요."

그 말에 나는 태어나 처음으로 내 존재를 인정받았다고 느꼈다. 내가 누구인지, 어떤 시각으로 세상을 바라보는지, 어떤 일을 합리적이라고 생각하는지는 문제가 아니었다. 나 자신을 거부하고, 내면의 목소리와 직관을 외면했다는 사실이 문제였다. 나는 마릴린처럼 긍정적이고 지극히 정상적인 인간이었지만, 무조건 내가 틀렸고 다른 사람들이 옳다는 생각에 굴복하며 살았다. 타인의 의견과 시선을 의식하며 내 삶과 세계관, 성공 방식을 정했던 것이다.

이러한 깨달음을 통해 나는 외부의 목소리를 차단하고 내면의 목소리에 귀를 기울일 수 있게 되었다. 다른 사람들이 붙여놓은 모든 꼬리표를 벗어던지고, 마침내 있는 그대로의 나를 느낄 수 있었다. 그렇게 비로소 내 본연의 모습으로 돌아왔다. 그것이 나에게 가장 큰 위안이 되었다. 이후로 나는 '절대' 뒤를 돌아보지 않았다. 거기서부터 나의 치유 여정과 심도 있는 자기계발이 시작되었다.

| 불편함, 성공의 필수조건? |

기나긴 나의 이야기를 공유한 이유는 하나다. 성공을 이루기 위해 언제나 스트레스, 불안, 걱정 등의 불편함을 감수해야만 하는 건 아니라는 사실을 말하기 위해서다.

슬픈 사실은 이런 방식으로 살아온 사람이 나뿐만이 아니라는 것이다. 한 연구에 따르면 자기계발서와 긍정적 사고에 관한 자료를 주변에서 흔히 접할 수 있음에도 미국 인구의 절반 이상이 매일 스트레스와 걱정, 좌절을 경험하고 있다고 한다. 또 2021년 갤럽에서 내놓은 여론조사에서 미국인 다섯 명 중 한 명이 '일상적인 활동을 지속할 수 없을 정도로 불안하거나 우울한 감정을 느낀다'고 답했다.[1] 지금 우리는 과한 노동을 미화하고 부추기는 시대에 살고 있다. 더 많이 일하는 것을 중요하게 여기고, 즐거움과 여가를 나중으로 미루는 것을 당연하게 생각하는 세상에 산다. 가족이나 휴식을 위해 휴가를 내면서도 스트레스나 죄책감을 느끼는 경우도 많다.

꿈꾸는 바를 이루고 성공하기 위해 매번 불편함을 감수하지만 정말 이것이 유일한 방법일까?

'안전지대에서 벗어나야 한다'라는 현대사회의 패러다임은 불안과 좌절을 느끼는 워커홀릭을 대거 양산하고 있다. 내가 만난 많은 사람이 "하루(또는 일주일)만이라도 쉬면서 재충전을 하고 싶지만 그런 생각을 하는 것만으로도 죄책감을 느낀다."라고 말한다. 이런 삶의 방식은 흔히 우울증과 기타 심리적 문제의 발생 증가라는 결과로 이어진다. 오늘날 우리는 이전과 전혀 다른 세상에 살고 있으면서도, 이제는 불안과 스트레스, 번아웃을 양산할 뿐인 낡은 신념과 가치관을 여전히 고집하며 행동한다. 그뿐 아니라 스스로를 충분히 채찍질하지 않았기 때문에 성공하지 못한 것이라는 말을 듣고 산다. 하지만 나는 당신에게 묻고 싶다.

우리는 정말로 흔히 안전지대라 부르는 컴포트존에서 '벗어나야만' 하는 걸까?

과거의 나는 그렇게 믿었고, 그런 삶을 살았지만 남은 건 아무것도 없었다고 말하고 싶다. 불편함을 감수하기 때문에 더 많은 것을 이루거나 더 뛰어난 성과를 거두는 것이 아니다. 오히려 내면을 황폐화하고, 현재 직면한 문제를 더 악화할 뿐이다.

불편함을 고집하면 불편함의 사슬에 발이 묶인다.

불편한 상태에서는 진정 만족스러운 삶을 이룰 수 없다.
그것은 진리다.

인간은 본능적으로 편안함을 추구한다. 그래서 우리는 더 편안하게 살기 위해 말 그대로 '모든 것'을 단순화하고 체계화한다. 편안함은 우리에게 가장 자연스럽고 당연한 욕구다. 그래서 컴포트존 밖으로 자신을 밀어낸다는 것은 일종의 자기 거부인 셈이다. 컴포트존에서 멀어지기를 고집할수록 자기 자신을 잃어버리는 듯한 불안과 스트레스를 느낄 수밖에 없다. 특히 만성적인 불편함은 자기 자신의 본능과 가치, 사랑받을 수 있는 능력을 의심하게 만든다. 즉 스스로를 컴포트존 밖으로 몰아붙일수록 나와 타인에 대한 신뢰를 잃고, 가지고 있는 능력에 대한 자신감이 사라지며, 세상을 위험하고 위협적인 곳으로 보게 된다.[2]

컴포트존은 인간이 가장 깊은 성취감을 느낄 수 있는 곳이다. 내가 컴포트존에 대한 통찰과 이를 통해 성장하는 방법을 공유하는 데 열정을 쏟는 것도 바로 이 때문이다. 실제로 컴포트존에서 시작된 성장과 변화를 10년 넘게 경험하며, 나는 이런 삶의 방식이 행복하고 만족스러운 삶을 사는 데 도움이 된다는 것을 확신하게 되었다. 또한 행복을 추구하며 보다 많은 것을 성취한 사람들을 조사한 결과, 그들도 컴포트존을 성장시키고 확장하며 앞으로 나아가고 있다는 사실을 알 수 있었다.

| 컴포트존에서 발견하고 달라진 것들 |

내가 번아웃의 트라우마를 극복하고 꿈꿔온 삶을 이룰 수 있게 된 것은 컴포트존에서부터 성장하기로 마음먹었기 때문이었다. 그 것은 온전히 나의 내면에 집중하는 일이었다. 나는 몰입flow, 즉 나 만의 깊은 의식 '흐름'에 몸을 맡겼다. 충분히 시간을 갖고, 내면에 귀를 기울이고, 필요할 때는 속도를 늦추고, 나의 욕구를 존중했다. 그러자 어느새 똑딱거리며 나를 다그쳤던 머릿속 시계가 더 이상 울리지 않는다는 사실을 깨달았다. 비로소 나는 '진정한 힘'을 얻었 다. 나의 본질, 정체성, 지금 이곳에 존재하는 이유, 해야 하는 일 그 리고 오직 나만이 보고, 느끼고, 창조하고, 꽃피울 수 있는 진리를 마주하게 되었다.

마음의 평화, 건강, 장수, 인간관계, 행복을 포기하지 않고 원하 는 삶을 살고 있다고 상상해보자. 무의미한 노력의 반복이나 멈추 지 않는 땀과 눈물에 집착하기보다 내면의 흐름에서 나오는 힘으로 스트레스 없이 풍요롭고 만족스러운 삶을 만들어 나가고 있다고 상 상해보자. 나는 컴포트존에 집중한 뒤 쉽고 자연스럽게 이루어진 폭발적인 성장을 경험하며 그런 삶을 살고 있다.

현재 나는 5천만 명 이상의 팔로워를 보유한, 성공과 마인드셋을 다루는 커뮤니티 기업 '긍정의 힘 Power of Positivity'을 이끌며, 매년 전 세계 수백만 명에게 영감을 주고 있다. 어떠한 치료와 약물의 도움 없이 극심한 불안, 공황발작, 우울증을 이겨냈으며, 체중의 절반을 감량하고 매우 건강하게 살고 있다. 또 아이를 가질 수 없을 거라는 말을 들었지만 두 명의 예쁜 딸을 낳아 엄마가 되었고, 파산을 겪었지만 좋아하는 일을 하며 성공한 기업가가 되어 경제적 자유를 되찾았다. 인생에서 그 어느 때보다 최선을 다해 일하고, 계획한 목표는 차곡차곡 달성하며, 진정한 내 모습으로 세상과 마주한다. 나는 지금 진심으로 행복하다. 물론 성장과 배움, 변화는 여전히 현재진행형이며, 앞으로의 삶에 해결해야 할 과제와 개선할 부분이 있지만 그 과정을 통한 성장이 더 이상 고통스럽게 느껴지지 않기 때문에 그 여정 또한 행복하고 감사하다. 더 이상 건강과 인간관계에 대한 걱정도 하지 않는다. 이제 컴포트존 안에서 성장하는 것은 숨 쉬는 일처럼 자연스럽게 느껴진다. 성장은 나의 일부이며, 물 흐르듯 자연스럽게 일어난다.

지금 당신이 읽는 이 책에 컴포트존 밖이 아닌 컴포트존에서 시작해 확장해나가며 내가 꿈꾸던 삶과 목표를 이뤄내 배운 '모든 것'을 담았다. 어떻게 하면 스트레스와 과로의 악순환에서 벗어나 컴포트존에 집중해 내면의 힘을 깨닫고, 진정한 잠재력으로 터뜨릴 수 있는지 자세히 설명했다. 10여 년간 연구하고 공부하며 실제 수많은 사례들을 통해 검증해낸 효과적인 방법과 도구들도 아낌없이 담았다. 또 컴포트존에서 진정한 동기부여와 잠재력을 끌어내 목표를 성취한 사람들의 다양한 사례도 공유할 것이다. 이 책을 한 장한 장 넘길수록 당신도 컴포트존에 집중하고 또 확장하는 일에 익숙해지고 즐거움을 느끼길 바란다.

일단 컴포트존에 발을 들여놓으면 지금까지 어떻게 컴포트존 밖에서 살아왔는지 의아해질 것이다. 그리고 마침내 내면의 지혜와 창의력, 목적의식에 어느 때보다 가깝게 다가갈 수 있게 될 것이다. 또 컴포트존 안에서는 아주 쉽고 자연스럽게 긍정의 힘을 활용할수 있다. 당신이 있는 곳이 어디든 거기서 내면의 안정을 느끼는 순간, 더 자신감 충만하고 활기 넘치며 더 창의적이고 강인한 사람으로 거듭날 수 있다.

| 당신만의 컴포트존을 발견하고 성장하라 |

『컴포트존』은 내가 선택한 방식으로 길을 함께 걸어가자는 이야기가 아니라 당신이 자기 자신만의 길을 개척해 나가도록 독려하는 이야기다. 나는 진정으로 당신과 당신의 꿈, 당신만이 개척할 수 있는 고유한 길의 존재를 믿는다. 이제 당신 스스로가 믿음을 가질 차례다!

컴포트존은 저마다 고유한 방식으로 존재한다.
자신의 컴포트존이 어떠한 모습인지 발견하고,
평생에 걸쳐 컴포트존과 건강한 관계를 맺고 성장하는 것은
오롯이 자기 자신의 몫이다.

책을 덮을 때쯤에는 당신이 컴포트존 안에서 진정한 자아를 발견하고, 자신을 사랑하게 될 것이라고 확신한다. 이것이야말로 인생에서 번영을 누릴 수 있는 최고의 방법이자 가장 효과적이고 즐거운 방법이다. 말하건대 우리는 고통받거나 단순히 생존하기 위해 지구에 온 것이 아니다. 우리는 커다란 기쁨과 행복, 자유와 사랑을 경험할 능력을 갖춘 강력하고 위대한 존재다. 나는 당신이 이를 진정으로 깨닫길 바란다. 나는 당신이 자신의 마음속에 있는 것은 무엇이든 이룰 수 있다는 사실을 믿기를 바란다. 나는 당신이 고난 속에서도 행복하기를 바란다. 나는 당신이 꿈꾸던 인생을 행복하게 살게 되기를 바란다. 나는 당신이 인생의 돛을 활짝 펼치고 멋지게 나아가기를 바란다. 그리고 나는 이 모든 여정이 당신의 컴포트존에서부터 시작하리라고 확신한다.

『컴포트존』을 읽는 가장 좋은 방법은 처음부터 차례차례 읽는 것이다. 각 장에서 다루는 개념이나 방법들은 앞 장의 내용을 바탕으로 하는 경우가 많다. 간단히 내용을 살펴보면 크게 세 개의 부로

구성했다.

'1부 컴포트존이 중요한 이유'에는 컴포트존에 대한 이해와 내가 경험한 성장 과정 그리고 이 책을 쓰는 데 영감이 된 연구와 아이디어 등이 담겨 있다. 특히 제한된 신념limiting beliefs, 삶의 세 가지 영역(컴포트존, 생존지대, 자기만족지대), 컴포트존과의 관계 형성 등 굵직한 개념을 소개한다. 이를 통해 인생의 성공과 성장에서 컴포트존의 중요성을 깨닫게 되길 바란다.

'2부 컴포트존에서 잠재력을 깨우는 법'에서는 컴포트존을 확장하고 이를 통해 성장하는 데 필요한 모든 개념, 도구, 기술을 다룬다. 이 책의 핵심인 2부에서는 꿈꾸는 삶과 원하는 목표를 실현하기 위해 자신의 컴포트존에서 잠재력을 깨우고 폭발시키는 매우 효과적인 3단계 과정을 소개한다.

'3부 나만의 컴포트존을 성장시키는 법'에서는 컴포트존 안에 갇히지 않고 확장해 나아가는 일을 지속적인 습관으로 만드는 데 도움이 되는 추가적인 도구, 아이디어 및 프로세스를 소개한다. 여기에서는 일이나 관계에서 실질적으로 매우 효과적으로 작용했던 나의 전략을 소개한다.

각 장에는 책에서 이야기하는 것들을 직접 행동에 옮기는 '컴포트존 실천하기' 활동이 수록되어 있으니 노트나 일기장, 펜 등을 사용하면 보다 효과적으로 책을 읽을 수 있다. 각 장을 읽고 떠오르는 생각이나 깨달은 바, 아이디어 등을 메모하자. 또 제안한 활동들을 일상 속에서 반드시 실천해보자. 이 활동들은 컴포트존을 이해하고 성장을 실현하는 데 매우 중요하다. 컴포트존과 나의 관계를 탐색하고, 장애물을 파악하고, 문제를 해결함으로써 당신은 컴포트존에서 새로운 인생을 시작할 수 있게 될 것이다. 덧붙여 이 활동들은 서로 연속성을 갖기 때문에 이전 실천하기의 경험이 다음 실천하기의 출발점이 될 수도 있다는 점을 기억해야 한다.

마지막으로 당신이 이 책을 읽으면서 나와 '긍정의 힘' 팔로워들과 함께 소통하길 기대하겠다. 소셜미디어에 해시태그로 #thecomfortzone을 써서 컴포트존에 대한 당신의 생각, 깨달음, 통찰력을 공유해주길 바란다. 나도 당신에게 응원의 메시지를 보내겠다.

앞으로 당신이 일하고, 쉬고, 편안함을 느끼고, 고통받고, 성공하고, 실패하고, 성장하거나 무너지는 그 모든 방식을 바꿀 수 있는 새로운 패러다임을 소개하게 되어 매우 기쁘다. 그럼 지금부터 당신 인생에 새로운 전환점이 펼쳐지기를 기대한다!

함께 여정을 떠나보자!

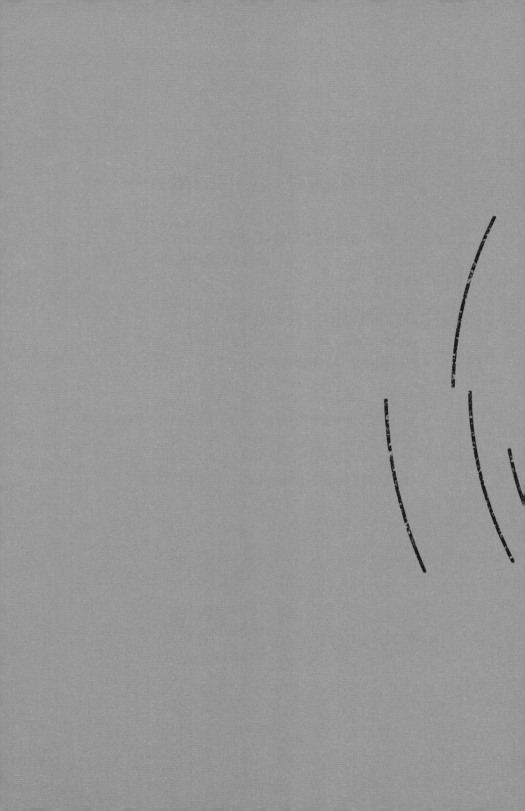

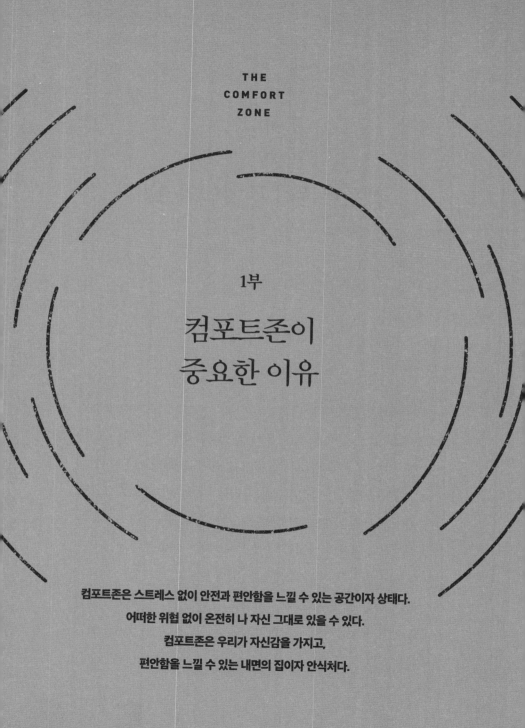

THE
COMFORT
ZONE

1부

컴포트존이
중요한 이유

컴포트존은 스트레스 없이 안전과 편안함을 느낄 수 있는 공간이자 상태다.
어떠한 위협 없이 온전히 나 자신 그대로 있을 수 있다.
컴포트존은 우리가 자신감을 가지고,
편안함을 느낄 수 있는 내면의 집이자 안식처다.

컴포트존이 무엇인가요?

'당신의 꿈은 안전지대 반대편에 있다'라는 말이 모토처럼 쓰이자 스트레스와 불안은 마치 우리 몸의 일부처럼 당연한 것이 되었다. 높은 생산성, 경쟁력, 과로가 유행처럼 번지고 있다. 많은 사람이 더 큰 목표를 세우고, 안전지대라 불리는 컴포트존 밖으로 스스로를 밀어내 발전을 위해 큰 위험을 감수하는 데 집착한다. 그렇게 완전히 지쳐버릴 때까지 24시간 내내 일하겠다는 태도를 마치 명예훈장처럼 달고 다닌다. 신체적, 정신적 압박을 느낄 정도로 스트레스를 받는 일을 어쩔 수 없는 삶의 일부로 여기면서도 의미 있는 인간관계를 이어가는 동시에 긍정적이고 평화롭고 건강한 상태를 유지

해야 한다는 압박감까지 시달린다.

이런 이데올로기가 당신의 행복, 성취감, 삶의 목표에 반하는 것처럼 느껴진다면 제대로 된 직감을 갖고 있는 것이다! 자신의 몸과 마음을 한계에 밀어붙이면서 동시에 건강한 삶을 영위할 수는 없는 일이다. 목표에 도달할 수 있겠지만 과연 어떠한 대가를 치러야 할까? 목표로 향하는 그 여정을 즐기고 있는 것일까, 아니면 달성하기 전까지 행복을 유예하고 있는 것일까? 행복을 유예한다는 것은 행복이 '오지 않을 수도 있다'는 말과 같다. 편안하면 안 되는 이유가 도대체 뭘까? 편안함과 발전을 상호배타적인 개념으로 만들어서 우리가 얻는 이득은 뭘까?

단기적으로나 장기적으로나 이런 삶의 방식은 오히려 삶에 활력소가 되는 많은 것을 포기하게 되는 일일뿐이라고 생각한다. 성장을 좇느라 기쁨을 포기하면 우리는 성장을 통해 살아있음을 느끼는 존재라는 사실을 잊게 된다. 목표에 마침내 도달했을 때 쓰러져 버릴 것 같은 피로감 대신 활력과 짜릿함을 느껴야 한다는 사실도 잊게 된다.

그렇다면 성장과 편안함은 공존할 수 있을까? 충분히 그럴 수 있다. 나는 내 삶과 이미 성공한 다른 사람들의 삶에서 이 두 가지가 함께하는 것을 보았다. 하지만 어떻게 해야 스스로 그런 삶을 만들어 나갈 수 있을까? 이 책은 그 길을 함께 살펴보고 검증하고 공유하고자 썼다.

나는 당신이 진정한 자기 자신과의 관계를 발전시키는 법과
지금의 당신이 가진 본연의 힘을 활용하는 법을
발견하게 되길 바란다.

다른 사람들의 조언이나 성공 로드맵을 따르는 것이 아니라 당
신이 진정으로 원하는 삶을 살기 위한 자신만의 고유한 청사진을
만들길 바란다. 결국 나를 가장 잘 아는 사람은 바로 나 자신이다.
그 구체적인 청사진에 다가서기 위해 나만의 컴포트존을 발견하고
성장시켜야 한다.

지금쯤 아마 마음속에서 '알겠어요. 그래서 컴포트존이 뭐죠? 어
떻게 찾는 건데요?'라고 생각할지도 모르겠다. 컴포트존에 담긴 편
안함comfort이란 단어부터 살펴보자. 편안함은 고난으로부터 자유롭
고 편한 상태를 말한다. 말 그대로 인간이 어떤 문제를 마주하고 해
결할 때마다 도달하기 위해 애쓰는 가치다. 우리가 바퀴를 발명한
것도, 나무와 벽돌로 집을 지어 살기 시작한 것도 모두 편안하기 위
한 노력이었다. 주위를 둘러보라. 삶을 더 편안하게 만들기 위해 고
안한 물건이 '아닌' 것을 찾을 수 있는가? 펜, 리모컨, 의자, 테이블,
베개, 당신이 들고 있는 잘 제본되어 디자인된 이 책까지 세상의 모
든 것은 삶을 더 편안하게 만들기 위해 탄생했다.

한마디로 컴포트존은 '스트레스 없이 안전하고 편안함을 느낄 수
있는 공간이나 상태'를 말한다. 어떠한 위협도 느끼지 않고 온전히
나 자신이 될 수 있는 곳 말이다. 컴포트존은 당신이 자신감을 가질

수 있고, 무엇보다 편안함을 느낄 수 있는 내면의 집이자 안식처이며 안전한 공간이다.

우리는 모두 성공과 지속적인 행복, 더 큰 성취와 평화는 물론 더 빠르고, 더 나은 결과를 원한다. 나는 당신이 인생에서 이루고자 하는 모든 것을 보다 쉽게 성취하려면 당신의 컴포트존이 주는 안정감에서 목표를 향해 나아가야 한다고 생각한다. 이 책은 지속적으로 그 길을 나아가는 방법에 관한 책이다.

| 성공 만족도가 높은 사람들의 비밀 |

어릴 때부터 나는 크게 성공한 사람들을 동경했다. 한번은 중학교 때 선생님이 '어휘집에서 아무 단어나 골라 10쪽 분량의 글을 완성하라'는 숙제를 냈다. 아이들은 하나의 단어에 대해 글을 쓰는 것이 얼마나 힘들지 망연자실한 표정이었다. 하지만 나는 '성공'이라는 단어를 파헤칠 생각에 굉장히 들떠있었다. 그때는 구글이 존재하지 않던 시절이라 조사를 하려면 도서관을 찾는 수밖에 없었다. 가난한 가정환경에서 살아오다보니 본능적으로 무엇이 인간을 성공하게 만들고, 왜 성공하게 하는지에 관심이 많아졌다. 나에겐 원대한 꿈이 있었고, 그 꿈을 이루려면 스스로 쟁취해야만 한다는 사실도 알고 있었다. 하지만 어떻게?

성인이 되어서 본격적으로 성공에 관한 것이라면 무엇이든 닥치는 대로 읽었다. 점점 깊이 파고들수록 성공한 사람들이 두 가지 유형으로 분류되었다.

1   성장과 진정한 성취감으로 행복을 느끼며 성공한 사람들
2   모든 것을 희생하며 스트레스와 과로에 지친 성공한 사람들

이 두 가지 성공 사이에는 분명 어떤 중요한 차이가 있을 거라고 생각했다. 그 차이가 무엇인지 확신할 수는 없었지만 내가 첫 번째 유형에 속하고 싶다는 사실만은 확실했다.

성공한 사람들이 성공을 위해 무엇을 했는지 면밀히 살펴보는 동안 '당신은 당신의 안전지대에서 벗어나야만 한다'라는 가장 보편적인 조언이 계속해서 내 머릿속을 맴돌았다. 자기 자신을 밀어붙이고 압박하면 예측할 수 없는 결과가 나온다는 것을 나 또한 경험했지만 이보다 더 나은 방법이 필요하다는 것을 깨달았다. 수수께끼를 풀어야만 했다.

수년 동안 나는 사람들이 흔히 상상하는 수준보다 더 큰 성공을 이룬 사람들과 아주 작은 목표 하나조차 이루지 못한 채 몹시 불행하게 살아가는 사람들에 대해 연구했다. 무엇이 그 차이를 만들었을까? 이들은 각각 어떤 사고방식과 신념을 가졌을까? 편안함에서 벗어났을까, 아니면 안주했을까?

그 결과, 원대하고 거대한 꿈을 무리 없이 이뤄낸 사람들은 대부분 자신에게 자연스럽고 편안하게 느껴지는 활동에 집중했다는 사실을 알게 되었다. 말하자면 이들은 자신에게 익숙하지 않은 어떤

새로운 일을 할 때 긍정 확언이나 스캐폴딩scaffolding (학습자에게 적절한 도움을 제공해 학습을 촉진하는 전략—옮긴이), 시각화와 같은 몇 가지 도구를 썼다. 이는 의도적으로 자신의 한계를 넓히고, 목표와 꿈을 포괄하도록 현재의 컴포트존을 확장하는 전략이다. 또한 더 나은 자신의 모습(나는 이를 '확장된 자아Expanded Self'라고 부른다)을 상상하고, 끌어당김과 추진력을 만들어내는 특정한 유형의 행동을 취했다(앞으로 우리는 이를 포함하는 몇 가지 기술과 도구에 대해 배우고 연습하게 될 것이다).

이처럼 자신의 컴포트존을 통해 물질적으로나, 특히 정신적으로 만족스러운 삶을 이뤄낸 사람들을 면밀히 관찰한 후 나는 한 가지 중요한 결론에 이르게 되었다. 컴포트존에 대한 우리의 정의와 이해 자체가 잘못되었거나 최소한 불완전하다는 것이다. 실제로 지속적인 성공은 컴포트존 밖이 아니라 오히려 그 안에서 이루어졌다. 그렇게 나는 안전지대라고 부르는 컴포트존이 무엇인지 새롭게 바라보게 되었고 그 시각은 점점 구체화되었다. 점차 편안함과 조화를 이루는 성공이 어떤 모습인지가 그려지기 시작했다.

"성공으로 가는 엘리베이터는 없다. 계단으로 올라가야만 한다." 지그 지글러Zig Ziglar의 이 유명한 명언은 작고 꾸준한 노력이 성공으로 이어질 수 있다는 점에서 어느 정도는 일리가 있다. 그러나 이 말 속에 담긴 고단함과 역경, 끝없는 노력이라는 함의는 우리가 컴포트존에서 진정한 성공을 이끌어낼 수 있다는 사실을 알려주지 않는다. 이 책에서 말하려는, 내가 목표로 하는 방향의 성공은 마치 고층 빌딩 꼭대기까지 엘리베이터로 단숨에 올라가듯 어떠한 노력과 수고를 들이지 않는 일처럼 느껴지게 한다. 하지만 이제 나는 더 이상 성공의 엘리베이터를 타고 싶어 하는 욕구에 부끄러움을 느끼지 않는다. 그리고 당신도 당신의 컴포트존 안에서 자연스럽고 편안하고 즐거운 방식으로 꿈을 이루고 성공에 도달하는 일이 충분히 가능하다고 느끼게 되길 바란다.

앞으로 우리는 컴포트존에 대한 새로운 관점을 알아보게 될 것이다. 먼저 기존의 이론에 대해 살펴보자.

| 컴포트존은 정말 성공의 적일까? |

성공하기 위해 컴포트존을 벗어나야 한다는 생각은 새로운 것이 아니다. 2008년 영국 경영이론가 알라스데어 화이트Alasdair White가 「컴포트존에서 성과 관리에 이르기까지From Comfort Zone to Performance Management」라는 제목의 논문을 발표하면서 이 관점이 주류가 되었다. 해당 논문에서 화이트는 각기 다른 세 건의 연구를 소개하며 우리가 컴포트존을 벗어날 때만 최고의 성과를 낼 수 있다는 의견을 새로운 방식으로 제시했다.

심리학자들은 컴포트존을 '대개 위험을 느끼지 않는 상태에서 일정한 수준의 성과를 내기 위해 제한된 행동을 취하는 불안 중립 상황에서의 행동 상태'로 정의한다.[1] 또한 이들은 '과도한 불안은 우리를 쇠약하게 만들고 공황에 빠지게 할 수 있지만 어느 정도의 불안은 성과를 향상시키는 촉매제의 역할을 할 수 있다'라고 입을 모은

다. 그러나 과연 어느 정도가 적당한 불안과 해로운 불안에 각각 해당하는지에 대해선 명확한 기준이 없다.

화이트의 논문이 발표될 당시, 컴포트존에 관한 이러한 통찰에는 전혀 새로울 것이 없었다. 화이트는 컴포트존에 대한 심리학자들의 생각을 바탕으로 그에 대한 사회적 정의를 더욱 구체화했을 뿐이었다. 그가 컴포트존에 관한 논의에서 크게 기여한 부분은 우리가 최고의 성과를 낼 수 있는 영역을 정의한 것, 이를 최적의 성과 영역Optimal Performance Zone 이라 부른 것 그리고 이 영역을 컴포트존 밖에 배치한 것이다. 이러한 정서는 수백 개의 기사, 밈, 영감을 주는 게시물, 짧은 문장 등에 반영되어 널리 퍼져나갔다. 인터넷에는 최고가 되려면 컴포트존에서 벗어나야 한다는 목소리로 가득했으며 이에 반대하는 주장은 찾기 어려웠다.

그렇다면 이러한 컴포트존에 대한 기존의 관점에 다르게 접근할 수 있도록 이에 대해 조금 더 현실적으로 생각해보자. 자, 당신이 지금 하는 일과는 완전히 다른, 즉 성취 수준이 다르거나 전혀 다른 분야의 직업을 원한다고 상상해보자. 또 원하는 것을 이루려면 컴포트존에서 벗어나야 한다는 말을 평생 들어왔다고 가정하자. 그럼 자신이 컴포트존을 벗어났다는 사실을 어떻게 인지할 수 있을까?

아마도 지금까지 배운 바를 토대로, 체감하는 불편함이나 견디고 있는 스트레스의 정도에 따라 파악할 것이다. 그래서 당신은 힘든 일을 맡기 시작한다. 자연스럽거나 익숙하게 느껴지지 않는 일들을 하는 것이다. 목표를 달성하기 위해 위험을 무릅쓰고, 심지어는 시간과 돈을 추가로 투자할지도 모른다. 자신의 한계를 뛰어넘기 위해 스스로 채찍질하는 올인all in 방식을 쓰는 셈이다. 스트레스를 받으면 자신에게 '이건 좋은 신호이야! 노력하고 있다는 증거니까 성공할 수밖에 없어. 계속해서 컴포트존 밖으로 나가야 해. 거의 다 왔어!'라고 말하며 자조한다. 당신은 아마도 가족이나 가까운 친구들에게 지금 왜 그렇게 바쁜지, 언젠가 바쁘게 살지 않아도 되는 날을 위해 얼마나 많은 노력을 쏟아붓고 있는지 이야기할 것이다. 모두 보상을 받을 것이다. 반드시 그래야만 한다.

시간이 흐르면 어떤 일은 조금 쉬워질 것이다. 또 어떤 일은 아직 두렵긴 하지만 계속해서 압박하면 완수할 수는 있게 될 것이다. 그러나 곧 피로감이 몰려오기 시작한다. 해야 하는 일에 대한 동기도 점점 약해진다. 과제를 완수했지만 항상 기대했던 결과로 이어지진 않는다. 그러자 원하는 만큼의 성공을 얻을 만큼 컴포트존에서 충분히 멀어지지 못했다는 생각에 스스로를 더 강하게 몰아붙인다. 이렇게 스트레스와 불안이 일상이 될 때까지 불편함을 감수하며 살아간다. 머지않아 '살아있다'는 것과 '과로'는 동의어이며, 두려움은 자연스러운 감정이고 없어서는 안 될 인생의 동반자라고 믿게된다. 어쩌다 몸이 말을 듣지 않아 강제로 휴식이라도 취하게 되면 스스로를 게으르고 비생산적이고 안일한 인간이라 여기게 되며 심지어 죄책감까지 느낀다.

결과적으로 당신은 원하던 직업을 갖게 될 수도 있지만 그에 곧 만족하지 못하게 될 것이다. 이제 자신이 가진 것에 결코 만족하지 못하는 습관이 생겼기 때문이다. 당신에게는 스트레스받는 상태가 삶의 기본값으로 설정되었다. 그 상태가 곧 발전을 의미하기 때문이다. 스트레스받는 것을 살아있음과 동일시하고, 만족에 이르는 것을 죽음과 동일시하기 때문에 당신의 뇌와 인생은 가장 견디기 힘든 길로 가도록 재구성되었다. 당신은 아마 "죽어서 쉬면 되지." 와 같은 말을 하고, 야망을 연료로 삼아 지칠 때까지 스스로를 채찍질할 것이다. [2,3,4]

이 끔찍한 시나리오는 우리에게 너무도 익숙하다. [5] 당신은 이것을 이미 경험했을 수도, 현재 겪고 있을 수도 있다. 또 주변에서 이런 삶을 사는 이들을 흔히 목격했을지도 모르겠다. 이러한 삶의 방식이 우리의 자연스러운 일부가 되었기에 그에 대해 의문조차 제기하지 않는다. 대부분 이렇게 말한다. "성공하려면 당연히 불편을 감수해야지." 그리고 이 말이 사실인지 아닌지는 알고 싶어 하지 않는다. 하지만 이 고루한 사고방식이 너무나도 당연하게 받아들여져 구시대적 세계를 탄생시킨 것은 아닐까?

여전히 의구심이 든다면 다음의 일상적 사례를 곰곰이 생각해보자.

- 우리는 고된 노동과 희생을 미화한다. 어떠한 대가를 치르더라도 목표를 이루려고 노력한다. 하지만 죽음을 앞두고 "더 열심히 일할 걸." 하고 말하는 사람은 아무도 없다. 그 대신 사랑하는 사람들과 더 많은 시간을 보내지 못한 것, 더 많이 쉬지 못한 것, 더 많이 여행 다니지 못한 것, 더 많이 소통하지 못한 것, 나를 기

분 좋게 만드는 일을 더 많이 하지 못한 것을 후회한다. 이는 올바른 세상에서라면 관계, 소통, 휴식, 즐거움이 우선순위가 된다는 의미다. 그러나 구시대적인 세상에서는 인생에서 가장 소중한 것들이 기꺼이, 또 너무 쉽게 희생된다.

- 우리는 꿈을 향해 나아가는 길을 자기 자신 밖에서 찾는다. 하지만 어느 누구도, 무엇도 자신이 추구하는 방향을 제시해주지 못한다. 올바른 세상에서라면 우리는 나 자신의 목소리에 귀 기울여 스스로를 이끌 멋진 길을 찾아낼 것이다. 하지만 구시대적인 세상에서는 스스로 찾은 길을 불신하고, 다른 사람이 가야 할 길이나 가는 방법을 알려주길 기대한다. 그 결과, 많은 사람이 길을 잃고 불행해진다.

- 우리는 대부분의 시간을 주변 세계의 문제, 잘 풀리지 않는 일, 직면한 문제 그 자체에 몰두한다. 언제든지 TV나 휴대폰을 켜 자신을 둘러싼 최악의 시나리오에 집착하며 몇 시간을 보낼 수도 있다. 그러나 우리는 스스로 관심을 어디에 둘 것인지에 따라 자신만의 세계를 창조할 수 있는 자유의지를 가진 존재라는 사실을 알고 있다. 잘 풀리지 않는 일에 대부분의 집중력과 에너지를 소비한다면 어떻게 아름답고 정의롭고 광활한 세상을 만들수 있겠는가? 올바른 세상이라면 우리는 문제보다 해결책에 더욱 집중할 것이다. 문제에 집중할수록 더 많은 문제가 만들어진

다는 사실을 알기 때문이다.

구시대적 세상에서 사는 것의 가장 치명적인 단점은 불편함이 미화되고, 컴포트존의 가치를 추구하는 사람들을 부끄럽게 만든다는 것이다. 그렇게 컴포트존을 거부한 결과, 우리는 나 자신이 누구인지, 어디에 있는지, 무엇을 하고 있는지에 대해 끊임없는 불만족을 느끼고 또 드러낸다. 이렇듯 자신의 삶에 만족하지 못하는 것처럼 보이는 것은 과연 정상일까? 마치 먹음직스러운 음식이 가득 차려진 방 한가운데 서서 아무것도 먹지 않겠다고 주장하는 일 같다. 잘 차려진 음식 대신 무조건 들판에 나가 먹이를 찾고 사냥을 하겠다고 고집부리듯 말이다.

결국 많은 사람이 편안함은 곧 현재에 안주하는 것, 즉 자기만족complacency을 의미할 뿐이라고 생각한다. 그러나 사실 자기만족은 그 자체로 고유한 영역을 갖는다(이에 대한 자세한 설명은 3장에서 하겠다).

올바른 세상에서는 우리가 언제 컴포트존을 벗어났는지 인식할 수 있고, 우리의 진정한 힘이 컴포트존 안에 있다는 사실을 알기 때문에 컴포트존에 집중하는 것이 삶의 우선순위가 될 수 있다. 타인의 시스템과 생각, 이상을 따르도록 강요하는 구시대적 방식과 달리, 자신만의 컴포트존에서 우리는 자유로움을 느끼며 내면의 자연스러운 흐름에 몸을 맡길 수 있다. 있는 그대로의 나를 인정함으로써 삶의 목적에 맞는 선택을 내릴 자유를 얻게 되는 것이다.

| 이 장을 마치며 |

자, 1장을 완독했다! 우리의 여정이 이제 막 시작된 것이다. 여기서는 컴포트존에 대한 기존의 관점을 다시 생각해보는 시간을 가졌다. 컴포트존을 어떻게 인식하는 것이 좋을지, 또 컴포트존에서 벗어나려는 압박이 과거나 현재의 스트레스와 불안에 어떠한 영향을 미쳤는지 생각해보는 계기가 되었길 바란다.

다음 장에서는 새롭게 바라보고 정의하기 위해 컴포트존에 대한 당신의 신념을 살펴볼 것이다. 부디 열린 마음으로 자신의 생각과 아이디어를 기꺼이 들여다보기를 바란다. 이 주제가 다소 무겁게 느껴지거나 누군가의 도움이 필요하다면 소셜미디어로 나와 소통할 수 있다. 기꺼이 당신을 돕겠다!

2장

내 머릿속 오래된 생각
깨부수기

만약 어떤 일이 잘 풀리지 않을 때 우리는 컴포트존에 있으면 모든 일을 그르치게 될 것이며, 변화를 원한다면 미지의 세계로 나아가야만 한다고 생각할 것이다. 한편 일이 잘 풀릴 때는 컴포트존에서 잠시라도 머무르는 순간 발전과는 영원히 멀어지는 길이라고 생각할 수 있다. 안타깝게도 이러한 신념이 궁극적으로 행복, 건강, 웰빙, 번영에 해가 된다는 사실을 많은 사람이 깨닫지 못하고 있다. 지금까지 학습한 수많은 제한된 신념 때문에 컴포트존을 회피하게 된 것이다. 이 책이 당신에게 자양분이 되기 위해서는 우선 자신의 신념을 면밀히 살펴봐야 한다.

이제부터 이야기하는 바를 천천히 곱씹어 읽어보길 바란다. 이 책에서 가장 중요한 내용이 담겨 있다. 그리고 '컴포트존 실천하기'에서 제시한 몇 가지 평가 항목에 정직하게 답하자. 이후 컴포트존에 대한 당신의 관점과 생각의 변화를 추적하는 데 큰 도움이 될 것이다. 나 자신을 평가하는 것은 쉬운 일이 아니다. 하지만 한 가지는 분명히 약속할 수 있다. 행동하면 결과를 얻을 것이다. 여기서 행동은 당신의 신념을 파악하는 일을 의미하며, 결과는 재미있고 쉽고 흥미로운 방식으로 당신의 원대한 꿈에 방해가 되는 신념에서 벗어나는 일을 뜻한다!

| 신념이란 무엇인가 |

자신을 방해하는 신념이 무엇인지 파악하기에 앞서 먼저 신념이란 무엇인지 이해해야 한다. 쉽게 말하면 이렇다. 우리가 어떤 한 가지 생각을 자주할 때 뇌는 고도로 효율적인 특정 작업을 수행한다. 그 생각이 일상 속 모든 생각의 기저에서 계속해서 이어지도록 자동 프로그래밍하는 것이다. 한 가지 생각이 자동 프로그래밍되면 다시는 그 생각을 의식적으로 선택해 떠올릴 필요가 없게 된다. 그 생각이 삶의 일부, 즉 신념이 되었기 때문이다.

우리의 뇌는 끊임없이 생각을 신념으로 바꾼다. 수많은 의식적 사고를 한 번에 모두 머릿속에 저장할 수는 없기 때문이다. 따라서 뇌는 공간을 확보하기 위해 가능한 한 모든 생각을 자동화하려 한다. 이 능력은 계속해서 정보를 불러내거나 처음 그 생각이 떠올랐던 상황을 기억할 필요 없이 과거의 경험에서 얻은 정보를 상기시켜 매우 유용하다.[1] 예를 들어 뜨거운 가스레인지를 만지면 '가스레인지는 뜨겁다'는 생각이 생겨나고, 이 생각이 삶의 일부가 되면 가스레인지를 사용할 때마다 늘 주의를 기울이게 된다. 이때 자신이 가스레인지 때문에 처음으로 화상을 입었던 일을 기억하는지의 여부는 무의미하다.

생각을 삶의 일부로 바꾸는 이 능력은 안타깝게도 당신의 경험에 심각한 제약을 줄 수 있다. 예를 들어 '나는 사람들 앞에서 공개 연설을 하면 공황발작을 일으킨다'라고 믿는 사람은 실제로 연설을 해야 하는 상황에서 '공개 연설은 흥미롭다'라고 믿는 사람과 완전히 다른 경험을 하게 된다. '모든 문제는 해결 가능하다'라는 믿음은 창의성을 발휘하는 데 긍정적인 자극이 되는 반면, '난 결코 정답을 찾을 수 없을 것이다'라는 믿음은 창의성과 성장을 심각하게 저해하는 요인이 될 수 있는 것이다.

| 믿는 것의 힘 |

스스로 운이 좋은 사람이라고 믿는 친구가 있다. 그렇게 믿는 결과, 그에겐 실제로 항상 행운이 따른다. 무작위 추첨에 당첨되고, 아무리 복잡한 도로에서도 주차 자리가 생기고, 도움이 필요한 순간에는 항상 귀인이 나타난다. 한번은 운전면허증을 잃어버렸는데 분실한 사실을 알기도 전에 누군가가 우편으로 돌려보내 준 적도 있다.

신념은 뇌가 우리 주변의 세계를 이해하고 설명하는 방식이다. 신념은 살아가는 환경이나 사건에서 비롯되지만, 결국 모든 신념은 우리의 선택에서 기인한다. 어떤 생각이 신념이 되려면 우리가 그 생각이 타당하다고 믿어야 한다. 그리고 그 생각에 동의해야만 한다.

저명한 과학저술가이자 《스켑틱Skeptic》 창간자인 마이클 셔머Michael Shermer의 말에 따르면 우리는 신념을 먼저 형성한 다음 그 신념에 부합하는 증거를 모으기 시작한다. 일단 신념이 만들어진 후에 뇌는 그 신념에 대한 이야기와 근거를 모으고 그것을 합리화하기 시작한다.[2] 예를 들어 자신이 운이 좋다고 믿는 내 친구는 어디를 가든 운이 좋아질 방법을 찾는 것이다. 이는 우리가 믿는 것이 곧 우리의 현실이 된다는 사실을 의미한다.

헨리 포드가 "할 수 있다고 생각하든, 할 수 없다고 생각하든 당신의 생각이 옳다."라고 말한 이유도 바로 이것이다.

인생이 힘들다고 믿는 사람은 살아가는 일이 힘들고, 수학을 못한다고 믿는 사람은 결코 수학을 잘하게 될 수 없으며, 백만장자는 모두 사기꾼이라고 믿는 사람은 자신이 사기꾼이 되지 않는 한 결코 백만장자가 될 수 없는 것이 당연하다.

| 신념이 인생을 결정짓는다 |

주변 지인 중에 늘 좋은 물건을 갖고 싶어 하고, 열심히 일하면서도 언젠가는 복권에 당첨될 거라고 말하며 일주일에 몇 번씩 복권을 사는 이가 있다. 그런데 그는 돈이 많은 사람들은 탐욕스럽고, 돈은 사악한 것이며, 결국 인간은 돈 때문에 최악의 본성을 드러낼 것이라고 믿는다. 지출하고 소비하며 돈을 벌기 위해 일하지만 그는 자신의 신념 때문에 돈을 모으지 못한다. 결과적으로는 엄청난 빚까지 지고 있다. 그의 삶 전체가 금융위기에 직격탄을 맞은 듯 보일 정도다. 얼마나 열심히 일하는지, 얼마나 많은 급여를 받는지와 관계없이 돈에 대한 그의 부정적인 신념이 그를 가난하게 만든 것이다.

신념과 다른 삶을 사는 것은 말 그대로 '불가능'하다. 이는 우리가 신념을 바꾸기 어려운 이유이기도 하다. 일단 어떤 생각이 삶의 일부가 되어 버리면 그것을 반증하기는 점점 더 어려워진다. 어느샌가 그 신념을 뒷받침하는 근거를 너무 많이 수집한 상태가 되어 버리기 때문이다. 특히 어린시절에 형성된 신념이라면 그 신념이 옳다는 증거가 당신의 머릿속에 수십 년에 걸쳐 쌓인 상태일 것이다.[3]

현재 처한 현실이 마음에 들지 않는가? 그럼 당신은 자신에게 전혀 이롭지 않은 신념, 즉 당신의 창의력이나 영감, 성공에 이르는 모든 능력에 방해가 되는 신념에 따라 살고 있을 가능성이 높다.

다행히 희망은 있다! 신념을 바꾸는 일은 가능하다!

신념은 생각에서 출발하므로 신념을 바꾸는 일은 기존의 생각을 더 이상 믿지 않기로 결심할 때 이뤄진다. 그러면 당신은 다른 생각을 선택할 수 있게 된다. 자신에게 더 이롭고, 도움이 되는 생각을 선택할 수 있는 것이다!

다음의 '컴포트존 실천하기'에 나온 평가 항목을 통해 컴포트존에 대한 당신의 신념을 파악해보자. 이 단계를 꼭 실천해보길 바란다. 현재 자신이 가진 신념을 명확히 파악한다면 당신은 이 책의 남은 이야기를 읽으며 그 신념에 과감히 맞서고 반드시 변화를 끌어낼 수 있을 것이다.

■ **컴포트존 실천하기** ■

컴포트존에 대한 나의 신념 알아보기

내 안에서 작동하는 기존의 낡은 프로그램으로는 인생을 바꾸기 어렵다. 심지어 지금 내가 어떠한 신념을 가지고 있는지 모르는 상태에서는 무엇도 바꿀 수 없다. 다음의 체크리스트는 컴포트존에 대한 가장 일반적인 신념 몇 가지를 목록화한 것으로, 이를 통해 당신이 어떠한 신념을 갖고 있는지 간단히 평가해볼 수 있다. 이는 책을 덮을 때쯤 당신의 변화를 확인할 수 있는 중요한 지표가 될 것이다. 지금부터 각 문항을 읽고, '그렇다'라고 생각되는 항목에 체크(☑) 표시를 하자. 만약 아래 항목에 없는 신념이 떠오르면 목록 끝에 있는 빈칸에 꼭 적기를 바란다.

'나는 컴포트존을 이렇게 생각한다'

□ 컴포트존 안에 살면 뒤처진다

□ 편안하면 발전이 없다

□ 변화는 컴포트존의 경계에서부터 일어난다

□ 끊임없이 컴포트존 밖으로 나가야만 한다

□ 대단한 일은 컴포트존 밖에서 이뤄진다

□ 나의 꿈은 컴포트존의 반대편에 있다

□ 원하는 인생은 컴포트존 밖에서 시작된다

□ 위험이 없다면 보상도 없다

□ 성공하려면 불편해야 한다

□ 멋진 인생을 원한다면 컴포트존에서 벗어나야 한다

□ 고통 없이 얻는 것은 없다

□ 안전하게 행동하면 절대로 승리할 수 없다

□ 컴포트존은 변명으로 가득하다

□ 컴포트존에서 성장은 불가능하다

□ 나는 컴포트존 밖에서 가장 활기차다

□ 컴포트존에서는 생산성을 높일 수 없다

□ 컴포트존에서 벗어나지 않으면 나의 잠재력을 파악할 수 없다

□ 컴포트존에서 사는 것은 나의 인생을 책임지지 않는 것이다

□ 컴포트존 안에서는 성장과 변화를 기대할 수 없다

□ 컴포트존에 머무르는 것은 간절한 꿈이 없는 것이다

□ 항상 쉬운 길만 택하면 컴포트존에서 결코 벗어나지 못한다

□ 두려움과 불안은 내가 옳은 방향으로 가고 있음을 의미한다

□ 불편함을 느낄 때만 진정한 목표를 달성할 수 있다

□ 컴포트존은 목표 달성의 적이다

□ 컴포트존에 머무르면 머무를수록 현실에 더욱 안주하게 된다

☐ 상상력과 창의력은 불편함의 산물이다

☐ 컴포트존에 있다면 자신에게 거짓말과 변명을 늘어놓는 것과 같다

☐ 컴포트존은 나를 구속하고 제약한다

☐ 편안한 것은 게으른 것이다

☐ 컴포트존을 벗어나지 않으면 성장하지 못한다

☐ 컴포트존에 사는 것은 꿈을 포기하는 것과 같다

☐ 컴포트존을 선택하는 것은 무언가를 포기하겠다는 뜻이다

☐ 편안함을 원하는 것은 부끄러운 일이다

☐ 컴포트존은 손쉬운 탈출구다

☐ 마법 같은 일은 컴포트존 밖에서만 일어난다

☐ 나의 창의성과 재능은 컴포트존 밖에서만 꽃피울 수 있다

☐ 컴포트존에 머무르면 나와 나의 인생에 한계가 따른다

☐ 컴포트존에 있다면 무언가를 잘못하고 있는 뜻이다

☐ 컴포트존에 머무르면 나 자신과 타인에게 폐가 된다

☐ 컴포트존은 불변의 영역이다. 변화나 진화는 일어나지 않는다

☐ 편안하다면 자신에게 거짓말을 하고 있는 것이다

☐ 컴포트존에 있으면 행동해야 할 때 행동하지 않게 된다

☐ 컴포트존에서는 꿈이 소멸한다

☐ ....

☐ ....

☐ ....

☐ ....

☐ ....

☐ ....

| 이 장을 마치며 |

만세, 2장을 완독했다! 당신은 제한된 신념을 극복하는, 쉽지 않은 일에 한 발짝 다가섰다. 정말 잘했다! 체크리스트는 당신의 변화를 점검하는 데 매우 중요한 역할을 할 것이다. 컴포트존에 대한 신념을 확인했으니, 이제 당신은 이를 바꿀 준비가 되었다. 무엇보다 좋은 점은 신념을 바꾸기 위해 이 책을 읽는 일 외에 특별히 다른 것을 더 할 필요가 없다는 것이다. 앞으로 책에서 제안하는 활동에 참여하고 실천하다 보면 컴포트존에 대한 당신의 신념이 바뀌기 시작했음을 느낄 수 있을 것이다. 머지않아 당신의 변화를 제약했던 신념은 당신에게 힘이 되는 신념으로 바뀔 것이다!

이제 스트레스를 줄이고, 내면의 자연스러운 흐름에 집중하는 삶을 만들 준비가 되었으니 '삶의 세 가지 영역'을 자세히 살펴보도록 하자. 당신은 지금 어떤 영역에 있을까? 지금부터 알아보자!

3장

나는 지금
삶의 어느 영역에 있는가?

사람은 누구나 '삶의 세 가지 영역' 안에서 살아간다. 나는 이를 자기만족지대, 생존지대, 컴포트존이라고 부른다. 일반적으로 우리는 일생동안 각 영역을 오가며 살아가는데 가장 많은 시간을 보내는 영역이 어디인가에 따라 선택의 질이 결정되고, 자연히 삶의 질도 결정된다. 행복한 삶을 살고, 즐겁고 만족스러운 경험을 얻을 수 있는 가장 효과적인 방법은 이 세 가지 영역을 이해하고, 매 순간 자신이 어디에 있는지 인지하며, 계속해서 내면의 안정감과 유대감을 강화하는 영역으로 이동하는 것이다.

| 삶의 세 가지 영역 |

자기만족지대

생존지대

컴포트존

| 에너지, 동기, 방향성을 잃은 '자기만족지대' |

컴포트존에 관해 이야기할 때 대부분의 사람이 실제로 떠올리는 곳은 자기만족지대다. 따라서 이 영역을 이해하려면 내면을 깊이 파고들어 자세히 들여다볼 필요가 있다. 자기만족지대에 사는 사람들은 스스로 만족하고 있다고 말하지만, 사실 이들이 느끼는 감정은 진정한 편안함과는 거리가 멀다. 대부분의 시간을 자기만족지대에 머무르는 사람들은 만족감이 교묘한 속임수라는 것을 깨닫지 못한다. 자신이 현재의 위치에 갇혀 있다고 느낄 때도, 두려움 때문에 어떤 행동을 취하지 못할 때도 자신은 그저 만족한다고 여기는 경우가 대부분이다.

때때로 이러한 의욕 부족의 상태는 전반적인 무관심으로 발현된다. 이 영역에 있는 사람들은 어떠한 일에도 크게 신경쓰지 않고 살아갈 수 있다. 더 많은 것을 위해 노력할 에너지, 동기, 방향성이 부족하기 때문에 대체로 현재의 삶에 만족하는 것이다. 너무 많은 실패를 겪다 보니 '이게 다 무슨 소용이야?', '왜 또 시도해야 하지?'라고 생각하며 많은 것을 바라지 않는 상태가 되기도 한다. 자기만족 지대에 머무는 이들에게는 대인관계나 프로젝트, 각종 활동 등에 심도 있게 참여하는 일이 어려울 수 있다. 자신의 취약함이 너무 적나라하게 드러난다고 느끼기 때문이다. 반면 이들은 자신의 무관심한 태도를 감추기 위해 오히려 지나치게 많은 것을 공유하거나 설명하려 들 수 있다.

이 영역에 있으면 스스로가 마음에 들지 않는다고 느낀다. 나라는 사람 그 자체, 외모, 능력, 장단점 등 별 볼 일 없어 보이고 싫어지는 것이다. 그래서 자신에게 지나치게 비판적이고, 타인에게 질투심을 느끼며, 심지어 자기보다 일이 더 쉽게 풀리는 것처럼 보이는 이들에게 분개하기도 한다. 자신이 통제할 수 없는 상황이나 사람에게 책임을 떠넘기려는 경향도 보인다. 그뿐 아니라 자신을 제약하는 잘못된 신념에 '항상', '절대'와 같은 단어를 덧붙여 영속성을 부여하는 일도 비일비재하다.

"내 일은 절대로 잘 풀리는 법이 없어."

"난 절대 성공하지 못할 거야."

"난 항상 무시당하고 인정받지도 못해."

대부분의 사람이 인생에서 한 번쯤 자기만족지대에 머문 적이 있을 것이다. 이 영역에서의 삶은 그저 하루하루를 버텨내는 일과 크게 다르지 않다. 매일매일 느끼는 부정적인 감정으로 인생이 너무나 쉽고 허무하게 소비되곤 한다. 습관적으로 자기만족지대에 머무르는 삶을 살면 우리의 의식과 잠재의식은 자율주행모드autopilot로 전환되고, 주변 모든 것에서 두려움과 결핍, 한계 요소를 확대해 바라보게 된다.

당신 주변에도 틀림없이 그런 사람들이 있을 것이다. 가족이나 지인 중에 가지고 있는 재능과 능력이 많음에도 제대로 활용하지 못하는 이가 있을지도 모르겠다. 그런 이들의 발전 없는 생활방식은 습관적인 냉소와 무관심으로 이어져 스스로를 삶에서 멀리 떨어뜨려 놓는다. 일반적으로 이런 상황에서 그가 현재 너무나도 '편안한' 상태이므로 자신이 원하는 것(또는 우리가 생각하기에 그가 원해야 하는 것)을 추구하지 않는다고 생각하기 쉽지만, 이는 사실이 아니다.

자기만족지대에서 경험하는 것은 편안함이나 만족이 아니라
실패에 대한 두려움, 성공에 대한 두려움, 취약성에 대한 두려움,
무언가를 돌보는 것에 대한 두려움, 진정한 소통에 대한 두려움,
즉 두려움이다.

이 영역에서는 무기력 때문에 해야 하는 일이든, 원하는 일이든 아무것도 하지 못할 가능성이 높다. 현실을 외면하고 싶다면 현재에 행복하다고 말하고, 아무 행동도 취하지 않는 지금의 무기력한 상태를 정당화하면 된다. '나는 원래 많은 것을 바라지 않는 사람'이라면서 말이다. 스스로를 자기만족지대에 가두는 제한된 신념을 제대로 마주하지 않으면 얼마든지 쉽게 자신이 행복하지 않다는 사실을 부정할 수 있다. 이 영역에 있을 때는 모든 것이 불가능하게 느껴져서 침체된 세상의 벼랑 끝에 위태로이 서 있는 상태가 되기 때문이다. 어떠한 노력을 해도 전부 물거품이 되거나 이루려는 꿈이 완전히 수포로 돌아갈 것이라는 불안감이 종종 엄습한다. 자기만족지대에는 편안함이 아닌 우리를 무겁게 짓누르는 일종의 절망감이 존재한다.

자기만족은 편안함과 다르다

자기만족감을 느끼며 현실에 안주하는 사람들은 컴포트존에 있는 것이 아니다. 이들은 전혀 편안하지 않다. 자기만족지대에 너무 오래 머무르면 가야 할 곳을 잃어버린 것 같은 상태가 된다. 이런 기분을 느껴본 적 있는가?

나는 경험해봤다. 앞에서 들려준 나의 이야기에서 그랬듯 엄청난 실패와 우울을 겪을 당시 나만의 자기만족지대에 아주 깊이 매몰되어 있었다. 내 머릿속은 자기비판, 두려움, 외로움, 회의감, 심지어 자살 충동으로 가득 차 있었다. 정신적으로 무척 불안정한 상태였고, 몸은 망가질 대로 망가져 도와달라는 비명을 지르고 있었다. 마치 엔진이 고장 난 폭주 기관차처럼 끝 모를 바닥으로 급격하게 치닫고 있었다. 부분적으로는 만족감이 이 우울의 원인이었다. 나는 내가 고수하는 모든 방식에 만족감을 느끼고 있었다. 스스로를 자기만족지대로 몰아간 과거의 행동들을 되돌아보거나 마음속 두려움과 잘못된 신념을 마주하는 일이 두려웠기 때문이다.

나는 언제나 해결책을 찾는 데 집중하는 인간이었다. 길이 없어도 어떻게든 찾아내거나 새로 만드는 사람이었다. 하지만 자기만족지대에서는 막막함과 무력감, 절망감만 느꼈다. 무엇을 해야 할지 몰라 그저 먹기만 했고 걷잡을 수 없이 살이 찌기 시작했다. 음식이 나를 만족시킨다고 생각했지만, 실제로는 과식이 내 안의 두려움을 볼 수 없도록 두 눈을 가렸다. 그렇게 먹으면 먹을수록 내 몸도, 나 자신도 더 싫어졌고 더 우울해졌다. 반면 내 주변의 모든 것은 줄어들기 시작했다. 수입은 바닥을 쳤고, 친구나 가족과의 만남도 피하게 됐다. 모든 게 부질없게 느껴졌다. 그래서 마음속에 품던 꿈도 내려놓고, 삶에 모든 관심을 끈 채 꼼짝도 하지 않았다. 양치질처럼 사소한 행동 하나조차 그저 귀찮게만 느껴졌다. 연락도 받지 않았다. 나는 그저 침대에 누워 잠만 잤다.

자기만족지대에 있다고 해서 나의 경우처럼 모두가 실패나 우울을 겪고 있는 것은 아니다. 하루 종일 배터리 부족 경고가 뜬 상태로 작동하는 핸드폰을 떠올려보자. 이따금 전원이 꺼지기도 하고, 충전기를 연결해도 딱 필요한 만큼만 충전된다. 자기만족지대에 있는 사람 중 이런 상태인 경우가 있다. 100퍼센트 다 충전되는 것을 스스로 원하지 않거나 배터리 고장으로 수리가 필요한 상황일 수도 있다. 이 영역은 생존지대에서 스스로를 녹초가 될 때까지 채찍질한 후 머물게 되는 곳으로, 오래 머물수록 자기 자신뿐 아니라 진정으로 즐겁고 편하고 만족감을 느끼게 하는 것들에서 더욱 멀어지게 된다. 그러므로 꿈과 목표가 소멸하는 곳은 컴포트존이 아니라 자기만족지대다.

물론 나의 상황은 당신이 경험한 것과 다를 수 있다. 어떤 환경이나 조건에서든 자기만족지대에서 느끼는 절망감이나 허탈감의 깊이는 아마 다르지 않을 것이다. 그것은 그냥 내버려두면 우리를 파괴할 수도 있다. 혹은 그 반대로 우리의 가장 깊고 어두운 면에 대해 일깨워주고, 궁극적인 성장을 이루게 도울 수도 있다.

| 자신을 증명해야 하는 '생존지대' |

만일 당신이 과잉성취자overachiever이며 자신을 습관적으로 컴포트존 밖으로 밀어내고 있다면 당신은 삶의 대부분의 시간을 생존지대에서 보내고 있을 가능성이 높다. 이 영역에서는 고도의 노력이 원동력이다. 또한 끝없는 비교와 경쟁의 영역이기 때문에 질투, 비판, 분노의 감정으로부터 자유로울 수 없다. 생존지대에서는 언제나 시선을 밖으로 돌려 내가 원하는 것을 가진 사람과 스스로를 비교하고, 세상에 자신을 증명해 보여야 한다는 강박에 사로잡히게 된다.

그러다 보니 모든 것이 하루가 다르게 변하는 것처럼 느껴진다.

가능성에 대한 믿음, 비전의 명확성, 두려움, 의구심 등 모든 생각과 감정이 매순간 요동치기를 반복한다. 이는 또 성취, 잠깐의 성공, 신뢰할 수 없는 결과, 예상치 못한 좌절 등으로 이어진다. 틈만 나면 점수를 매기듯 자신의 진척도를 측정하고, 진정한 관계를 구축하고 유지하는 일에는 어려움을 겪는다.[1]

생존지대에서 머물면 분명 일이 잘 풀리기도 하지만, 엄청난 노력이 요구될 뿐 아니라 원하는 수준의 결과까지는 장담하기 어렵다. 대체로 실패, 과로 또는 질병과 같은 부작용을 감수하며 지내야 한다. 또 이곳은 함정으로 가득하다. 일이 잘 풀리고 있다는 착각을 불러일으키기에 충분한 동력(목표의식, 타인과의 비교·경쟁)이 있기 때문이다. 그래서 우리는 불편함을 느끼는 일, 결과가 불확실한 일들을 계속한다. 그 과정에서 마주하는 만족감은 덧없는 감정일 뿐이다. 어떤 날은 이례적으로 일이 잘 풀려 마치 성공한 것처럼 느껴지고, 다른 날은 그저 힘들게만 느껴진다.

그래서 이 영역에 갇히면 다음 중 어느 쪽이든 지친 기분이 드는 일이 보통이다.

1   피나는 노력에도 불구하고 결과가 평범할 때
2   대단히 성공적인 결과를 얻었지만 유지하기 위해 더 많은 노력을 해야 할 때

매일, 매 순간 작은 성취는 물론이고, 달성할 수 없을 것만 같은

큰 승리를 좇으며 살기 때문에 끊임없이 바쁘고, 지나치게 많은 일을 하며 스트레스를 받는다.

쉬는 법을 잃어버린 사람들

생존지대에서는 고된 노동을 미화하고, 스트레스를 발전의 부산물로 착각하며 이러한 삶의 방식에 반하는 다른 모든 이데올로기에 냉소적인 태도를 취하기 쉽다. 돈으로 살 수 있는 가장 좋은 것을 모두 가지게 될 수도 있지만 시간, 에너지 그리고 가장 중요한 건강을 완전히 잃을 수도 있다.

실제로 나는 그 결과를 직접 목격했다. '파파'라는 애칭으로 불렀던 나의 할아버지는 20세기 중후반 피츠버그 철강 산업의 황금기에 최고의 세일즈맨으로 이름을 날렸던 분이다. 재직 당시 회사를 위해 가족과 함께 미국 전역을 돌며 수차례 이사를 다녔다. 주말에는 업무 연수를 받거나 거래 성사를 위해 전국을 돌아다녔고, 주중에는 교통 체증을 피해 아침 일찍 출근하고 저녁 늦게 퇴근했다. 집에 있을 때는 비즈니스 라디오를 들으며 더 높은 자리로 올라가기 위해 공부를 게을리하지 않았다. 그는 아메리칸드림, 즉 물질적 풍요와 가족의 안정, 행복한 노후를 위해 쉼 없이 노력했다. 당시 사람들이 모두 그랬듯 그 꿈을 이루려면 강한 집념과 노력, 헌신이 필요하다고 생각했다. 더 많이 노력할수록 더 큰 성공을 거둘 수 있다고 생각한 것이다. [2]

할아버지는 나의 우상이었다. 아름다운 집과 클래식 자동차는 물론 도시에는 멋진 사무실도 있었다. 그는 내가 아는 사람 중에 가장 성공한 사람이었다. 당시 새벽 다섯 시에 출근하는 할아버지를 종종 배웅했고, 저녁식사를 마칠 즈음에야 퇴근해 돌아온 모습을 마중했다. 떠올려 보면 그는 저녁마다 스트레스에 짓눌려 지치고 예민한 모습일 때가 많았다. 집에 오자마자 파이프에 담배를 눌러 담고 주방으로 가 얼음 위에 보드카를 따라 마셨다. 어른이 되어서야 할아버지가 알코올 중독자였다는 사실을 알게 되었다. 가족들은 그를 돕기 위해 혼신의 노력을 기울였고, 그도 알코올 중독자 모임에 나갔지만 변화는 오래가지 않았다. 은퇴 직후, 할아버지는 암을 선고받고 몇 년간의 힘든 투병 끝에 세상을 떠났다.

그는 그저 치열하게 일하고 은퇴한 뒤 비로소 인생을 즐길 수 있을 거라 생각했다. 그렇게 은퇴했을 때 원하는 모든 것을 손에 쥐었으나 건강을 잃고 결국 오래 간직해온 바람은 이룰 수 없었다. 나는 할아버지에게서 많은 것을 배웠고, 그중 생존지대에서 버텨내 얻은 성공의 가치를 다시 생각해보는 교훈을 얻었다. 그의 삶이 과연 지금 우리 삶의 모습과 많이 다르다고 할 수 있을까?

생존이 아닌 번영을 위해 산다는 것

사람들이 '고군분투'에 대해 말하고 있다면 그들은 생존지대를 논하고 있는 것이다. '고통 없이 얻는 것은 없다', '열심히 일하고 열심히 놀아라'와 같은 말은 생존지대에서 공유하는 것들이다. 부모가 자녀에게 '돈은 나무에서 자라는 게 아니다', '취미는 직업이 아니다'라고 강조한다면 생존지대 안에서 키우고 있는 것이다. 중요한 사실은 누군가에게 계속해서 어떠한 삶을 살라고 강요할 수 없다는 것이다. 자기 자신에게도 마찬가지다. 이 점을 잊어서는 안 된다.

보통 생존지대에서 우리는 더 적극적이고, 더 공격적인 행동으로 문제를 해결하려고 한다. 마치 그 일에 자신의 인생이 달린 것처럼 말이다. 그래서 이 영역은 감정적으로 예민한 사람이나 혼자 있는 시간을 통해 재충전하는 사람들에게 다소 적대적인 환경이 될 수 있다. 만약 생존지대에서 피로감이나 좌절감 같은 불편함을 느낀다면 이는 당신 자신에게 문제가 있어서가 아니다.[3] 그저 삶의 다른 영역으로 옮겨가야 하는 순간일지도 모른다.

생존지대에서 일하고, 살아가는 사람들은 보통 이렇게 생각한다. '세상은 경쟁적이고, 나는 불리한 패를 잡고 있다. 성공은 이루기 힘든 일이고, 나는 더 열심히 노력해야만 한다. 지금 느끼는 스트레스와 고통은 내가 무언가를 해내고 있다는 사실이며, 목표를 향해 나아가고 있다는 증거다.' 이러한 생각이 유일한 신념이 되면 어떠한 불편함도 감수해야 한다고 여긴다. 하지만 그러한 삶은 단순히 생존 그 자체에 매몰되기 쉽다. 궁극적으로 삶이 번영하기 위해서 필요한 것들을 놓치게 만든다. 삶이 진정으로 원하는 번영을 이루려면 내면의 흐름에 주목해야 한다. 그 흐름이 있는 곳이 바로 컴포트존이다.

│ 긍정과 회복탄력성이 존재하는 '컴포트존' │

자연스러운 흐름 속에서 일하기를 좋아하는가? 자기돌봄을 우선 순위로 두는가?[4] 진정성을 중요히 여기는가? 열정적인가? 목표를 지향하는가? 성장을 위해 노력하는가? 목표가 뚜렷한가? 모든 일이 잘 풀릴 것이며 인생이 궁극적으로는 나에게 유익한 방향으로 흘러갈 것이라고 믿는가? 이 질문들에 '그렇다'라고 답한 것이 하나라도 있다면 당신은 지금 컴포트존의 중요성을 잘 알고 있거나 앞으로 새로운 관점을 가질 준비가 된 사람이다.

누군가가 나를 평가한다는 두려움 없이, 있는 그대로의 나를 온전히 표현할 수 있는 내면의 공간. 이곳이 컴포트존이다. 이곳은 외적인 요인으로 스트레스를 받을 때도 나의 뜻과 의지대로 굳건히 버틸 수 있는 매우 사적인 공간이다. 컴포트존에 있을 때 뇌의 스트레스 중추인 편도체는 대부분 비활성 상태다. 부엌에 불이 나는 등의 즉각적인 위험이 발생하지 않는 한 우리는 평화롭고 안전하다고 느낀다. 이때 우리 몸은 휴식 및 소화 모드로 전환되고, 치유와 회복이 가능한 상태가 된다. 그뿐 아니라 뇌파가 느려져 알파파 상태가 되면 보다 창의적으로 문제를 해결할 수 있게 된다.[5]

미국 하트매스연구소HeartMath Institute가 발표한 '심장과 뇌의 상호작용' 연구에 따르면 인간은 신체적으로 안전하다고 느낄 때 심장 박동 수가 일정해진다. 신체의 모든 장기는 심장과 연동되어 있기 때문에 심박수가 일정해진다는 것은 장기가 더 빨리 회복되고, 더

효율적으로 기능할 수 있는 상태가 된다는 뜻이다. 이것이 바로 컴포트존에서 활동하는 것이 효과적인 이유다.[6] 컴포트존에서는 목숨을 걸고 싸울 땐 얻을 수 없는 신체적·정신적·정서적 건강을 얻을 수 있다. 그래서 더 건강하고, 더 창의적이며, 더 평화로운 방식으로 목표하는 바를 향해 나아갈 수 있다.

중요한 것은 컴포트존은 고정된 영역이 아니라는 사실이다.

우리의 의지에 따라서 컴포트존은 계속해서 크고 넓어질 수 있다.

당연히 그럴 수밖에 없다. 왜냐하면 인간은 다양한 경험을 추구하는 학습하는 존재이기 때문이다. 우리는 본능적으로 자신이 가진 능력과 경험을 끊임없이 확장하고자 한다. 이제 막 배우고 성장하는 어린아이들을 떠올려보라. 그들은 자신의 컴포트존에서 매우 편안하지만 무엇이든 할 수 있다는 자신감을 가지고 움직인다. 행동에는 기쁨이 넘치고, 자신의 한계를 뛰어넘어 배움을 즐긴다. 지속 가능하고 진정한 성공은 이런 방식으로 이뤄진다.

편안함과 확장은 인간의 본능이다

딸이 걷기 시작할 무렵 나는 종종 집 근처 공원으로 아이를 데려가곤 했다. 처음 몇 번은 아이가 내 곁에서 떨어지지 않으려고 했다. 몇 미터만 떨어져도 곧장 다시 엄마라는 안전지대로 돌아오고 싶어 했다. 다른 아이들과 노는 것은 상상도 할 수 없었고, 내가 옆에 있어야 아이는 안전하다고 느꼈다. 엄마가 곁에 머무는 한, 아이는 탐험을 즐겼다. 쉽고 편안하게 공원을 누볐다. 새로운 것을 시도할 때조차 편안하고 즐거워 보였다. 농담도 하고 탐험도 하고 위험을 무릅쓰기도 했다. 하지만 불편함을 느끼면 곧바로 움츠러들고 겁에 질렸으며 살려달라는 듯 필사적으로 나에게 매달렸다.

하지만 이후로 계속 공원을 방문하면서 아이의 컴포트존이 넓어지기 시작하는 것을 보았다. 거리를 두고 멀리서 지켜만 봐도 괜찮아졌다. 딸은 다른 아이들과 이야기를 나누며 편안하고 자연스럽게 친구를 사귀기 시작했다. 흥미로운 것은 아이들에겐 컴포트존을 확장하는 기회와 시간을 기꺼이 허락하면서 우리 자신에게는 엄격한 잣대를 적용한다는 점이었다. 우리는 아이들이 잘 자라려면 상처받고 소외될 걱정없이 주변 세계를 탐험할 수 있을 만큼 안전함과 편안함을 느껴야 한다는 것을 안다. 하지만 정작 나 자신에 대해서는 안전함과 편안함이 발목을 잡는 요소라고 생각한다.

컴포트존에 있다는 것은 자신이 느끼는 감정을 즉시 인지하고, 불안이나 두려움, 스트레스를 유발하는 방법 대신 안전하고 편안하며 지지받는 느낌을 주는 방법을 선택한다는 의미다. 컴포트존은 '안전'과 '안정'의 영역에서 출발한다. 이 본능적이고 단순한 욕구가 충족되면 우리는 얼마든지 컴포트존을 확장해 나갈 수 있다.

이것은 내가 이끄는 '긍정의 힘'을 수백만 명 규모로 성장시킨 비결이기도 하다. 많은 사람이 나에게 성공과 마인드셋에 대한 코칭이나 강연을 해줄 것을 요청해온다. 성공에 이르는 방법론적인 부분은 다른 곳에서 찾을 수 있는 것과 크게 다르지 않다. 그러한 방법론은 나보다 더 훌륭하게 분석해 알려주는 서적, 프로그램, 전문가가 매우 많다. 나 또한 여전히 배우는 중이기도 하다. 내 성공 비결은 분명하다. 컴포트존을 지속적으로 확보하고, 또 확장하기 위해 노력한 것이다. 타인의 성공 로드맵을 따르기 위해 생존지대로 뛰쳐나가 무작정 불편함을 감수하며 지칠 때까지 노력만 반복하는 것이 아니라 나의 내면에 집중했다.

내면의 흐름을 깊이 들여다봤다. 그곳에서 나라는 사람이 할 수 있는

일과 하고 싶은 일, 해야 하는 일에 대한 모든 답을 발견할 수 있었다.

편안하고 자연스럽게 생각되는 일들이었기에 진정으로 공감했다. 그리고 본능적으로 이를 성장시키고 확장하기 위해 필요한 행동이 무엇일지 열정적으로 찾아 움직이기 시작했다. 성공은 거기서부터 시작됐다.

■ **컴포트존 실천하기** ■

컴포트존 다시 생각하기

1 | 컴포트존에서는 꿈이나 목표를 이룰 수 없다 ─────

많은 사람이 현재 상황에 만족이나 행복을 느끼는 것을 경계한다. 만족한다는 것은 꿈이나 목표를 포기하는 일과 같다는 잘못된 믿음을 갖고 있기 때문이다. 직관에 반하는 말처럼 들리겠지만 사실은 그 반대다. 생각해보자. 출발지를 속이면 우리는 원하는 목적지에 도달할 수 없다. 예를 들어 네비게이션을 이용해 식당에 가려고 하는데 목적지에 식당 주소를 입력하고, 출발지는 다른 사람의 주소를 입력할 수는 없는 노릇이다. 길 안내를 받아도 아무런 소용이 없다. 이는 자신이 처한 상황에 갇히는 것이 두려워 환경과 현실을 부정하는 일과 같다. 컴포트존을 마주하는 일은 지금 이 순간 내가 처한 현실과 내가 누구인지를 받아들이는 것이다. 꿈을 포기하는 것과는 아무런 상관이 없다. 오히려 지금 자신의 위치에서 원하는 곳으로 나아가기 위한 실질적인 방법과 전략을 살펴볼 수 있기 때문에 꿈을 이루기가 훨씬 더 쉽다.

2 | 컴포트존에서는 모든 불편한 것을 거부한다 ————

『아주 작은 습관의 힘』을 쓴 제임스 클리어James Clear는 골디락스 법칙Goldilocks Rule을 언급하며 이렇게 말했다. "인간은 자신이 할 수 있는 최적의 일을 할 때 동기가 극대화되는 경험을 한다. 지나치게 어려워서는 안 되며, 지나치게 쉬워서도 안 된다. 딱 들어맞아야 한다."[7] 인간은 본능적으로 도전을 좋아한다. 또한 성장을 추구하며 자신의 능력을 확장할 수 있는 일을 하고 싶어 한다. 하지만 주어진 과제가 과도하게 어렵거나 힘들면 동기를 잃고 종종 포기하는 경우가 생긴다. 다시 말해 우리가 컴포트존에 있더라도 무조건 편안함만 추구하는 존재가 아니라는 것이다.

하지만 불편하게 느껴지는 일을 컴포트존 안에서 하는 것과 밖에서 하는 것 사이에는 엄청난 차이가 있다. 예를 들어 몸이 뻣뻣할 때 스트레칭을 무리하게 하면 불편함뿐 아니라 약간의 통증까지 느껴지지만 적당한 스트레칭을 통해 긴장을 푸는 법을 배우면 근육 이완에 도움이 된다. 무리한 시도는 심각한 부상을 초래할 수 있다.[8] 컴포트존에 있을 때 우리는 본능적으로 편안한 방식으로 그 영역을 넓히고 싶어 한다. 이는 어렵지만 완수하고 싶은 과제가 있을 때 우리가 자연스럽게 더 쉽고, 덜 두려운 방법을 찾기 시작한다는 의미다. 삶이 힘들거나 위험한 상태에 놓여서는 안 된다는 것을 알기 때문에 자신을 위한 다리를 놓는다. 그리고 그 길을 가는 데 도움이 되는 지원 시스템, 멘토, 도구를 찾는데 이 과정을 스캐폴딩(15장에서 자세히 살펴본다)이라고 한다.[9]

3 | 컴포트존은 손쉬운 탈출구다 ————

그렇다. 이 말은 사실이다. 손쉬운 탈출구를 고르는 것은 잘못된 일일까? 하이킹을 할 때 당신은 돌멩이나 나뭇가지가 없는 잘 정돈된 등산로를 선호하는가, 아니면 매번 새로운 길을 개척하기를 선호하는가? 인간은 삶의 방식에서 모든 것을 단순화하고 체계화한다. 양손의 열 손가락을 모두 사용해 더 빠르고, 효율적으로 타자를 칠 수 있는 키보드를 만들었다. 연료를 에너지로 변환해 더 짧은 시간에 먼 거리를 이동할 수 있도록 하는 엔진도 만들었다. 주방은 식사 준비 시 동선을 최소화할 수 있게 만든다. 이 모든 노력을 '워킹 스마트working smart'라고 부른다. 우리의 몸조차 장기를 구성하는 수조 개의 세포가 효율적이고 조화롭게 작동할 수 있도록 에너지를 절약하고 최적화하도록 만들어졌다. 말하자면 우리는 더 효율적이고, 더 편안한 삶을 만들어 나가도록 설계되었다. 컴포트존은 손쉬운 탈출구라는 사실이 중요한 것이 아니다. 지금쯤 이런 질문을 던질 필요가 있다. 왜 우리는 편안하게 느끼는 영역을 무조건 발전적이지 않은 것으로 여기며 거부해야 한다고 인식하는 걸까? 왜 우리는 성공은 불편한 영역에서만 이뤄진다고 단정짓는 걸까?

컴포트존은 파워존이다

컴포트존에서 자신의 진정한 욕구와 목표를 발견하면 아침에 목적의식을 가지고 일어날 수 있다. 명확성을 가지고 살아갈 수 있다. 영감이 적극적으로 떠오르고, 그 영감에 따라 행동할 권한을 자신에게 부여할 수 있다. 진심으로 즐겁고 성취감을 느낄 수 있는 이벤트, 관계, 업무의 우선순위를 자연스럽게 정하게 된다. 예를 들어 이런 식이다. '오늘 나는 어떻게 이 세상에 도움이 될 수 있을까?' '오늘 내가 할 수 있는 재미있는 일 한 가지는 뭘까?' '어떻게 하면 기분 좋게 이 과제를 해결할 수 있을까?' 이 질문들을 컴포트존에서 생각하면 다른 사람의 조언보다 자기 내면의 목소리에 귀를 기울이게 된다. 자신을 신뢰하게 된다!

말하자면 컴포트존은 안정감, 자신감, 명확성, 창의성을 가지고 인생을 살도록 스스로를 위해 만드는 보호막과 같다. 자기신뢰와 소통, 근거, 명확성, 목적의식은 컴포트존에서 누릴 수 있는 정서적 가치다. 이 영역에 있으면 사람들은 일반적으로 이렇게 생각한다. '인생은 똑똑하게 설계되어 있고, 모든 일은 항상 나에게 가장 좋은 방향으로 흘러간다. 성공하기 위해 내가 해야 할 일은 나답게 사는 것, 그리고 내면의 목소리에 귀 기울이는 것이다. 꿈을 꾸고 간절히 원하면 나는 반드시 이룰 수 있다.'

모든 사람에게는 자신만의 컴포트존과 꿈꾸는 여정이 있다는 사실을 깨닫는 순간 더 이상 타인과 나를 비교하지 않게 된다. 건강한 한계선을 설정하고 그것을 존중한다. 그 결과 다른 사람의 로드맵을 따르기보다는 나만의 방식으로 성장하며 나아가 시작한다. 이것이 컴포트존의 힘이다.

기억하자. 인생을 살아가다 보면
컴포트존, 생존지대, 자기만족지대 이 세 가지 영역을
넘나드는 것은 지극히 자연스러운 일이다.

지금까지의 내용을 바탕으로 현재 자신이 어느 영역에 있는지 깨달은 사람이 있을 것이다. 한편 헷갈리거나 잘 모르겠다고 생각되는 사람도 있을 것이다. 만약 후자의 경우라면 다음에 나오는 '컴

| 당신은 어떤 영역에 있는가? |

포트존 실천하기'의 질문들에 답해보길 바란다. 자신이 어느 영역에 있으며 그 이유가 무엇인지 보다 명확하게 파악하는 데 도움이 될 것이다.

가감 없이 솔직하게 답변하는 것이 중요하다. 어떤 문항들은 인정하려면 죄책감이나 부끄러운 감정이 들 수도 있다. 만일 그렇다면 자기 자신을 좀 더 다정하고 사랑스러운 시선으로 바라봐주길 바란다. 나 자신을 있는 그대로 바라보고 온전히 받아들일 수 있게되면 상당한 해방감을 느끼게 될 것이다. 스스로 평가하기 어렵다면 이 점을 알아두자. 이 질문들은 모두 내가 실제로 경험한 일이다. 삶의 어느 한 시기에 매몰되어 있었던 감정과 신념들이다. 컴포트존 밖으로 스스로를 밀어냈던 이러한 감정, 신념, 생각과 행동 패턴을 자각하는 일이 내 본연의 모습으로 돌아가기 위한 여정의 첫 걸음이다.

■ 컴포트존 실천하기 ■

지금 나의 삶의 영역 알아보기

다음 주어진 기준을 참고해 각 항목에 해당하는 점수를 1~5까지 빈칸에 쓴다. 모든 항목에 답한 후 점수의 총합을 계산해 현재 자신이 삶의 어느 영역에 있는지 알아보자. 평소 대부분의 시간을 어느 영역에서 머무는지, 현재 어떤 상태인지, 필요한 행동 과제는 무엇인지 살펴볼 수 있다.

(1점: 전혀 그렇지 않다, 2점: 대체로 그렇지 않다, 3점: 가끔 그렇다, 4점: 자주 그렇다, 5점: 항상 그렇다)

1	나는 미래가 걱정된다	
2	나의 욕구를 그냥 내버려두는 편이 편하다	
3	나 자신을 우선시하는 일에 죄책감을 느낀다	
4	다른 사람들은 나와 다르게 원하는 것을 쉽게 이루는 것처럼 보인다	
5	다른 사람들이 내 진짜 모습을 아는 것이 두렵다	
6	나는 무언가 벅차다고 느낀다	
7	밤에 잠이 드는 일에 어려움을 느낀다	
8	아침에 일어날 때 피로가 풀리지 않는다	
9	나의 직관을 믿지 않는다	
10	나는 나와의 약속을 지키는 일이 어렵다	
11	나의 행복은 내 통제 밖에 일이라고 생각한다	

12	행복해지고 싶지만 방법을 모르겠다	
13	나의 직업이나 생계를 위해 하는 일을 좋아하지 않는다	
14	내 인생에 해로운 사람들이 주변에 많이 있다	
15	미래에 대한 나의 비전에 불안함을 느낀다	
16	미래를 생각할 때 무엇이든 실천하는 일이 어렵다	
17	인생은 힘들다고 생각한다	
18	불확실한 일들이 많이 생기면 낙관적인 생각을 하기가 어렵다	
19	건강에 좋지 않은 음식이라는 것을 알면서 먹는다	
20	나 자신을 생각할 때 친절하지 않다	
21	다른 사람을 생각할 때 비판적이다	
22	두통이나 근육 긴장, 질병 문제가 자주 발생한다	
23	가족이나 친구들로부터 멀어지려는 경향이 있다	
24	어떤 생각을 잊기 위해 술이나 약, 담배 등 대체제를 쓴다	
25	감정이 오르락내리락한다. 짜증, 좌절감, 침울함, 귀찮음을 자주 느낀다	
26	나 자신이나 욕구에 대해 드러내는 일이 어렵다	
27	다른 사람들이 나를 이용한다고 생각한다	
28	내가 원하는 것이 무엇인지 모르겠다	
29	나는 늘 침대에 누워 있기를 원한다	
30	나는 대우받거나 인정받지 못한다고 느낀다	

총합: _____

◆ 30~90점: 컴포트존

당신은 현재 컴포트존에서 대부분의 시간을 쓰고 있다. 온전히 자신의 성장과 발전에 몰입하고 있다는 의미다. 이를 위해 자신의 욕구를 존중하고, 필요한 경우 도움을 구한다. 또 편안하고 자연스럽게 느껴지는 길을 찾는 데 도움이 되는, 긍정적이고 문제해결 중심의 자세로 과제들을 해결해 나가고 있다.

현재 가장 어려운 과제는 컴포트존에 있다는 사실 그 자체. 세상은 어떤 일을 편안하게 해나가는 것을 옳지 않다거나 부끄러운 일로 생각하길 바란다. '곧 일어날 일도 마음 졸이며 준비하라', '쉽게 얻는 것은 쉽게 잃는다'와 같은 말들로 편안하고 즐거운 삶을 바라는 것에 저항감을 심는다. 그 말들에 현혹되지 마라! 이런 이데올로기는 컴포트존을 경험한 적 없으며 이 영역에서 느낄 수 있는 힘과 잠재력을 전혀 모르는 사람들이 만들어낸 것이다.

당신이 컴포트존에 집중할수록 인생이 한층 쉬워지고, 더 좋은 일들이 생기며, 많은 기회가 찾아온다. 이러한 결과를 흔히 경험하고 기대할수록 컴포트존은 더욱더 확장될 것이다. 당신이 해야 할 일은 지금 해나가는 과정을 따라 긍정적인 마음가짐으로 일하고, 내면을 더 건강하게 만드는 것이다. 또 이 책에 담긴 컴포트존을 이해하고 그 안에서 잠재력을 이끌어내는 도구들을 사용하라. 열심히 실천할수록 위의 30가지 항목에 매긴 점수의 총합은 더 낮아지고, 당신의 삶은 즐거움과 성취감으로 채워질 것이다.

◆ 91~120점: 생존지대

당신은 현재 주로 생존지대에 머물고 있다. 이 영역에서는 여러 상태에서 노력을 쏟아붓는 사람들이 존재한다. 만약 당신의 총합이 낮은 편이라면 현재 당신의 노력을 기분 좋게 여기고 있다는 의미다. 어느 정도 결과를 내고 있고, 노력한 효과를 얻고 있다고 생각할 수 있다. '힘들지 않으면 얻는 것도 없다', '잠은 죽어서 자면 된다' 같은 말들을 스스로에게 하며 더 열심히 노력하도록 채찍질하고 있을 수 있다. 또 무언가 불편한 감정을 느끼면서도 일을 해내는 능력에 굉장한 자부심을 가지고서 스스로를 한계까지 밀어붙이고 있을지 모른다. 만약 총합이 높게 나왔다면 당신은 거의 번아웃 직전의 상태일 가능성이 높다. 계속 노력하면 결과는 낼 수 있겠지만 건강 문제나 스트레스, 인간관계에서의 갈등 등을 피하기 어려울 것이다. 아마 당신은 에너지와 동기부여가 전부 동이 났다고 느끼기 시작했을 것이다. 탈진과 번 아웃을 코앞에 두고 있다.

생존지대에서 흔히 마주하는 과제는 이 영역에 있는 동안 '여기에 머무는 것이 좋은 거야'라고 생각하게 만드는 동력들이다. 결국 그러한 자극 요소들이 신체적·정신적 안녕에 해로운 영향을 준다는 사실을 깨닫게 될 때까지 당신이 쏟는 노력은 잠시동안은 결과를 낳을 것이다.

좋은 소식은 당신의 시선을 안으로 돌려 언제든지 자신의 욕구를 존중할 수 있다는 사실이다. 생존지대에서는 아주 적은 노력으로도 효과적으로 당신의 내면에 안전과 균형, 현실 감각을 만들 수 있다. 다시 말해 안심을 느끼고 편안함을 경험하기 위해 극적인 변화를 줄 필요가 없다. 이 영역에서 스스로에게 줄 수 있는 가장 좋은 선물은 스스로를 탈진 상태로 몰아갔던 신념이나 이데올로기를 재고하는 것이다. 그 방법은 그저 '어쩌면 더 쉬운 방향이 있을 수 있어. 그럼 그걸 한번 시도해보는 게 좋지 않을까?'라고 말하는 것이다. 그리고 이 책에서 설명하는 컴포트존을 차근차근 이해하고 실천하며 그 영역으로 넘어가보도록 하자. 그럼 당신의 삶은 좀 더 편해지고, 더 즐거워지며, 스스로를 우선순위에 두게 될 거라고 약속한다. 이것은 진정 당신이 오늘 자신에게 줄 수 있는 놀라운 선물이 될 것이다!

◆ 121~150점: 자기만족지대

당신은 현재 자기만족지대에 있다. 어쩌면 당신은 무언가에 가로막혀 이러지도 저러지도 못한 채 절망적이라고 느끼고 있을 것이다. 새로운 일을 시도하는 데 쓸 수 있는 에너지가 하나도 없을 만큼 지친 상태 이상일 것이다. 한때 사랑했던 것들이 더 이상 중요하지 않게 됐고, 모든 걸 포기하고 싶다는 감정이 마음속을 뒤흔드는 중인지도 모르겠다. 건강 문제로 어려움을 겪는 중일 수도 있다.

자기만족지대에서 가장 힘든 과제는 당신이 느끼는 감정이다. 두려움, 절망, 압박감, 우울함 그리고 원하지 않는 삶에 갇혀 있는 듯한 기분은 탈출구를 생각하는 일조차 어렵게 만든다. '뭐하러 애를 써?' 당신은 스스로에게 이렇게 말하며 자신을 부정적으로 판단한 채 애쓰지 말자는 선택을 따를지도 모른다.

확실한 사실은 자기만족지대로 오면 마침내 '포기'할 수 있다는 점이다. 생각해보자. 당신이 한 일이 아무것도 효과가 없었는데 왜 계속해서 노력해야 할까? 포기하면 모든 저항의식을 내려놓을 수 있고, 마침내 자신에 대한 비판과 기대로부터 해방감을 경험할 수 있다. 이것은 당신 인생의 전환점이 되는 순간이다. 당신이 압박감을 느끼지 않고 그 상태를 유지한다면 생각보다 훨씬 더 적은 노력으로도 스스로를 컴포트존으로 이끌 수 있다.

그러니 그냥 놓아버려라! 애쓰기를 멈추고, 여유를 가지고, 통제나 저항의식을 없애라. 당신은 현재 컴포트존으로 이동하기에 가장 좋은 장소에 있으니 이 책에 있는 '컴포트존 실천하기'를 하나하나 시작하길 바란다. 실천 과제들을 읽고 모두 행동으로 옮겨라. 어느샌가 활력 넘치고 기쁨으로 가득한 삶을 살고 있는 자신을 발견하게 될 것이다.

| 이 장을 마치며 |

훌륭하다! 3장까지 완독했다! 삶의 세 가지 영역에 대한 이야기가 각각의 영역에서 보냈던 당신의 시간을 기억하는 데 도움이 되었길 바란다. 현재 자신이 생존지대나 자기만족지대에 있다고 해서 걱정하거나 불안해 할 필요가 없다. 어느 영역에 있든 인생을 만들어 가는 과정의 일부이기 때문이다. 모든 경험, 심지어 최악의 일까지도 지금의 나를 만드는 데 영향을 미쳤다는 것을 우리는 알고 있다.

삶의 세 가지 영역을 이해하고, 매 순간 자신의 위치를 파악하고, 내면의 안정과 소통을 강화하는 방향으로 끊임없이 나아가는 것은 삶의 질을 향상시키는 가장 좋은 방법이다. 단언컨대 현재 자신의 위치를 파악하는 것에서부터 출발한다면 당신이 원하는 곳까지 수월하게 도달할 수 있을 것이다. 즐겁고 만족스러운 경험을 추구하는 것은 누구나 누려야 할 권리다.

다음 장에서는 컴포트존 밖에서 마주하게 되는 일들을 살펴볼 것이다. 컴포트존을 벗어나는 순간 우리 몸은 생리학적 변화를 보인다. 앞서 말했듯 뇌의 스트레스 중추인 편도체가 자극되어 새로운 것을 배우거나 성장하는 능력이 방해를 받는다. 뇌가 새로운 것을 기꺼이 배우고, 그 과정에서 자존감과 자기신뢰를 회복하는 방법을 알아보도록 하자. 그럼 계속 나아가자!

4장

자존감, 자기신뢰는
컴포트존에 있다

우리는 자존감과 자기신뢰를 중요히 여긴다. 자존감은 자기 자신의 능력, 신뢰도, 가치관에 대해 느끼는 자신감의 정도와 밀접한 관련이 있다. 또 다른 사람들이 나를 어떻게 보는지 판단하는 데에도 중요한 역할을 한다. 자존감이 낮으면 일반적으로 다른 사람들이 자신을 싫어하거나 심지어 혐오한다고 생각한다. 또한 자기의심, 자기비판, 자책, 수치심, 외로움을 느끼기 쉬운 상태가 된다.

어린 시절 흔히 경험하게 되는 일을 떠올려보자. 수줍음이 많은 편인데 친구들 앞에서 발표를 하라는 요청을 받거나 외향적이고 활달한 성격인데 나대지 말고 제발 가만히 있으라는 말을 들었을 수도 있다. 그 순간 어떤 기분이 들었는가? 그 일 이후 자기 자신과 능력에 대해 어떤 생각을 하게 되었는가? 또 감정적으로나 행동적으로 어떤 영향을 받았는가?

대부분 자연스럽고 편안하게 느껴지는 상태에서 벗어나 불안과 스트레스를 느꼈을 것이다. 만일 수줍음이 많은 아이였다면 이후 평생 사람들 앞에서 말하는 일에 두려움을 갖거나 스스로 무언가 문제가 있다고 생각할 수 있다. 심지어 자신을 제외한 다른 모든 사람이 발표를 하거나 회의에서 의견을 내는 데 능숙하고 전혀 불편함이 없는 것처럼 느낀다. 그리고 머릿속에서는 이런 생각을 반복한다. '사람들 앞에 나가 말하는 건 끔찍히 싫어. 어렸을 때부터 단한 번도 잘해본 적이 없어.' 그리고 스스로 이렇게 물을지도 모르겠다. "왜 나는 다른 사람들처럼 평범하게 해낼 수 없을까?"

인간관계에서 타인에 대한 신뢰가 무너지면 그 관계에 대한 자신감도 떨어진다. 나 자신과의 관계도 마찬가지다. 스스로를 신뢰하지 못하면 단절감, 혼란, 불안 등 자신감을 떨어뜨리는 감정 상태에 놓인다. 말하자면 컴포트존에서 벗어나는 순간, 자존감을 떨어뜨리고 자기신뢰를 무너뜨리는 부정적인 감정의 고리가 끝도 없이 만들어진다.

| 나는 왜 나를 의심하는가? |

흔히 마음 가는 대로 자연스럽게 사는 것은 중요하지 않다거나 편하게 느껴지는 방식은 발전에 도움되지 않는다는 말을 들으며 성장한다. 그 과정에서 자기 자신을 중요하지 않은 존재로 여기거나 자신의 생각이나 선택을 옳지 않거나 고쳐야 할 것으로 생각하기 쉽다. 스스로를 부정적으로 보게 되고, 자존감이 상실되는 것이다. 결국 자신의 소질과 재능을 제대로 발견하지 못한 채 다른 사람들의 기준에 스스로를 맞추고 길들인다.

자존감은 '신뢰'라는 가치와 밀접한 관련이 있다. 1974년 『성격 및 사회심리학Journal of Personality and Social Psychology』에 발표된 연구에 따르면 나와 타인을 신뢰하는 능력과 의지는 자존감의 정도에 따라 달라진다.[1] 말하자면 우리는 타인을 믿기 전에 먼저 나 자신을 믿어야 하고, 타인의 인정을 요구하기 전에 먼저 내가 나 자신을 인정해야 한다.

문제는 자존감에 상처를 입으면 신뢰 능력에도 금이 생긴다는 것이다. 특히 자기신뢰가 손상되면 자신의 본능, 생각, 기호뿐 아니라 행동에 의구심을 품게 된다. 세상에 나를 드러내는 방식은 나와 나 자신과의 관계를 반영하기 때문에 자기신뢰가 무너지면 주변 사람과의 신뢰도 무너진다. 그 과정에서 세상과 그 속에 수많은 사람, 여러 가지 상황을 예측할 수 없으며, 모두 적대적이고 신뢰할 수 없는 대상으로 여기게 된다.

저명한 심리학자 브레네 브라운Brené Brown은 오프라 윈프리가 진행하는 프로그램에 출연해 '신뢰의 해부학The Anatomy of Trust'이라는 제목의 강연을 했다. 강연에서 그는 병에 담긴 구슬을 이용해 신뢰가 어떻게 형성되는지 설명했다. 그의 말에 따르면 신뢰는 사소해 보이는 작은 행동이 쌓이고 또 깨지며 형성된다. 누군가의 이름을 기억하는 것, 장례식에 참석하는 것, 도움을 청하는 것, 약속한 시각에 정확히 전화를 거는 것 등의 사소한 행동이 병을 채우고 신뢰를 쌓는다는 것이다. 그러나 이 작은 순간들은 신뢰를 쌓을 수도 있는 순간이지만, 동시에 신뢰를 깨뜨리고 구슬을 병 밖으로 쏟아내 버릴 수도 있는 순간이다.[2]

타인과의 관계뿐 아니라 나 자신과의 관계에서도 마찬가지다. 사소해 보이는 찰나의 순간에 나오는 작은 행동들이 자기 자신을 향한 신뢰를 쌓거나 깨트리는 계기가 된다. 그런데 살다 보면 종종 우리가 통제할 수 없는, 어떤 힘의 요인으로 만들어진 순간에 직면하곤 한다. 예를 들어 직장에서 성과나 사회적 평판에 영향을 미칠 수 있는, 동시에 다소 불편하게 느껴지는 일을 맡도록 요구받는 때가 바로 그런 순간이다. 그러한 상황에서 우리는 그 일을 어떻게 해내고, 결과에 어떤 감정을 느끼느냐에 따라 자신에 대한 신뢰를 쌓거나 잃게 될 수 있다. 예를 들어 똑같은 프레젠테이션 발표를 맡아도 한 사람은 훌륭하게 수행한 뒤 자신이 많은 사람 앞에서도 편안하게 행동할 수 있다는 자신감을 얻고, 다른 사람은 긴장해서 실수하고 말을 더듬어 발표를 망치고 수치심을 느낄 수 있다.

이러한 상반된 경험을 구분 짓는 요소는 바로 각자의 컴포트존이다. 누군가에게 대중 연설은 컴포트존 영역에서 해낼 수 있는 일이지만, 다른 사람에게는 컴포트존을 훨씬 벗어나야 하는 일이 된다. 즉 사람들에게는 각자 고유의 컴포트존이 있고, 그에 따라 편안함이나 극심한 불안을 느끼게 하는 활동과 상황이 매우 다르다는 뜻이다.

컴포트존 밖에서 몸이 보이는 변화

안타깝게도 컴포트존 밖으로 밀려나는 경험은 단 한 번만으로도 자아상에 부정적인 영향을 미칠 수 있다. 뇌는 어떤 특정 활동이 자신에게 위협적이었다고 판단하면 항상 해당 활동과 그 주변 영역을 마주할 때 불안감을 조성한다. 이는 어린 시절의 경험이 성인이 된 후에도 우리를 괴롭히는 이유다.

편안함을 느끼는 영역 밖으로 나가게 되는 순간 생리학적 변화가 일어난다는 사실을 인지하고 있는 사람은 그리 많지 않다. 하버드 뇌과학자 질 볼트 테일러Jill Bolte Taylor 박사는 저서 『나는 내가 죽었다고 생각했습니다』에서 "외부에서 들어오는 자극이 익숙한 것으로 감지되면 편도체(뇌의 스트레스 중추)는 평온해진다. (…) 그러나 낯설거나 위협적인 자극 때문에 편도체가 활성화되면 뇌의 불안도가 높아지고, 즉각적인 상황에 모든 집중력을 쏟게 된다."라고 말했다. [3] 이처럼 편도체가 극도로 활성화되는 것은 야생에서 호랑이에게 쫓기는 상황에서나 유용하다. 그런 상황이 아니라면 우리의 모든 관심이 학습이나 창의적 문제해결과는 거리가 먼, 자기보호에 편중되기 때문에 일상 생활에 큰 타격을 줄 수 있다. 즉 유년기나 성인기 할 것 없이 컴포트존에서 멀리 벗어나면 벗어날수록 새로운 정보를 학습하고 기억하는 두뇌 활동이 방해를 받게 된다.

자기신뢰는 나와 나의 컴포트존 사이의 관계와 밀접한 관련이 있다. 컴포트존에 집중해 그 영역 안에 있는 일을 불필요하다 여기고, 무조건 밖으로만 벗어나려고 할수록 자기신뢰를 잃게 될 위험이 커진다.

| 컴포트존과 좋은 관계를 만들어라 |

컴포트존에서는 자기신뢰, 자존감, 자신감, 진정성을 얻을 수 있다. 컴포트존 밖에서 머물수록 무의식적으로 자신의 존재를 부정하게 되고, 마음이 향하는 일은 중요하지 않거나 무가치한 것이라고 생각하게 된다. 즉 무언가를 성취하기 위해서는 지금의 내가 아닌 다른 사람이 되어야 하고, 남들이 해야 한다고 하는 일을 하며, 그들이 말하는 방식대로 살아야 한다고 생각한다. 그러다 보면 왜 스스로가 만족스럽지 않은지, 왜 나 자신에게 이렇게 엄격한지 궁금해진다.

하지만 바쁘게 살고, 열심히 일하고, 피나는 노력을 하면서도 더 할 나위 없는 만족감을 느끼고 강한 자신감을 보이는 사람이 있다면? 생존지대에서도 자존감 높고 자의식이 강해 보이는 친구나 가족, 지인이 머릿속에 떠오를 수도 있다. 그 사람은 자신의 능력, 생각, 행동을 의심하지 않으며 마치 모든 걸 다 가진 사람 같다. 그리고 이렇게 생각할지도 모르겠다. '오, 저 사람은 정말 자신감이 넘치

네. 나도 늘 저랬으면…'

　실제로 어떤 감정이 그 사람의 외적 행동을 유발하는지 알기 위해선 자신감의 이면을 들여다보는 것이 중요하다. 내면의 안전과 편안함에서 우러나오는 진정한 자신감을 가진 사람은 스스로를 증명하거나 상대방을 통제할 필요가 없다. 또 자신의 옳음을 증명하려 타인의 과오를 들추지 않는다. 이러한 행동들은 자신감과 자존감이 아닌 불안, 자기비판, 자아도취의 표출에서 나온다. 즉 자신의 가치나 자의식이 위협받으면 이를 지키고 보호하기 위해 드러내는 방어기제일 뿐이다.

　흔히 어린이들을 교육하는 방식을 보면 왜 우리가 컴포트존과 우호적인 관계를 맺지 못하는지, 왜 많은 사람이 스스로를 부족하고 불안정하며 특별한 가치가 없다고 느끼는지 잘 이해할 수 있다. 보통 우리 사회는 아이들이 어떤 것에 자연스레 끌리는지 파악하고, 그 능력을 키우고 개발하도록 지원하는 일에 익숙하지 않다. 그저 획일적인 교육 방식을 고집할 뿐이다. 육아와 교육 방식을 표준화하여 부모는 아이들에게 사회에서 제 역할을 다하려면 특정한 상자 영역(이런 잣대는 대다수의 아이들을 불편하게 만든다) 안으로 들어가야 한다고 가르친다. 생각해보자. 심장이 두근거리고 설레는 일을 하고 있는데 누군가로부터 '좋아하는 일은 취미로만 하고 제대로 된 직업을 가져라'라는 말을 들어본 적 있는가? 그리고 당신이 이런 말을 어린 친구들에게 항상 하고 있진 않은가?

　사실 아이들은 자신이 안전하고 편안하며 방해받지 않는다고 느낄 때 놀라운 창의력을 발휘한다. 그들은 자기표현의 욕구가 강하다. 그리고 편안함을 느낄 때 각자의 방식으로 자기 자신을 표현하는데 이는 실로 경이로운 모습을 보여준다. 이런 자기표현의 욕구는 아이들에게만 있는 것이 아니다. 어른들에게도 상상의 나래를 펴고, 나만의 생각을 표현하는 일은 삶에 기쁨을 주는 중요한 요소 중 하나다. 재미있고 신나는 경험에 푹 빠질 수 있는 삶을 살 때 인간은 가장 큰 행복을 느낀다.

중요한 것은 가슴 터질듯 열광하게 만드는 경험(심지어 무서운 경험이라도)은 결코 컴포트존 밖에 있는 것이 아니라는 사실이다. 무언가 진심으로 신나거나 재미있거나 거뜬히 해낼 수 있다거나 결국 도달할 수 있겠다고 느껴진다면 그때가 바로 컴포트존에 있는 순간이다. 컴포트존에서 느끼는 감정은 자신이 살아있음을 체감하게 하고, 목표한 일을 행동으로 옮기고 싶다는 열망을 자연스레 불러일으킨다. 그것은 또한 내가 나의 생각을 믿고 나답게 살아가고 있음을 보여주는 지표다.

컴포트존에 있을 때 우리는 비로소 있는 그대로의 나 자신을 인정할 권한을 스스로에게 부여한다. 이렇게 컴포트존에 집중해 행동하고 움직이면 어떤 위협(외부의 목소리, 기준, 잣대) 없이 안전하고 편안한 상태임을 감지한 뇌는 기꺼이 새로운 것을 환영하고 학습한다. 이를 통해 우리는 자신의 능력에 자신감을 갖고, 자기신뢰를 회복할 수 있다. 자신이 하고자 하는 일 외에 다른 일을 하거나, 지금의 내가 아닌 다른 누군가가 될 필요가 없다는 메시지를 스스로에게 보내는 것이다. 이런 경험은 인생에서 강력한 전환점을 만든다.

나 역시 그랬다. 드디어 나 자신에게 '오늘은 뭘 하고 싶어?'라는 질문을 던질 수 있게 됐을 때 마치 온몸을 짓누르던 커다란 바위 하나가 사라진 듯한 기분이었다.

세상이 강요하는 목소리에 귀 기울이는 것이 아니라
마음이 자연스럽게 향하는 범위에서
스스로 행동을 선택할 권리를 갖게 됐을 때
나의 내면과의 관계를 회복하기 위한 첫걸음을 내디딘 것이다.

그렇게 몇 주 만에 우울증에서 벗어나 기분이 훨씬 나아졌고, 예전에 좋아하던 일을 다시 하고 싶다는 생각이 들었다. 나를 들뜨게 하는 일을 하기 시작했고, 진정한 만족감이 내면에 뿌리를 내리기 시작했다. 만족감은 곧 희망, 설렘, 기쁨으로 바뀌었고, 마침내 온전한 나 자신으로 숨쉬며 살아가는 듯한 기분을 느꼈다.

| 이 장을 마치며 |

4장을 모두 읽었다! 이제 당신은 무조건 컴포트존을 벗어나려 애쓰는 일이 부정적인 영향을 가져올 수 있다는 사실을 분명히 알게 되었다. 컴포트존 밖에서 무너진 자존감과 자기신뢰를 회복하고, 진정한 자신의 모습을 있는 그대로 받아들이기 위해 컴포트존에서 당신 내면의 목소리에 귀 기울이고, 관계를 회복하길 바란다.

다음 장에서는 내면의 목소리에 귀를 기울이는 것이 얼마나 중요한 일인지 알아본다. 내가 원하는 삶을 사는 방법은 오직 나밖에 모르기 때문이다. 내면의 목소리에 귀 기울이면 당신은 당신만의 컴포트존을 무한히 넓혀 나가고 싶어질 것이다.

5장

컴포트존에서 발견한
내면의 힘

당신의 말을 전혀 듣지 않는 사람과 함께 살고 있다고 상상해보자.
그는 당신의 욕구나 생각, 기호를 철저히 무시한다. 마치 투명인간
처럼 대한다. 또 당신 말은 모두 틀렸다고 지적하며 어떤 제안을 해
도 그와 정반대의 행동만 한다. 심지어 당신의 말에 "아, 그럴 리 없
어. 다른 사람의 의견을 들어볼게."라고 말한다. 사실 이 모습은 정
확히 평소 당신이 내면의 목소리를 외면하는 방식을 보여준다.

　자, 내면의 목소리에 한번 귀 기울여보자. 수많은 이야기가 들려
올 것이다. 주변 세계를 끊임없이 판단하는 수다스러운 목소리도
있고, 아주 작은 위험과 사소한 실수 하나하나를 포착해 부풀려 해

석하는 기묘한 능력을 가진 파멸의 목소리도 있다. 당신이 직관이나 암시, 또 다른 자아, 신의 뜻 등등 이런 이름을 붙여서 부르는 목소리도 있다.

그중 결코 독단적이거나 위협적이지 않은 목소리가 있다. 당신에게 행동이나 복종을 요구하지 않는다. 그저 제안할 뿐이다. 이 목소리는 당신 자신에 대해 알아야 할 모든 것, 또 당신이 도달하고자 하는 곳과 그 방법 모두를 이야기할 것이다. 이를 듣기 위해서 당신은 컴포트존에 있어야 한다. 혼돈과 두려움이 가득한 자기만족지대와 생존지대에서 들리는 내면의 목소리가 아닌 고요하고 안전한 컴포트존에서 들리는 이야기에 귀를 기울여라. 그곳에 당신 내면의 진정한 지혜가 존재한다. 당신이 아무리 외면해도 힘을 잃지 않는 지혜의 목소리가 있다.

│ 내면에 집중할 때 달라지는 것들 │

어렸을 적, 나의 할머니는 지미니 크리켓(『피노키오』에 등장하는 귀뚜라미 캐릭터로, 피노키오의 멘토이자 그의 '양심'을 상징한다—옮긴이)이 피노키오에게 "항상 양심에 따라 행동해."라고 한 말을 나에게 자주 상기시켰다. 그 말이 무색하게도, 자라면서 내 내면의 목소리는 다른 사람들의 요구에 묻혀 점차 들리지 않게 됐다. 좋은 뜻으로 건넨 그들의 조언이[1] 나에게 도움이 된다고 생각했고, 귀 기울여 열심히 따랐지만 시간이 지날수록 불편하고 부자연스럽게 느껴졌다. 몸도, 마음도 모든 걸 소진하고 나서야 뒤늦게 내가 그저 다른 사람들의 요구에 맞추는 일에 사로잡혀 있었을 뿐이라는 사실을 깨달았다. 내가 '진정' 원하고, 해내고자 하는 일이 무엇인지도 모른 채 말이다.

나는 완전히 길을 잃고 무너졌다. 가야 할 곳은 없고, 가고 싶은 곳도 모르겠을 때 내가 했던 생각은 두 가지였다. 더 이상 무의미한 삶을 존속하지 않거나 오랫동안 하지 않았던 일(할머니의 조언처럼 내면의 목소리에 따라 행동하는 것)을 다시 하거나. 그때 나는 나에게 '뭘 해야 할지 모르겠어', '내가 지금 어떤 기분인지 모르겠어' 같은 말 대신 '지금 당장 무얼 하면 기분이 좋을까?'라고 물었다. 모든 질문에 답이 있다. 그래서 나는 이 질문에서 답을 찾았다.

그렇게 정말 오랜만에 내 욕망과 감정, 기호를 판단하지 않고 있는 그대로 받아들였다. 피곤해서 침대에 눕고 싶다는 생각이 들어도 나 자신에게 게으르다고 말하지 않았다. 대신 '지금 나에게 필요한 건 휴식이야', '휴식은 좋은 거야'라고 말했다.

**때때로 우리는 말의 힘이 얼마나 대단한지,
자기 자신에게 건네는 말이 경험에 얼마나 큰 영향을 미치는지
과소평가하곤 한다.[2]**

나는 내가 있는 곳에서 편안해지기로 결심했다. 나는 안전한 곳에 있었다. 안락한 침대가 있었고, 따뜻한 옷이 있었다. 그때는 몰랐지만 나는 나만의 컴포트존을 만들었던 것이다. 그곳에서 나는

나의 직감을 따랐고, 감사와 긍정은 일상이 되었다. 상황을 섣불리 판단하지 않고, 현재의 환경에서 편안함을 찾으려 할수록 기분이 좋아졌다. 내면에서 이런 변화가 일어나기 전까지 2주 동안 침대에 누워 꼼짝도 하지 않았던 나는 이제 그만 일어나 스트레칭을 하고 싶다는 생각이 들었다. 마음을 진정시키는 신체 활동을 찾았고, 영양가 있는 음식을 먹기 시작했다. 마음이 편해지는 선택을 할수록 기분은 좋아졌고, 자연스레 더 많은 아이디어가 떠올랐다. 체중이 줄어들기 시작한 것도 내 몸이 보기 싫어서 억지로 애쓴 것이 아니라 나의 몸을 있는 그대로 사랑하고 올바르게 관리하는 법을 배웠기 때문이었다.

나는 내 작은 성취들을 축하했고, 스스로 다정한 말을 건넸으며, 결국 모든 것이 괜찮아질 거라고 진심으로 믿기 시작했다. 내 삶은 정말 빠르게 변하고 있었다. 긍정적인 생각이 나의 삶에 어떤 영향을 미치고 있는지 내 눈에도 보이기 시작했다. 나는 긍정의 순환고리를 만들고 있었다. 컴포트존에 있으면 긍정적인 생각을 할 수 있었고, 긍정적인 생각은 다시 나를 컴포트존에 있게 했다. 그리고 어느샌가 자연스럽게 컴포트존을 확장하고 있었다. 무언가를 할 때 나에게 편하고 자연스러우며 안정을 느끼게 하는 방식을 찾으며 저절로 이뤄진 일이었다.

새로운 삶은 마치 마법처럼 느껴졌다. 내 경험을 다른 사람들과 나누고 싶었고, 그렇게 시작한 '긍정의 힘' 커뮤니티는 급속도로 성장하기 시작했다. 그때 나는 내 열정과 목표가 만나 시너지를 내는 흐름에 올라타 있었다. 한마디로 그 일에 완전히 몰입해 있었다. 이후 본격적으로 내 삶을 급변하게 만든 내면의 변화와 그 힘에 대해 더 구체적이고, 명확하게 이해하기 위해 연구하고 공부하기 시작했다.

이 모든 과정의 핵심은 '편안함'이었다. 나는 이 욕구야말로 우리가 앞으로 나아가고, 치유하고, 성장하는 데 가장 필요한 것이라고 생각한다. 문제를 회피하기 위함이 아닌 문제를 해결하기 위한 가치가 되기 때문이다. 나라는 존재의 온전함을 위해서 말이다. 안타깝게도 지금 세상에서 우리는 이 욕구를 격렬하게 거부한다. 컴포트존 밖으로 벗어나기 위해 애쓴다. 문제는 컴포트존 밖에서는 항상 외부에서 성취감을 찾는 방식으로 살아가게 된다는 점이다. 성취감은 외부에 존재하는 것이 아님에도 이를 찾아 헤매는 무의미한 노력만 반복하며 끝내 얻지 못하는 삶을 사는 것이다. 나의 경험이 그랬듯, 그런 삶은 우리 안에 상처를 남긴다.

| 나만의 컴포트존 설계하기 |

지금쯤 당신의 머릿속엔 이런 질문이 떠올랐을 것이다. "컴포트존이 중요한 건 알겠어. 그런데 내 삶에 어떻게 적용해야 하는 거지?" 우선 지금까지 컴포트존을 이해하고, 중요하다는 사실을 깨달은 것만으로도 당신의 컴포트존 여정이 시작되었다고 말하고 싶다. 두 번째로 이 책에 담긴 '컴포트존 실천하기'를 열심히 참여하다 보면 자연스럽게 이뤄질 거라고 장담한다. 마지막으로 지금부터 이야기하는 도구와 방법을 써보길 바란다. 실제로 내가 컴포트존에 집중하고 확장해온 노하우를 응축해 3단계 과정으로 만들었다. 그리고 이를 바탕으로 몇 가지 기술적 도구와 방법론을 더해 구체적으로 설명한다.

2부 '컴포트존에서 잠재력을 깨우는 법'에서 본격적으로 설명하겠지만 여기서 먼저 나만의 컴포트존 설계하기 3단계 과정을 간단히 소개한다.

- **1단계 정의하기**: '나의 현재 상태'를 솔직하고 정확하게 파악한다. 인생을 어떻게 살아가고 있는지 있는 그대로의 모습을 확인하면 나의 선택과 한계를 분명하고 올바르게 설정할 수 있다. 여기서는 안전Safety, 표현Expression, 즐거움Enjoy을 추구하는 내적·외적 환경을 만들기 위해 'SEE 피라미드'를 활용할 것이다.

- **2단계 구체화하기**: '나의 목표'가 무엇인지 확인한다. 확장된 자아, 컴포트존 비전 보드, 확언, 감정과 같은 도구를 써서 당신이 추구하는 미래 비전을 확립할 것이다. 충만한 삶을 살기 위해, 또 자신의 의지대로 원하는 삶에 필요한 선택을 하기 위해 나는 과연 어떤 사람이 되고 싶은지 파악할 것이다.

- **3단계 탐험하기**: '목표에 도달하는 방법'을 탐구한다. 긍정 확언, 명상, 습관, 파워스탠스Power Stance, 몰입 등의 도구를 써서 현재

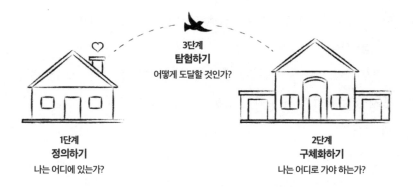

| 나만의 컴포트존 설계하기 |

3단계
탐험하기
어떻게 도달할 것인가?

1단계
정의하기
나는 어디에 있는가?

2단계
구체화하기
나는 어디로 가야 하는가?

의 컴포트존을 꾸준히 넓히고, 자신이 진정으로 원하는 삶을 실현하는 법을 배운다. 이 도구들은 평생 활용해 나가면 컴포트존에서 무한한 잠재력을 이끌어내고 꿈꾸는 미래를 이룰 수 있을 것이다.

2부에서 위의 3단계 과정을 각각 구체적으로 이야기하고, 컴포트존에서 성공을 실현하도록 돕는 도구와 방법, 사고방식의 전환을 중점적으로 설명할 것이다. 잠시 3단계 과정을 시각적으로 표현한 위의 그림을 보면, 3단계 '탐험하기'가 맨 마지막이 아니라 1, 2단계 사이에 위치한다. 그 의미는 목표를 향해 나아가려면(3단계) 자신의 현 위치를 파악한 뒤(1단계) 어디로 향하고자 하는지 확인해야 한다(2단계)는 것이다. 말하자면 언젠가 육지에 닿길 바라며 바다 한가운

데에 마구잡이로 다리를 세울 수는 없는 노릇이다. 먼저 섬을 찾고, 섬과 내 위치 사이의 거리를 객관적으로 살펴본 다음 거리와 기타 요인들을 고려해 어떤 유형의 다리를 세울지 결정해야 한다. 이 3단계는 실제로 우리가 인생을 살면서 해야 하는 일, 즉 현재 내가 있는 곳에서 미래에 원하는 곳에 도달하기까지 취해야 하는 행동과 전략과 같다. 따라서 이를 잘 탐험하면 실제로 많은 도움이 될 것이다.

이 책을 다 읽을 때쯤이면 어느새 진정한 자신의 모습에 가까워지고 있다는 것을 느끼게 될 것이다. 그 증거로 안정감과 자신감이 점점 더 커져 가고, 꿈은 더욱 구체적이고 분명하게 그릴 수 있을 것이다. 특히 주변 사람들이 당신에게서 달라진 무언가를 느끼며 먼저 변화를 체감할 것이다. 시간이 지날수록 스스로 원하는 것은 무엇이든 가질 자격이 있는 사람이라고 생각하게 되고, 주변 사람들과의 관계는 더욱 좋아질 것이다.

마지막으로 당부하자면 '나만의 컴포트존 설계하기' 3단계 과정을 해나가면서 자기 자신을 선불리 판단하지 않기를 바란다. 사람은 누구나 정리가 필요한 혼란스러운 내면을 가지고 있다. 이는 인간이라는 존재의 본질이다. 다만 우리가 거짓과 섣부른 판단만 멀리하면 스스로에게 내면의 혼란을 정리할 수 있는 기회를 주게 된다. 그러면 내면에 자리한 힘의 근원에 더욱 가까이 다가갈 수 있다. 그렇게 꾸준히 노력하다 보면 컴포트존에서 원하는 삶을 향해 거침없이 나아가는 자신을 발견하게 될 것이다.

| 이 장을 마치며 |

5장이 끝났다! 격려의 박수를 보낸다. 당신은 아주 잘하고 있다. 앞으로 자신의 모습을 있는 그대로 받아들여 내면의 힘을 키우고 그 안의 잠재력을 이끌어내 세상에 마음껏 펼쳐내길 기대한다! 변화는 당신이 가능하다고 믿을 때 일어난다.

컴포트존에서 경험하는 변화는 오롯이 나 자신의 힘으로
이뤄내는 것이기에 그 과정 속 모든 선택과 행동은
말로 표현하기 힘들 만큼 엄청난 성취감과 만족감을 준다.

그래서 더욱 나다워질 수 있고, 더 내면의 목소리에 집중하여 내가 진정으로 원하는 방식으로 살아갈 수 있다.

지금부터 나만의 컴포트존 설계하기 여정을 떠나보도록 하겠다. 6장에서는 내가 사는 집과 나의 내면, 즉 외적 컴포트존과 내적 컴포트존 사이의 연결고리를 찾고 이를 통해 나만의 컴포트존을 발견하는 시간을 가질 것이다.

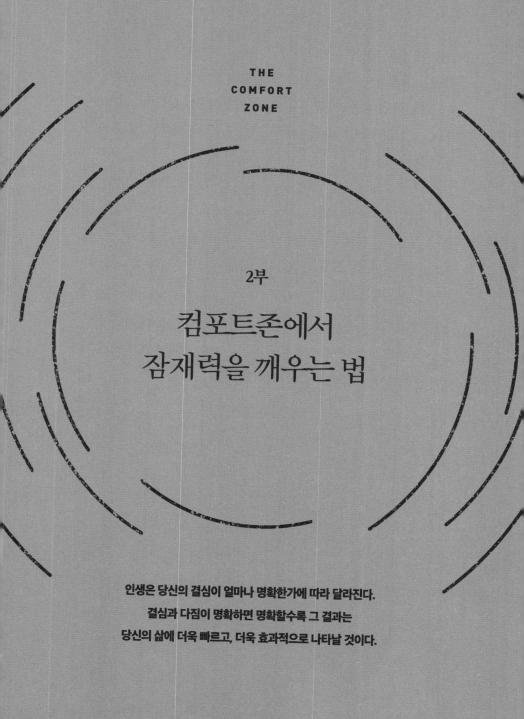

THE
COMFORT
ZONE

2부

컴포트존에서
잠재력을 깨우는 법

인생은 당신의 결심이 얼마나 명확한가에 따라 달라진다.
결심과 다짐이 명확하면 명확할수록 그 결과는
당신의 삶에 더욱 빠르고, 더욱 효과적으로 나타날 것이다.

축하한다! 지금부터 자신을 찾아 떠나는 장대한 여정을 시작할 것이다! 진정 꿈꾸는 삶을 향해 당신이 기꺼이 원하는 방법과 방향으로 도달하기 위한 모든 지식, 도구, 정보가 이 책에 총망라해 있다. 이를 위해 최선을 다했으며 나의 모든 노하우와 지혜를 공유하게 되어 기쁘다!

한 가지 부탁할 것이 있다. 가장 먼저 당신의 온 마음을 다해 변화를 위한 다짐을 하는 것이다. 인생은 당신의 결심이 얼마나 명확한가에 따라 달라진다. 결심과 다짐이 명확하면 명확할수록 그 결과는 당신의 삶에 더욱 빠르고, 더욱 효과적으로 나타날 것이다. 당신의 노력에 보탬이 되기를 바라며, 다짐의 글을 준비했다. 덧붙여 나의 다짐도 써보도록 하자. 천천히 시간을 들여 직접 쓴 자신의 다짐을 곱씹고, 그 선택에 대해 깊이 생각해보자. 진심으로 준비가 되었다면 그 의미로 서명을 써서 마무리한다.

나, _____은(는) 내가 꿈꾸는 삶을 살 준비가 되었다. 오늘, 나는 나의 삶이 진정으로 가고자 하는 곳을 향해 나아가는 것을 허락한다. 내면의 편안함, 나 자신을 돌보는 일, 몸과 마음의 건강을 우선시하여 나 자신을 존중할 권한을 스스로에게 부여한다. 내가 이 땅에 태어난 데에는 이유가 있으며, 삶을 즐기는 것은 내가 가지고 태어난 권리임을 알고 있다. 나의 안전, 즐거움, 자기표현을 우선시할 준비가 되었으며, 이 모든 과정이 나와 주변 사람들에게 격려와 용기를 주리라는 사실을 안다. 이 책을 읽는 동안 나는 나의 존재를 빛나게 하는 방식으로 살기 위해 최선을 다할 것이다.

나는 컴포트존에서 내가 사랑하는 삶을 만들어나갈 준비가 되었다.

나의 다짐: _____

_____

날짜 _____   서명 _____

6장

내면의 집 찾아가기

1단계 | 정의하기

가장 이상적인 상태의 집을 잠시 상상해보자. 깨끗하고, 정리정돈이 잘 되어 있으며, 정서적으로 안정감을 주고 안전하며, 미학적으로도 훌륭하다. 나에게 필요한 모든 것이 제자리에 들어가 있으며 눈에 잘 띄고 접근하기도 쉽다. 이 집은 마음을 편안하게 하고 안정감을 주는 색상과 질감으로 채워져 있으며 내가 좋아하는 스타일로 꾸며져 있다. 가구, 가전제품, 예술작품, 장식품 그리고 나를 즐겁고 편안하게 해주는 물건이 가득하다. 각각의 니즈에 맞게 꾸며진 방, 나의 취향을 섬세하게 반영한 디테일도 빼놓을 수 없다. 심지어 문손잡이의 질감과 촉감, 시트 교체 주기, 서랍 정리 스타일 등 모든 것이 나에게 최상의 즐거움과 만족감을 안겨주는 것으로 신중하게 선택되었다.

긍정의 힘 커뮤니티에서 사람들에게 '이상적인 집'에 대해 물었을 때 가장 많이 받은 답변은 다음과 같았다.

- 나를 설명할 수 있는 곳
- 내가 편안하고 안전하다고 느낄 수 있는 따뜻하고 평화로운 곳
- 외부의 어떤 위협과 불안으로부터 보호받는다고 느낄 수 있는 공간
- 내 취향과 기호에 맞게 정돈된 깨끗한 공간
- 타인의 시선을 신경쓸 필요 없이 진정한 내 모습을 드러낼 수 있는 사적이고 내밀한 공간
- 가족, 사랑, 웃음, 친밀함에 대해 깊은 유대감을 느낄 수 있는 공간
- 자연, 축복, 영성적인 힘으로 가득한 공간
- 내가 '내 것'이라 부를 수 있는 곳
- 평화, 사랑, 안전을 느끼고 휴식을 취할 수 있는 곳
- 행복과 소통으로 가득한 곳

1,000장이 넘는 설문 응답지에서 안전, 평화, 사랑, 위로와 같은 단어가 반복적으로 등장하는 것을 보고 놀라지 않을 수 없었다. 우리 모두는 안전하고 평화로운 집을 갈망한다. 단순하지만 돈으로 살 수 없는 것들을 마음속에서 깊이 갈망하는 것이다.

당신이 꿈꾸는 이상적인 집과 같은 공간이 당신 안에도 존재한다. 바로 컴포트존이다. 이 내면의 안식처는 오직 내 안에 있기에 외부에서는 찾을 수 없고, 존재하지도 않는다. 그곳은 나의 목소리에 귀를 기울이고 스스로를 치유하는 곳이다. 다시 나 자신에게 집중할 수 있는 곳이자 가장 평화로움을 느낄 수 있는 곳이며 편한 옷을 입고 두 발을 쭉 뻗은 채로 마침내 온전히 나다울 수 있는 곳이다. 컴포트존에 있으면 평화롭고 안전하며 마음의 순리대로 흘러가는 기분이 든다. 자연스레 자신감이 생기고, 명확한 삶의 이유와 목표의식이 생긴다. 이렇게 편안한 상태에서 내가 진정으로 원하는 성공과 성취감의 본질을 찾을 수 있다. 실제 내가 사는 집처럼 컴포트존을 더 친밀하고 다정하게 가꾸어 나갈수록 그 안에서 더욱더 충만한 기쁨과 즐거움을 경험할 수 있을 것이다.

마음이 불안하고, 삶에서 평화로움이 멀게만 느껴지는가? 아마도 당신은 스스로를 제약하는 생각, 신념, 행동, 습관으로 매우 혼란스러움을 느끼는 것일지도 모른다. 말하자면 당신이 자기 자신에 대해 잘 모르고 있는 것이다. 이는 마치 집에서 확인하지 않은 우편물 더미, 잡다한 가구, 마음에 들지 않는 장식품, 읽다 만 책, 별 의미 없는 물건들에 둘러싸여 사는 일과 비슷하다. 혼란스러운 상황에서 평화를 찾기 힘든 것처럼 나에게 도움이 되지 않는 오랜 신념과 습관을 마음에 품은 채로 인생을 잘 살아가기란 어렵다. 당신을 그저 컴포트존 밖에서만 머물게 만들기 때문이다.

| 컴포트존에 있다는 감각 |

컴포트존에 있으면 온전한 나를 마주할 수 있다. 그럼 내가 컴포트존에 있다는 것을 어떻게 알 수 있을까?

먼저 복식 호흡을 깊게 여러 번 해보자. 편안하게 앉아 심호흡을 계속하자. 따뜻하고 차분한 이완의 숨결로 몸이 채워지는 것을 느낄 것이다. 일정한 속도로 차분하게 숨을 쉴 수 있을 때까지 심호흡을 계속하며 그 느낌에 깊이 몰입하자. 이제 밝고 하얀빛이 온몸을 감싼다고 상상해보자. 이 빛은 강력하고 무한하다. 숨을 쉴 때마다 점점 더 편안함을 느끼고, 빛은 훨씬 더 밝아진다. 마음이 진정된다. 그리고 편안해진다. 그 따스한 빛이 몸과 마음을 완전히 이완시켜준다. 당신은 이제 안전하다고 느낀다. 내 몸이 집에서처럼 편안해진다. 자, 당신은 이제 컴포트존에 있다!

컴포트존은 어딘가로 떠나야 발견할 수 있는 곳이 아니다. 그저 나 자신에게 집중하면 된다. 지금 이 순간, 내가 있는 바로 이곳이 나 자신과 편안함, 안전함을 느낄 수 있는 곳이다. 나라는 존재를 있는 그대로 마주하고 그 자체로 이미 충분하다는 사실을 아는 것보다 더 강력한 깨달음은 없다. 내면의 혼란을 파악하고 이를 해소하는 것보다 더 뛰어난 치유제는 없다. 내면의 혼란이 사라지면 당신의 강점만 남게 되기 때문이다.

꼭 염두에 두어야 할 사실이 있다. 컴포트존은 당신의 '집' 안에만 존재하는 것이 아니라는 점이다. 컴포트존을 물리적 공간인 집에 비유한 이유는 이해하기 어려운 개념을 조금 더 쉽게 설명하기 위함이고, 또 필요하면 언제든 컴포트존을 벗어나도 괜찮다는 사실을 알려주기 위함이다. 항상 컴포트존에 있을 수는 없다. 삶의 어떤 영역에서는 가능한 일이지만 아닌 영역도 있다. 만약 당신이 컴포트존에 있기를 우선시한다면 어느 영역에서든 컴포트존으로 향할 수 있다.

사랑의 감정이 데려다주는 곳

내 친구 중에 큰 성공을 이뤘지만 경력상 자신이 원하는 위치에 이르지 못한 친구가 있다. 그는 분명 성공했음에도 절망감, 혼란, 우울을 자주 느끼곤 했다. 어느 날 친구에게 마음속에 있는 말을 털어놔 보라고 하자 그는 이렇게 말했다. "내가 진짜로 원하는 경력은 결국 얻지 못할 거야. 다른 사람들은 모두 꿈을 향해 나아가는데 나는 뒤처지는 것만 같아."

그에게 '뒤처진다'는 것은 두려움이자 고통이었다. 이야기를 더 나눠보니 그의 내면에 깊이 뿌리를 내린 신념은 이랬다. '나는 내가 원하는 것을 가질 자격이 없다. 나는 그럴 만한 가치가 없기 때문이다. 그러니 자격 있는 사람들이 원하는 것을 모두 얻는 동안 나는 늘 뒤처지는 것이다.' 아이러니하게도 그는 누가 봐도 매우 축복받은 삶을 살고 있었다. 자세한 사정을 모르는 사람들은 그저 그의 삶을 부러워만 할 것이다. 하지만 내 친구는 자신의 신념 때문에 진심으로 원하는 바를 이루지 못하고 있을 뿐 아니라 성공과 좌절, 실망감이 혼재된 삶을 살아가고 있었다.

하지만 나는 그가 누군가와 사랑에 빠졌을 때 놀라울 정도로 쉽게 목표를 달성하는 모습을 본 적이 있었다. 심리학자 브루스 립튼Bruce Lipton이 저서 『허니문 이펙트』에서 이에 대해 설명한다. '허니문 효과Honeymoon Effect'는 마법과도 같은 사랑의 효과를 설명하기 위해 립튼이 만든 개념으로, 사랑이라는 감정이 우리로 하여금 세상에 마음을 열게 하여 자신이 찾는 기쁨, 에너지, 행복을 느끼게 만든다고 설명한다. 사랑에 빠진 상태에서 우리는 소망과 열망의 에너지로 충만해진다. 말하자면 매 순간 현재 나 자신에 집중하며 매우 긍정적인 감정의 상태를 향유할 때 허니문 효과는 언제든지 나타날 수 있다.[1]

친구의 주된 불만은 자신의 경력과 연관된 것이었는데, 그가 누군가와 새로운 관계를 시작할 때마다 경력에 관한 좌절감이 어느 정도 해소되었다. 그의 관심이 생존지대(경력)에서 컴포트존(사랑, 자기 자신, 관계)으로 옮겨갔기 때문이다. 컴포트존에 있으면 긴장을 풀고 즐거움을 느끼며 스스로를 부정적으로 느끼게 하는 생각을 멈추게 된다. 또한 안정감과 효능감을 느끼며 자신이 매력적이고 강인한 사람이라고 인식한다. 여기서 중요한 점은 사랑은 매우 강력하고 긍정적인 감정이기 때문에 사랑에 빠지면 그 즉시 컴포트존으로 들어갈 수 있다는 것이다. 사랑이 주는 편안함이 편안함을 사랑하게 만든다.

| 나는 지금 어디에 있는가 |

우리가 각자 고유한 존재인 것처럼 컴포트존도 마찬가지다. 컴포트존을 만들고 확장하는 방법도 모두 다르다. 그래서 단 하나 가장 중요한 것이 바로 '내가 컴포트존 안에 있는가, 아니면 밖에 있는가?'라는 질문이다.

이 질문에 답하기 위해서는 자신에게 편안한 것이 무엇인지 제대로 인식해야 한다. 즉 나의 컴포트존을 파악하는 일이 중요하다. 그런 다음 컴포트존에 있을 때 자신이 어떤 기분을 느끼는지 알게 되면 컴포트존 밖에 있는 순간을 인식하는 법도 배우게 된다. 컴포트존에서 벗어났다는 것을 알아차렸다면 이제 중요한 것은 그곳으로 다시 돌아갈 방법을 찾는 것이다. 특히 이 과정을 연습하기 시작하는 단계에서는 매일 삶의 세 가지 영역을 모두 오갈 수 있다는 점을 알아둬야 한다. 심한 감정 기복을 느끼고, 기분이 극과 극을 오가는 혼란스러운 나날을 보낼 수도 있다. 하지만 괜찮다! 꾸준히 각 영역을 탐색하는 방법을 익히면 쉽게 컴포트존으로 다시 돌아갈 수 있다. 그 방법에 익숙해지면 자신이 다른 영역에 있다는 사실을 금방 알아차릴 수 있을 것이다.

많은 사람이 자신이 추구하는 것에 집중하지 않고, 생존지대와 자기만족지대에 존재하는 생각과 감정에 매몰되어 그 두 영역에 반복적으로 갇힌다는 사실을 인지하지 못한다. 그리고 결국 자신이 겪는 스트레스 자체에 얽매인다. 그러면서 '왜 나는 제대로 하는 일이 없을까?', '왜 항상 시간이 부족할까?' 같은 질문을 던진다. 부정적인 마음의 소리에 동화되어 부정적인 생각으로 머릿속을 가득 채운다.

또 어떤 사람들은 생존지대와 자기만족지대를 제대로 파악하겠다며 노력하다가 오히려 그곳에 갇히기도 한다. 자신이 속한 영역을 이해하면 그곳을 정복하거나 벗어나는 방법을 찾으리라 생각하는 것이다. 이런 섣부른 생각은 함정이다. 매일매일 자신이 속한 영역에 대해 연구하는 것은 결국 그 영역에 오래도록 머무르게 되는 가장 확실한 방법이기 때문이다.

현재 자신이 어디에 있는가를 자각하는 것이 핵심이지만 원치 않는 곳에 너무 오래 집중해서는 안 된다. 벗어나고 싶다면 지금 내가 있는 영역이 아닌 가고 싶은 영역으로 초점을 옮겨야 한다. 그렇기 때문에 생존지대와 자기만족지대가 아닌 컴포트존에 집중하는 것이 훨씬 효과적이다. 컴포트존에 대해 배우고 정의 내리고 연구함으로써 컴포트존으로 돌아가는 방법을 배울 수 있을 뿐 아니라 그 영역에 있는 시간도 연장할 수 있다. 그러므로 이 책의 나머지 부분에서는 컴포트존을 파악하고, 그 안에서 활동하는 방법을 설명하는 데 초점을 둘 것이다. 가장 중요한 것은 각자 자신에게 편안함이 무엇인지 생각해보고 거기에 집중하는 것이다. 생존지대와 자기만족지대에 대해 이야기할 때는 컴포트존을 이해하기 위한 맥락으로만 간략히 설명하겠다.

그럼 준비되었는가? 좋다! 이제 현재 자신이 있는 곳으로 돌아가보자. 우리의 여정은 오직 그곳에서 시작할 수 있다.

| 집을 가꾸듯 컴포트존을 가꿔라 |

3장에서 삶의 세 가지 영역을 알아보고, 컴포트존 실천하기를 통해 '지금 나의 삶의 영역 알아보기'(76~80쪽 참고)를 해보았다. 당신의 총합이 해당하는 영역이 어디였는지 떠올려보자. 지금 당신이 어떤 영역에서 가장 오래 머무는지 알 수 있다. 아마 대부분의 사람이 현재 컴포트존에 있지 않을 것이다. 그래도 괜찮다. 이 책은 당신을 컴포트존으로 향하도록 돕는 도구와 방법을 알려줄 것이다. 우선 지금은 당신의 삶이 어느 영역에 있는지 솔직하게 파악하는 것이 중요하다.

세 가지 영역 중 어느 곳에 있든, 가장 먼저 해야 할 일은 현재 자신이 있는 곳에서 평화를 찾는 것이다. 생존지대에 있든, 자기만족지대에 있든 지금 있는 그곳이 당신이 있어야 할 영역이다. 그 사실을 거부하거나 다른 영역으로 벗어나고 싶다는 생각을 하면 마음에 반감만 강해지고 컴포트존은 더욱 멀어질 뿐이다. 그저 솔직하게 지금 자신이 있는 곳을 파악하고, 인정하고, 받아들여 평온을 찾으면 스스로에게 아무런 문제가 없다는 메시지를 전할 수 있다. 컴포트존이 아닌 다른 영역에 있다는 사실을 '고치려고' 할 필요 없다.

여기서 컴포트존을 '집'에 비유했던 이야기를 다시 떠올려보자. 우리가 사는 집은 매우 다양한 형태와 종류로 존재한다. 아파트이거나 주택이거나 세를 들어 살거나 자가일 수 있다. 방이 한 개일 수 있고, 여러 개일 수도 있다. 어떠한 형태든 집은 우리가 그곳으로 돌아갔을 때 온전히 나 자신이 될 수 있는 안전한 장소여야 한다. 그런데 대체로 집은 우리가 바라는 이상적인 안식처와 거리가 멀 때가 많다. 집의 환경이 의도한 만큼 편안하지 않다거나 안전하지 않다고 느낄 때도 있다. 또 어떤 사람들에게 집은 단순히 잠을 자는 장소에 불과하다. 이들은 대부분의 시간과 에너지를 집 밖에서 소비하며 성공하거나 부자가 되기 위해 노력한다.

많은 사람이 편안하고 안전한 집을 만들고 싶지만 그 방법을 모른다고 생각한다. 안전한 집, 온전한 나로 머물 수 있는 집을 아직 완성하지 못했다면 이어지는 이야기가 그 시작에 도움이 될 것이다. 시간, 돈, 자원과는 전혀 관련이 없다.

내가 아는 사람 중에는 가진 것이 없어도 안전하고 편안하며 그들의 니즈와 취향이 반영된 집을 가진 이들이 많다. 지인 중 한 사람은 해변 근처의 아름다운 집에 살다가 예기치 못한 상황으로 집에서 멀리 떨어진 곳에 세워둔 레저용 차량에 사는 이가 있다. 수입이 많지 않았던 그는 가진 돈으로 어렵게 생활했다. 자신의 형편에 맞게 마련한 그 차도 처음에는 누추하기 짝이 없었지만 시간이 지나면서 점차 주인에게 어울리는 멋진 공간으로 탈바꿈했다. 가보니 해변에 있던 그의 집과 분위기가 매우 비슷했다. 그는 작지만 아늑한 공간을 가질 수 있음에 감사하다고 했다. 온전히 스스로의 힘으로 만든 공간이었기 때문에 그가 느낀 감사함은 진심이었다.

나와 집, 나와 컴포트존의 관계에는 비슷한 점이 매우 많다. 그래서 컴포트존을 집과 비교하면 유익한 통찰력을 얻을 수 있다. 이따금 미래에 대한 걱정, 혼란 또는 두려움이 몰려오면 나는 컴포트존에 집중하기 위해 내면의 작업을 수행한다. 어떤 때에는 그냥 나의 실제 집을 청소하기도 한다. 대청소를 하고 가구를 재배치하고 장식품이나 식물을 들이면 에너지의 변화가 느껴진다. 이렇게 집을 가꾸는 행위로 자신감을 얻고 마음이 맑아지는 기분을 느낀다. 이 비유가 컴포트존에 대한 이해도를 높이는 청사진으로 기능하길 바란다.

컴포트존을 집에 비교하는 것은 이 영역에 관한 세부적 요소를 이해하는 데 유용하지만, 컴포트존은 물리적인 집처럼 실존하는 '장소'가 아니므로 오인하진 않았으면 한다. 컴포트존은 자기 자신의 역량으로 살아갈 때 얻을 수 있는 편안함, 안전함, 자신감, 소속감과 같은 '무형의 자산'에 더 가깝다. 이것이 내가 컴포트존을 내면의 집, 내면의 안식처라 부르는 이유다. 마치 내 집에 온 것 같은 편안함과 안전함을 느끼는 상태가 되기 때문이다. 지금 당신이 사는 집이 실제로 엉망이거나 당신의 컴포트존이 정서적으로 엉망이더라도 이는 당신이라는 사람이 엉망이라는 의미가 아님을 명심하자. 그런 것들은 당신의 가치나 능력 그리고 당신이 얼마나 사랑스러운 존재인지를 대변하는 지표가 아니다. 만일 당신의 집이나 컴포트존이 마음에 들지 않거나 기분을 망친다면 차근차근 정리하면 그만이다.

생각해보자. 실제 집은 물리적 세계에 존재하므로 주변을 둘러보고 문제가 생긴 부분이 어디인지 즉각적으로 파악하는 것이 가능하다. 청소가 필요한 지저분한 곳은 눈으로 감지할 수 있고, 목숨이 달린 가스 누출 사고는 냄새를 통해 알 수 있으며, 위험한 침입자나 낯선 이가 들어오면 소리로 쉽게 인지할 수 있다. 일관성 없는 가구와 잡동사니로 집을 가득 채웠다면 물건을 집 밖으로 직접 치워버릴 수도 있다.

내면의 집도 실제 집처럼 지저분하고 불쾌한 환경이 될 수 있다. 하지만 내면의 상태는 실체가 명확하지 않기 때문에 보거나 듣거나 만질 수 없어 혼란의 징후를 놓치기가 매우 쉽다. 내면의 집이 붕괴 직전의 상태가 될 때까지 망가졌다는 사실을 알아차리지 못할 수도 있다. 하지만 컴포트존에는 안전과 편안함, 소속감을 해치는 행동이 무엇인지 알려주는 징후가 있다. 이를 알아차리려면 먼저 자신의 컴포트존과 친해진 다음, 자유롭게 발을 들여놓는 법을 배우는 것이 좋다. 이때 'SEE 피라미드'가 이를 위한 길잡이가 되어줄 것이다.

SEE 피라미드 이해하기

집과 컴포트존, 이 두 가지와 나와의 관계를 들여다보면 안전, 표현, 즐거움이라는 세 가지 욕구가 존재한다. 예를 들어 다음과 같다.

1　**안전**: 내 집/컴포트존은 외부의 위협으로부터 나를 보호한다
2　**표현**: 내 집/컴포트존은 나 자신을 표현할 수 있는 기회를 제공한다
3　**즐거움**: 내 집/컴포트존은 나에게 기쁨을 준다

심리학자 에이브러햄 매슬로Abraham Maslow는 인간의 욕구를 다섯 단계로 분류해 욕구 5단계 이론을 만들었다. 그의 이론에 따르면 안전의 욕구는 인간의 기본 욕구 중 하나로, 의식주를 포함하는 생리적 욕구 바로 위에 위치한다. 상위 단계의 욕구는 하위 단계의 욕구가 반드시 충족되어야 발생한다. 이 이론상 안전, 안정, 편안함을 느끼지 못하면 관계, 성취, 자아실현과 같은 상위 욕구를 충족하는 데 어려움을 겪는다. 자신을 표현하기에 안전하지 않다고 느끼는 환경에서는 마음껏 꿈을 꾸기도 쉽지 않다.[2]

나는 집과 컴포트존, 나 자신과의 관계 사이에 존재하는 세 가지 욕구를 매슬로의 욕구 이론에 적용해보았다. 그러자 컴포트존의 근간을 이루는 것이 무엇인지 더욱더 심층적으로 분석할 수 있었다. 세 가지 욕구를 피라미드 형태로 배열하고, 'SEE 피라미드'라는 이름을 붙였다. SEE 피라미드는 가장 아래층에 있는 안전을 시작으로, 한 칸씩 위로 올라간다. 즉 스스로 충분히 안전하다고 느낄 때 나 자신을 편안하게 표현할 수 있으며 이런 충분한 자기 탐색은 즐거움으로 이어진다.

SEE 피라미드에 따라 집과 삶을 재정비하다 보면 나를 온전히 이해하는 데 방해가 되는 습관, 사고방식, 신념, 사람, 행동을 하나씩 떨쳐내야만 하는 순간이 온다. 그런 다음 진정한 나의 모습을 온전히 표현할 수 있을 만큼 안전함을 주는 생각, 경험, 사람, 습관으로 그 자리를 채우는 것이다. 그러면 내가 진정 누구인지, 나를 행복하게 하는 것은 무엇인지, 나에게 평온함을 주는 것은 무엇인지

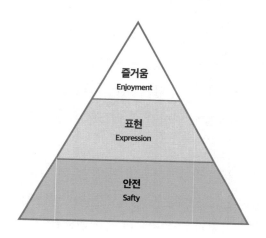

파악하는 일에 전념할 수 있다. 앞서 살펴본 것처럼 컴포트존은 집과 같다. 취향에 맞게 집을 꾸미듯, 자신의 내면의 집을 섬세하고 신중하게 파악하고 알아갈 필요가 있다.

　앞으로 책에서 함께할 모든 활동, 예시, 과제는 당신이 스스로에게 집중해 매 순간 '나는 누구인가?' '나에게 중요한 것은 무엇인가?' '정리가 필요한 혼란스러운 부분은 무엇인가?' '어떤 선택이 나에게 편안하고 자연스럽게 느껴지는가?'를 깨닫도록 할 것이다. 이런 새로운 기회가 생길 때마다 당신에게는 새로운 욕구, 선택, 행동이 생겨나고, 이는 당신의 컴포트존을 강화하고 확장시킬 것이다!

| 이 장을 마치며 |

잘했다, 이제 6장을 모두 읽었다! 컴포트존에 집중하기 위한 첫 번째 단계가 내가 현재 어떤 영역에 있는지 파악하고, 그 영역과 조화를 이루는 일이라는 것을 알게 되었다. 이에 동의한다면 우리는 언제나 컴포트존을 향해 나아갈 수 있을 것이다. 그것이 우리의 본능이기 때문이다.

이어지는 세 개의 장에서는 SEE 피라미드의 세 가지 단계에 대해 살펴볼 것이다. 각 단계는 당신의 내면과 긴밀한 관계를 맺고 있기에 한 단계의 욕구를 잘 이해하면 다른 단계로 나아가는 데 도움이 될 수 있다. 자, 이제 SEE 피라미드의 첫 번째 단계이자 근간인 안전에 대해 알아보자.

7장

나를 돌보는 일이 시작이다

1단계 | 정의하기

안전한 컴포트존에서 번영을 누리고자 한다면 생존을 위해 필요했던 과거의 습관은 더 이상 쓸모가 없다. 안전은 생존에 꼭 필요한 요소지만, 아이러니하게도 컴포트존에서 벗어나 생존지대로 발을 들여놓는 순간 필요성이 사라져버린다. SEE 피라미드의 첫 번째 단계가 안전인 것도 바로 그 이유 때문이다. 가정에서, 인생에서 자신이 원하는 것을 의식적으로 선택하는 것은 안전함을 느끼는 데 매우 중요한 부분이지만 우리는 종종 이를 놓치곤 한다.

이 장에서는 안전의 두 가지 주요 요소인 바운더리^{boundary}(타인과의 관계에서 허용 가능한 신체적·정신적 영역을 나타내는 개념적 한계선)와 자기

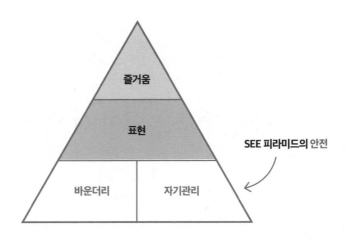

| 안전의 2가지 요소 |

즐거움

표현

SEE 피라미드의 안전

바운더리 자기관리

관리에 대해 살펴볼 것이다.

　SEE 피라미드에서 안전을 구성하는 두 가지 요소 중 바운더리는 대외적인 욕구와 기호를, 자기관리는 대내적인 욕구와 기호를 나타낸다. 컴포트존 안에 견고한 안전의 토대를 세우려면 이 두 가지를 모두 이해하고 강화해야 한다. 안전은 외적 욕구(바운더리)와 내적 욕구(자기관리)의 균형에서 비롯된다. 이 두 가지가 나 자신이나 타인을 향한 생각, 행동, 말, 감정의 대부분을 형성하기 때문이다.

| 바운더리, 나를 지키는 첫걸음 |

　"어떻게 하면 건강한 바운더리를 가질 수 있나요?"라는 질문은 내가 자주 받는 질문 중 하나로, 보통 자신의 욕구를 표현하는 데 죄책감을 느끼는 사람들이 주로 묻는다. 이 질문을 하는 사람들은 대개 자신의 생각, 성취, 욕구를 존중하기보다 타인을 만족시키려고 애쓰기 때문에 자신의 욕구와 기호가 무엇인지 잘 모른다.

바운더리는 외부 세계로부터 스스로를 보호하는 데 도움이 되는 나의 기호를 보여준다. 기호는 비단 인간관계에만 국한되는 것이 아니라 사건, 아이디어, 이야기, 관점, 심지어 물건과 소지품에도 적용될 수 있다. 내가 무엇을 원하고, 무엇이 있을 때 안전함을 느끼는지 알지 못하면 나의 욕구를 나 자신이나 타인에게 표출할 수 없다. 그러면 인생에서 안전이라는 가치에 부합하는 경험과 관계를 쌓아가기가 어렵다.

건강한 바운더리는 내가 나를 존중하고, 남도 나를 존중하도록 만든다. 중요한 점은 내가 나를 존중하는 법을 알아야 타인이 나에게 존중해주길 바라는 것을 요구할 수 있고, 실제로 존중받을 수 있다는 사실이다. 그러나 우리는 자신의 고유한 욕구와 기호를 파악하는 데 꼭 필요한 내적 탐색을 하지 않고 살아갈 때가 너무 많다. 자신이 어떠한 방식으로 존중받고 싶은지 명확하게 설명하지 못하고, 심지어 '존중'이라는 단어의 의미도 쉽게 말하지 못한다. 대부분 지금보다 마음이 더 편해지기를 바라지만 자기 내면에서 안전하고 편안함을 느끼고 기분이 좋아지는 곳, 즉 컴포트존을 찾는 데는 어려움을 겪는다.

스스로 자신의 컴포트존을 정의할 수 없다면 당신의 기호는 끊임없는 외부의 위협에 시달리게 된다. 기호를 명확히 규정하지 않으면 바운더리가 없어지고, 결국 다른 사람들이 지속적으로 당신에게 선을 넘는 행동을 하는 것처럼 느껴질 수 있다. 바운더리가 명확하지 않으니 사람들이 당신을 대할 때 어디까지가 괜찮고, 어디서부터 괜찮지 않은지를 알 수 없으므로 불편한 상황과 관계가 이어진다. 그러다 보면 결국 남들이 자신을 이용하고, 관계 위에 군림하며 당신의 요구를 무시한다고 생각하게 된다. 바운더리를 설정한다는 것은 관계에서 더 높고, 더 강하고, 더 견고한 벽을 세운다는 의미가 아니다. 오히려 나의 내면으로 들어가 나에게 좋고 자연스럽고 편안하게 느껴지는 것과 관계를 맺고, 나의 기호를 타인에게 표현한다는 의미다.

스트레스와 불안을 느끼면 우리 뇌의 편도체가 활성화된다고 언급한 바 있다. 편도체는 즉각적인 위험으로부터 우리를 안전하게 지켜주는 역할을 하기 때문에[1] 편도체가 활성화되면 소위 말하는 '투쟁-도피 반응fight or flight'이 일어난다.[2] 마음속에서 목숨을 걸고 맞서 싸우거나 도망칠 준비를 하는 것이다. 우리 몸 밖의 세상은 상당히 위협적일 수 있다. 피신처 하나조차 없는 야외에서 생활한다고 상상해보자. 기후, 동물, 사람, 차량 등에 무방비로 노출될 것이다. 그래서 우리는 위험한 사람, 동물, 악천후를 차단하기 위해 벽과 지붕을 갖춘 집에 산다. 소음과 변화무쌍한 날씨로부터 스스로를 지키기 위해 벽을 단열하고 이중창을 설치한다. 그뿐 아니라 개인의 감성, 신체적 필요, 선호하는 생활 방식에 따라 집을 짓기도 한다.

지금 살고 있는 집을 보면 당신의 대외적 욕구와 기호를 파악할 수 있는 여러 가지 요소가 있다. 다음은 외부 세계와 나 자신 사이에 물리적 바운더리를 만드는 몇 가지 간단한 예시다.

- **물리적 장치(집)**: 벽, 창문, 문, 울타리, 대문, 나무, 화단 등
- **보안 조치**: 대문과 문의 잠금장치, 보안 시스템, 카메라 등
- **행동 규칙**: 방문 허용 시간(오후 8시 이후 방문 금지), 생활 규칙 (귀가가 늦어질 경우 전화하기), 대화(험담 및 욕설 금지) 등

집의 세부적 요소에 관심을 갖기 시작하면 당신은 자연스레 기존의 욕구와 기호를 재정비하고, 새로운 것을 받아들이게 될 것이다. 컴포트존도 마찬가지다. 내면의 욕구와 기호에 주의를 기울이면 그것이 다듬어지고 새로운 욕구와 기호를 발견하게 될 수도 있다. 컴포트존은 집처럼 한정된 공간이 아니다. 당신이 컴포트존을 온전히 누리고, 지속적으로 상호작용을 한다면 컴포트존은 끊임없이 진화하고 변화하며 확장한다는 사실을 알게 될 것이다.

컴포트존에서 당신의 욕구와 기호를 외부 세계에 드러내는 방법은 여러 가지가 있다. 다음은 컴포트존의 바운더리를 설명하는 몇 가지 예다.

- **신체적 기호**: 어느 정도의 신체적 접촉을 선호하는지, 친구와 얼마나 자주 만나는지 또는 얼마나 많은 시간을 보내는지, 자신의

신체적 욕구를 어떻게 전달하는지, 자신의 기호를 어떻게 표현하는지 등

- **관계의 기호**: 누구와 어울리는지, 다른 사람에게 어떻게 도움을 요청하거나 도움받는지, 언제 정직한지, 언제 상처받는지, 어떠한 방식으로 사랑한다고 말하는지 등
- **자기보호**: 언제/어떻게 거절하는지, 어떠한 방식으로 존중받고 싶은지, 어떻게 자신의 불편함을 표현하는지 등
- **행동 규칙**: 폭력적인 행동에 대해서는 단호하게 조치하는 것, 실수에 책임지는 것, 화난 채로 잠자리에 들지 않는 것, 감정과 생각을 표현하는 것, 언쟁 중 욕설을 하지 않는 것 등

명심해야 할 것은 바운더리가 삶에서 경험과 관계를 차단하거나 타인과 상황을 통제하기 위한 것이 아니라는 점이다. 바운더리를 설정하는 것은 자신의 기호를 명확히 규정하고 표현하여 안전하고 편안하게 공존하며 살기 위함이다. 다만 어떤 행동을 하는가는 개인의 선택이다. 예를 들어 밤 10시 이후에는 전화를 받지 않는 걸 선호하는데 누군가 10시 이후에 전화를 걸었다면 다음날 전화를 받지 않은 이유를 차분히 설명할 수 있을 것이다. 반면 이러한 규칙을 설정하지 않았다면 늦은 밤 당신의 시간을 빼앗는 전화를 계속해서 받게 될 것이다. 그러면서 남들이 자신의 사생활을 존중하지 않는다며 분노를 느끼기 시작할 수도 있다.

지속적으로 당신에게 상처를 주는 사람이 있다면 그를 관계에서

완전히 배제하는 것이 최선일 수 있다. 하지만 그런 상황에서도 자신에게 실제로 필요한 것이 무엇인지 솔직하게 마주하고, 이를 문제의 상대방에게 기꺼이 전한다면 극단적인 해결책을 찾을 필요가 없을 수도 있다. 기호를 명확히 알면 나의 마음 상태를 파악할 수 있기 때문에 화를 낼 필요가 없다. 사람들의 행동이 훨씬 덜 자극적으로 느껴지고, 나의 욕구와 기호, 즉 바운더리를 죄책감 없이 더욱 명확하게 전달할 수 있다. 나의 정체성에 부합하는 방식으로 인생을 살고, 결정을 내릴 수 있으며 그 결과는 그대로 다시 나에게 반영된다.

그러므로 당신이 안전하다고 느끼는 일을 하는 것이 매우 중요하다. 일찍 잠자리에 들고 새벽에 일어나 명상을 하는 조용한 라이프스타일을 선호한다면 밤낮으로 사이렌 소리와 시끄러운 도시 소음이 들려오는 번화한 도시 한가운데에 집을 구하지는 않을 것이다. 담배 연기를 끔찍이 싫어한다면 흡연가와 규칙 없이 한집에 살고 싶지 않을 것이다. 사람들과 어울리는 것을 좋아한다면 하루 종일 홀로 책상에 앉아 일하는 직업을 선택하고 싶지는 않을 것이다. 누구와 함께 시간을 보내고, 사적인 공간에 누구의 출입을 허락할지 신중하게 결정하는 것은 안전한 환경을 확보하는 데 중요하다.

불분명한 바운더리는 나를 제약한다

대학 시절, 내 친한 친구는 무작위 추첨 방식을 통해 룸메이트를 배정받았다. 둘은 성격이 매우 달랐다. 내 친구는 주말이면 기숙사에 머물며 공부하는 것을 좋아했다. 그는 건강하고 건전한 생활 방식을 유지했고 주변의 시선을 의식하는 편이었다. 반면 그의 룸메이트는 파티를 매우 좋아했다. 파티가 끝나면 내 친구에게 상의도 하지 않고 모르는 사람을 방으로 데려와 하룻밤 자고 가도록 허락하곤 했다. 수업을 마치고 방으로 돌아온 내 친구는 룸메이트가 수업을 빼먹고 다른 친구들과 놀고 있는 모습을 여러 번 목격했다. 룸메이트가 자신을 존중하지 않는다고 느꼈기 때문에 친구는 종종 내 방에 와서 지내곤 했다. 누구에게나 그렇듯 이러한 경험은 매우 불쾌했고, 친구는 다음 학기에 기숙사를 나왔다. 그는 룸메이트와 분명한 경계를 설정하지 못했기 때문에 타인의 의지에 휘둘릴 수밖에 없었다.

조금 극단적이긴 하지만 폭력적이고 예측 불가능한 사람을 집에 들였다고 생각해보자. 내 집이지만 편히 쉴 수 없고, 집 밖에서도 안심하지 못할 가능성이 크다. 요점은 자신의 집이나 생활공간에 무엇을 허용하느냐에 따라 집의 안팎에서 마주하는 삶의 경험이 달라진다는 것이다. 때때로 집에 함께하는 누군가를 또는 무언가를 자신이 통제할 수 없는 것처럼 느껴질 때가 있다. 예를 들어 어린 시절 기억 속에도 항상 누군가가(혹은 무언가가) 오랫동안 마음을 불편하게 만들었던 경험이 있을 것이다. 닫힌 문 안쪽에서 들려오는 부모님의 싸우는 소리, 좁은 공간에 켜켜이 쌓인 쓰지 않는 물건들, 식사시간에 서로에게 오가는 비판적인 말들… 어린 나이에 경험한 상처나 무력감이 계속 따라다니며 괴롭힌다면 그 감정에 더 깊숙이 들어가 자신을 괴롭히는 파괴적인 패턴을 파악하고 해소하는 것이 좋다. 나도 내 삶에서 그런 패턴들을 찾아내 엉킨 실타래를 풀어야만 했다. 당신에게 이 사실을 말해주고 싶다. 내면의 평화를 방해하는 불청객을 쫓아내고, 그 자리에 자신에게 사랑과 지지를 베푸는 사람, 습관, 생각, 신념, 아이디어를 채우면 인생은 훨씬 더 달콤하고 안전해진다.

우리 중 누군가는 정식적으로나 신체적으로 좋지 않은 경험을 했을 수도 있고, 오랜 시간이 흘렀어도 당시의 기억이 부정적인 자기 대화를 매개로 내면의 공간을 끈질기게 차지하고 있을 수도 있다. 그러므로 자기 대화, 생각, 이야기, 관점, 삶의 방식이 현재 자신이 원하는 자아상이나 함께하고 싶은 사람들을 포괄하지 못한다면 반드시 모니터링하고 바운더리를 만들어 나가는 것이 중요하다. 나에게 유입되는 것을 모두 받아들일 필요는 없다. 도움이 되지 않는 아이디어에는 "거절한다!"라고 말할 수 있어야 한다. 그것이 바로 바운더리를 설정하는 방법이다.

바운더리를 정하지 않으면 나를 제한하는 생각이나 경험이 정체성의 일부가 되어 버릴 수 있다. 눈으로 보는 TV 쇼나 영화, 소리로 듣는 음악, 글로 접하는 책이나 잡지 등 우리는 자신의 선택을 기반으로 미디어를 소비한 후 이를 '집'으로 들인다. 이와 마찬가지로 당신은 자신의 정신적·정서적 공간에 무엇을 들어오게 할지 선택할 수 있다.

가장 사적이고 신성한 공간에 들어오도록 허락받은 무언가가 당신의 일부가 되는 것이다. 바운더리는 어떤 상황이나 환경에서 내가 누구인지를 보여주는 척도다. 바운더리를 설정하면 자신의 선택에 신중해지고, 그러면 당신은 물리적 집과 내면의 집 모두에서 안전함을 느낄 수 있다.

■ 컴포트존 실천하기 ■

건강한 바운더리 만들기

안전과 바운더리에 관한 다음의 질문을 답해보자. 질문의 답을 곰곰이 생각해보면 당신에게 필요한 바운더리가 무엇인지 보이기 시작할 것이다.

- 자신의 집에서 안전함을 느끼는가? 동네에서는 어떠한가? 안전하다고 느낀다면 그 이유는 무엇인가? 안전하지 않다고 느낀다면 그 이유는 무엇인가? 어떻게 하면 집을 더 안전하게 만들 수 있을까?
- 누구와 함께 살고 있는가? 그 사람들과의 관계는 어떠한가?
- 다른 사람과의 관계에서 어떤 욕구와 기호를 가지고 있는가? 다른 사람에게 자신의 바운더리를 표현하는 것이 쉬운가, 어려운가?
- 가장 많은 시간을 함께 보내는 사람은 누구인가? 그 이유는 무엇인가?
- 어떤 관계에서 불편함 또는 불안감을 느끼는가? 어떤 점 때문에 그렇게 느끼는가? 조금 더 안전하다는 느낌을 받으려면 어떤 것이 필요한가?
- 어떤 관계에서 안전함과 지지를 얻는다고 느끼는가? 어떤 점 때문에 그렇게 느끼는가? 어떻게 하면 삶의 다른 영역에서도 그러한 느낌을 발전시킬 수 있을까?
- 어떤 미디어(책, TV, 소셜미디어, 인터넷 등)를 정기적으로 접하는가? 내용을 접하면 어떤 기분이 드는가?

• 어릴 적부터 가지고 있던 습관이나 행동 패턴 중 바꾸고 싶은 것이 있다면 무엇인가? 나의 기분을 좋게 하고, 힘을 실어주며 지지받는다는 신뢰감과 안전함을 느끼게 하는 습관이나 행동 패턴은 무엇인가?

| 자기관리는 자기 인식이다 |

집의 인테리어를 유지하려면 어느 정도 관리가 필요하다. 가스 혹은 물이 새거나 전기 배선에 결함이 있거나 배관이 녹슬거나 지하에 곰팡이가 피거나 쥐가 있다면 집은 금세 안전하지 않은 공간이 되고 만다. 세심하게 주의를 기울이지 않으면 집의 내부 시스템이 나도 모르게 부식되거나 무너져 내릴 수 있다. 화재가 발생한 후에야 배선 결함을 발견하고, 곰팡이 때문에 병에 걸리고 나서야 곰팡이를 발견할 수도 있다. 물리적인 집에 유지 관리가 필요한 것처럼, 우리가 안전함을 느끼고 최적의 상태로 활동하려면 우리 내면도 유지 관리가 필요하다.

자기관리는 건강하고 안전한 내면의 상태를 유지하는 데 필요한 모든 것을 의미한다.

내가 컴포트존에 집중하기 위해 중점적으로 실천하는 자기관리는 크게 네 가지 영역으로 나뉜다.

1 **신체적 자기관리**: 나의 신체가 최적의 상태로 기능하는 데 필요한 조건

2 **정신적 자기관리**: 생각, 신념, 정신적 습관에 대한 인식과 통제를 최적화하는 데 필요한 조건

3 **정서적 자기관리**: 나의 감정 상태와 정서적 건강을 이해하고 이끄는 능력

4 **영적 자기관리**: 비육체적이고 무형적인 영혼spirit과의 소통

때로는 이 네 가지 영역을 어디서부터 관리해야 하는지 파악하기 어려울 때가 있다. 집의 어느 한 곳에 물이 새면 수도꼭지를 잠그고 수도관을 고치면 그만이지만 집 전체에 누수가 발생하고 심지어 그 문제가 눈에도 잘 보이지 않는 상태라면 어떻게 해야 할까? 자기관리 영역은 눈으로 확인할 수 없다. 하지만 어렵지 않다. 각 영역이 보내는 신호에 관심을 갖고 주의를 기울이면 통증, 긴장, 불편함이 느껴지는 곳을 찾을 수 있고, 이를 완화하고 극복하는 방법을 정확히 알 수 있다.

자기관리에서 중요한 것은 자기 인식이다. 자기 인식은 현재 내 안에서 어떤 일이 일어나고 있는지, 그에 따라 어떤 기분이 드는지, 기분을 나아지게 하려면 무엇이 도움이 되는지에 관심을 가지는 일이다. 자기관리를 하지 않으면 신체가 질병에 굴복하고, 우울증이

나 절망감에 빠지며, 부정적인 감정이 삶을 지배하기 시작한다. 그렇게 결국 나 자신과는 물론 세상과도 단절된다. 내면의 상태를 외면하면 신체적으로나 정신적으로 위기에 처할 수 있고, 극단적인 경우에는 목숨을 끊고 싶다는 충동을 느끼게 될 수도 있다. 반면 자기관리를 중요시하고 규칙적인 생활의 한 부분으로 삼는다면 심신이 모두 안전함을 느끼면서 나의 꿈을 지지하는 내면의 환경을 만들어 나갈 수 있다.

신체와 나의 관계를 파악한다

컴포트존과 신체적 건강 사이에는 실질적이고 직접적인 관계가 있다. 자신의 몸을 대하는 방식은 나와 컴포트존 사이의 관계를 반영할 때가 많다. 그래서 신체적 자기관리가 중요하다. 습관적으로 컴포트존을 벗어나 생활하면 신체적 건강을 소홀히 하기 쉽다. 잠을 줄이고, 운동을 그만두고, 포만감은 있지만 영양가는 거의(또는 전혀) 없는 음식을 먹을 가능성이 커지기 때문이다. 신체가 이를 거부하기 시작하면 당신은 신체가 보내는 신호를 무시하거나 더 심하게는 그것에 무감각해지려고 노력할 수도 있다.

이러한 유형의 회피는 언제나 부정적인 결과를 초래한다. 수리가 필요한 집을 그대로 방치하면 손상이 더욱 심해지는 것처럼 우리의 몸도 마찬가지다. 부상을 당해도 대수롭지 않게 여기고 방치하면 상처는 시간이 지날수록 점점 더 악화된다. 신체를 건강하게 관리하지 않으면 자신과 타인에게 쓸모없는 존재가 된다. 집의 외벽

이 허물어지기 직전이라면 집 안에 있는 그 누구도 안전할 수 없다.

컴포트존을 관찰하고 이해하고 파악하는 가장 쉬운 방법 중 하나는 자신의 몸을 들여다보고 몸이 보내는 신호에 귀를 기울이는 것이다. 내 몸이 좋아하는 것은 무엇인지, 어떤 상황에서 편하고 기분이 좋아지는지 세심하게 살펴보자. 산책이나 수영을 좋아하는가? 아침이나 저녁에 스트레칭을 하면 기분이 좋아지는가? 어떤 음식을 먹으면 몸이 가벼워지고 활기가 넘치는가? 어떤 음식을 먹으면 몸이 나른하고 무거워지는가? 몸을 편안하게 해 주는 음식만 먹고자 한다면 지금의 식단에서 추가하거나 빼야 할 음식은 무엇인가? 6시간을 잤을 때와 8시간을 잤을 때 몸에는 어떤 차이가 있는가? 어떤 종류의 의자에 앉는 것을 좋아하는가? 어떤 운동을 했을 때 기분이 좋아지는가?

내가 실천하는 신체적 자기관리는 하이킹이나 목욕 또는 일찍 잠자리에 드는 것이다. 당신의 신체는 고유한 것으로서 다른 사람의 신체와 각각 선호하는 것이 다르다. 내 몸의 주인은 바로 나 자신이니, 내가 직접 내 몸에 대해 알아가야 하는 것이 당연하다. 우리는 평생을 우리 몸 안에서 살아가기 때문에 몸을 잘 돌보는 것이 무엇보다 중요한 일이 아닐 수 없다.

나의 생각, 신념, 정신적 습관을 인식한다

정신적 자기관리는 자신의 생각, 신념, 정신적 습관을 인식하는 데서 시작한다. 때때로 뇌가 나의 통제를 벗어나 제멋대로 끊임없이 어떤 생각을 떠오르게 하는 듯한 느낌을 받을 때가 있다. 내 마음속 소리를 통제하거나 바꿔놓을 수 없다고 느끼는 순간이다. 그러나 마음속의 생각을 알아차리는 것만으로도 생각의 속도를 늦출 수 있을 때가 종종 있다. 생각을 멈출 필요는 없다. 단순히 그 생각을 관찰하는 것만으로도 충분하다. 그렇게 하는 것이 마음을 통제하는 첫걸음이다.

정신적 습관은 삶의 질에 크게 영향을 미친다. 어수선하고 지저분한 환경에서 제대로 성공하기 어려운 것과 마찬가지로 마음이 혼란과 혼돈으로 가득 차 있다면 인생에서 앞서 나가기가 매우 어렵다. 요즘 사람들은 마음가짐에 대해 자주 언급한다. 많은 지도자가 확언affirmations이라 부르는 긍정 또는 격려의 메시지로 마음을 채우는 것이 중요하다고 강조한다. 나도 수년 동안 그 도구들을 사용하고, 사람들에게도 공유해왔다. 긍정적인 메시지를 담은 콘텐츠가 그 어느 때보다도 많다.

중요한 것은 현재 자신이 가진 정신적 습관을 인지하는 것이다. 만일 당신이 지저분한 집과 지저분한 마음 상태를 선호한다면 그 사실을 인지하자. 부자가 되고 싶지만 비싼 레스토랑에 가면 남의 시선을 의식하게 되고 그곳에 어울리지 않는다는 생각이 든다면 그 사실을 인지하자. 평화로운 관계를 원하지만 일이 너무 순조롭게 진행될 때마다 누군가와 싸우고 있다면 그러한 행동을 인지하자. 이런 경우 대체로 당신의 불안과 나쁜 습관이 당신을 이끌고 있다고 말할 수 있다. 이는 동시에 붉고 커다란 빛을 깜박이며 당신이 무엇을 고쳐야 할지 알려주고 있다. 판단하거나 고치려 하지 말고 우선 그저 관찰만 하자. 가장 중요한 것은 자신을 판단하지 않는 것이다. 집을 청소하기 전에 가장 먼저 지저분한 상태를 눈으로 보고 파악해야 하는 것처럼 변화를 만들기 위해서는 자신의 현 위치가 어디인지를 우선 인식해야 한다.

정신적 자기관리를 실천하면 부정적인 감정을 느끼도록 하는 정신적 습관으로부터 조금씩 자유로워지고, 나에게 힘이 되고 평화를 가져다주는 습관에 의식적으로 더 많은 시간을 할애하게 된다. 나의 개인적인 정신적 자기관리 루틴에는 마음챙김, 명상, 관점의 변화, 긍정적인 생각, 자연 속에서 오래 산책하기, 회복을 위한 낮잠 자기 등이 포함된다. 당신이 자신의 정신 건강을 관리하면서 이 장의 끝에서 나오는 컴포트존 실천하기의 질문들을 활용하면 자신의 생각과 정신적 습관을 다스리는 데 도움이 될 것이다.

감정의 존재를 알아차리고 받아들인다

정서적 자기관리는 감정 상태와 정서적 건강을 다루는 항목이다. 많은 사람이 감정에 휘둘리는 자신을 발견하곤 한다. 대체로 자신이 느끼는 감정에 대해 무력감을 느낀다. 그러다 보면 감정은 통제가 불가능하고 자신과 무관하게 독립적으로 존재하며 관리할 수 없는 영역이라고 생각하게 된다.

브레네 브라운 박사는 『마음의 지도 Atlas of the Heart』에서 감정을 인정하고, 정확하게 파악하고, 정직하게 소통하려는 의지를 가지면

격정적인 감정에 휘말리지 않고 마음의 평화를 유지하는 데 도움이 된다며 이렇게 말한다. "언어는 의미 형성, 연결, 치유, 학습 그리고 자기 인식으로 통하는 문이다. 우리가 경험한 바를 표현할 언어가 없다면 무슨 일이 일어나고 있는지 이해하고, 다른 사람에게 그것을 공유하는 능력에 심각한 제한이 생긴다. 정확한 언어가 없다면 필요한 도움을 요청하는 데 어려움을 겪고, 감정과 경험을 생산적인 방식으로 조절하고 관리하지 못하며, 자기 인식이 저하된다." 또한 그는 "특정 감정을 설명할 수 있는 정확한 단어가 있으면 타인의 감정을 더 잘 파악할 수 있을 뿐만 아니라 자신이 경험하는 감정을 더 잘 인식하고 관리할 수 있다. 감정적 경험에 이름을 붙여 분류하는 과정은 감정 조절과 심리적 건강과 관련이 있다."라고 덧붙였다.[3]

더 이상 자신의 감정에 매몰되지 않기 위해서는
감정을 알아차리는 것이 중요하다.

질 볼트 테일러 박사는 『나는 내가 죽었다고 생각했습니다』에서 한 가지 감정이 지속되는 시간은 단 90초에 불과하다고 말한다. 즉 우리가 설명, 합리화, 스토리텔링을 통해 그 감정에 '몰입'만 하지 않는다면 그 감정이 만드는 물리적 감각은 90초 안에 사라진다는 말이다. 90초가 지났는데도 여전히 그 감정이 남아있다면 이는 감정이 계속 활성화 상태가 되도록 우리가 의식적으로 '선택'했기 때문

이다.[4]

우리가 가진 가장 큰 문제는 대부분의 사람이 자라는 동안 자신의 감정에 관심을 가져보지 않았기 때문에 감정 파악에 애를 먹는다는 점이다. 만에 하나 감정을 알아차렸다 하더라도 우리는 종종 그 감정을 정당화하고 합리화하고 변명하고 곱씹어보고 밀어내버린다. 감정에 매몰되어 내가 한 행동을 정당화하기 위해 그 감정을 이용하는 것이다.

정서적 자기관리를 실천한다는 것은 인간적인 경험의 가치를 훼손하는 감정 대신 삶의 질을 향상시키는 감정을 수용하는 것을 의미한다. 그렇다면 그 방법은 무엇일까? 기본적으로는 부정적인 감정이 밀려오면 그것을 인지해 더 빨리 밖으로 내보내고, 긍정적인 감정이 밀려오면 최대한 오래 우리 안에 붙잡아두면 된다. 나의 개인적인 정서적 자기관리 루틴은 정신적 자기관리 루틴과 비슷하지만 일기 쓰기, 감사하기, 용서하기, 울기, 판단하지 않기, 긍정적인 자기 대화하기, 사랑하는 사람에게 전화하기, 혼자 있기, 좋은 책 읽기, 기분이 좋아지는 음악 듣기 등의 도구와 활동을 포함한다. 정서적 건강에 신경을 쓰다보면 자연스레 기분이 좋아지는 일을 더 쉽게, 더 자주 선택하게 될 것이다.

감사, 성찰, 명상이 필요한 이유

영적 자기관리는 자신의 비육체적이고 무형적인 부분, 즉 영혼과의 연결을 의미한다. 삶에는 우리가 가진 신체적 감각으로 경험하고, 말로 설명하거나 가르칠 수 있는 것들이 많다. 집을 예로 설명하면 우리가 보고 만지고 냄새를 맡고 맛을 볼 수 있는 것들이 여기에 해당한다. 벽의 색상, 가구의 모양, 양초의 향, 커튼의 촉감, 커피 테이블의 질감 등은 우리가 느끼고 보고 경험하고 설명할 수 있는 대상이다.

하지만 집에는 글이나 사진으로 설명할 수 없는 비물질적이고 비실체적이며 주관적인 것도 존재한다. 이러한 것은 집에 들어오는 사람들이 직접 느끼고 경험해야만 알 수 있다. 퇴근 후 현관문을 열고 집 안으로 들어설 때 느끼는 특유의 냄새, 익숙한 분위기, 벅찬 사랑과 감사의 느낌은 말로 다 표현할 수 없는 지극히 사적인 경험이다. 그 장면을 사진으로 보여줄 수는 있다. 가능한 한 자세히 이야기하여 자신이 경험한 바를 다른 사람도 상상해볼 수 있지만, 그 심오한 순간을 직접 겪지 않고서는 당시에 느끼는 강렬한 유대감을 똑같이 느끼는 것은 불가능하다.

집과 마찬가지로 우리의 내면에는 오직 느낌으로만 알 수 있는 특정한 것들이 있다. 사랑이 무엇인지 어떻게 설명할 수 있을까? 유일한 방법은 사랑을 행동으로 보여줌으로써 상대방이 그 느낌을 받도록 하는 것이다. 하지만 상대방이 느낀 감정과 내가 느낀 감정이 똑같을 수는 없다. 사랑은 영적 세계와 마찬가지로 그 근원에 실체가 없는 것이기 때문에 가르치거나 배울 수 없는 감정이다.

나에게 있어 영적 자기관리 영역은 컴포트존을 구축하고, 탐구하고, 성장시키는 데 중추적인 역할을 했다. 인생에서 가장 암울했던 시기는 나를 따뜻하게 이끌어주는 내면의 영적 세계와 지속적으로 교감하지 못했을 때였다. 영혼은 세상에 존재하는 모든 것과 연결되어 있지만 그것과 단절된 채 방황하던 나는 희망마저 잃고 말았다. 그러나 우리는 누가 뭐래도 실체적 경험을 하는 가장 영적인 존재다. 이에 대한 해석이나 신념은 조금씩 다를 수 있지만 각자가 영적인 존재라는 사실에는 변함이 없다. 흔히 우리가 지닌 비실체적인 에너지를 가리켜 우주, 신, 상위자아Higher Self(자아가 원시적 욕구를 억제하고 도덕이나 양심에 따라 행동할 수 있게 하는 정신 요소—옮긴이), 의식 등 다양한 이름으로 부른다. 어떤 이름으로 부르든 그 에너지는 물리적 형태를 넘어선 우리 존재의 일부를 설명한다.

모든 사람의 여정은 저마다 특별하다. 컴포트존에 산다는 것은 자신의 고유성뿐 아니라 타인의 사적인 기호와 욕구도 판단 없이 받아들이고 인정하고 존중하는 것을 의미한다. 자신의 고유한 에너지인 영혼과 깊은 유대감을 가질 때, 우리는 소통, 사랑, 신뢰, 희망, 공감, 감사 등의 긍정적인 감정을 더 많이 느끼는 경향이 있다. 반대로 영혼과의 유대감이 깨졌을 때는 고립감, 두려움, 불안, 절망감을 느끼는 경우가 많다. 이러한 감정이 오래 지속되면 수많은 문제가 발생하고 심지어는 질병을 얻게 되기도 한다.

나의 영적 세계와 아무런 관계를 맺지 않는 것은 나의 본질을 무시하는 것과 같다. 나라는 존재의 비실체적인 부분을 인식하고 적극적으로 관계를 맺는 것이 곧 온전한 나 자신을 인정하는 일이기 때문이다. 자신에게 줄 수 있는 가장 큰 선물 중 하나는 물리적 세계와 다른 사람들에게 깊이 뿌리를 내리고 연결되어 있는 나의 영적 세계를 인식하고 그것과의 관계를 구축하는 일일 것이다. 영적 유대감을 강화하기 위해 내가 실천한 몇 가지 방법으로는 기도, 명상, 봉사, 심호흡하기, 자연 누리기, 자기 성찰, 일기 쓰기, 그라운딩grounding(맨발로 걷는 등 신체의 일부를 땅과 접촉하는 활동—옮긴이), 성경 읽기, 감사하기, 생각이 비슷한 사람들과 만나 교류하기 등이 있다.

■ 컴포트존 실천하기 ■

자기관리를 위한 질문에 답하기

네 가지 자기관리에 관한 질문에 답해보자. 이 질문들에 답하며 자기 인식의 과정을 경험하게 될 것이다.

신체적 자기관리

- 어떤 음식을 먹었을 때 몸이 편안한가? 어떤 음식을 먹었을 때 몸이 나른하거나 불편한가?
- 과로나 피로로 내 몸이 더 많은 휴식을 원하고 있다고 느낀 적이 있는가?
- 불안과 초조함으로 내 몸이 더 많은 조치를 취해주길 원하고 있다고 느낀 적이 있는가?
- 잦은 근육 뭉침 때문에 스트레칭이나 마사지가 필요한가?
- 어떤 종류의 운동을 하면 기분이 좋아지는가?
- 깊게 복식호흡을 하면 기분이 어떤가?
- 지금껏 외면했던 내 몸의 기호와 욕구는 무엇인가?

정신적 자기관리

- 평상시 나의 생각은 주로 긍정적인가, 부정적인가?
- 아침에 일어나면 가장 먼저 떠오르는 생각은 무엇인가? 해야 할 일 목록을 떠올리거나, 압박감을 느끼거나, 잘못될 수 있는 일에 대해 생각하고 있는가? 혹은 감사한 일과 설레는 일에 대해 생각하는가?
- 나에게 불평, 비난, 정당화하는 습관이 있는가?
- 최악의 시나리오를 생각하며 말하는 습관이 있는가? 주로 긍정적인 결과를 얻을 가능성을 염두에 두고 말하는 것을 선호하는가?
- 무력감이나 한계를 느끼게 하는 나의 정신적 습관은 무엇인가?
- 나에게 힘을 실어주는 정신적 습관은 무엇인가?

정서적 자기관리

- 나는 나의 감정을 인식하고 있는가?
- 나의 감정을 알아차렸을 때, 그 감정을 정확하게 식별하고 표현할 수 있는가?
- 부정적인 감정을 느낄 때 나는 어떻게 해야 하는가?
- 긍정적인 감정을 느낄 때 나는 어떻게 해야 하는가?

영적 자기관리

- 어떠한 영적 수행이 가장 편안하게 느껴지는가?
- 어떻게 하면 더 깊은 영적 교감을 경험할 수 있는가?
- 나의 영혼을 더욱 풍요롭게 하기 위해 나는 누구와 소통할 수 있는가?

| 이 장을 마치며 |

수고했다. 당신은 7장을 모두 읽었다! 이제 스스로 안전한 환경을 만들 수 있는 도구를 가지게 되었다. 이제 당신이 당신의 집과 컴포트존에 투영된 자신의 모습을 마주할 수 있기를 바란다. 이 둘 사이의 수많은 유사점은 서로에게 힘을 실어줄 수 있다. SEE 피라미드의 첫 번째 층인 안전에 대해 파헤쳐 보면서 매슬로의 욕구 이론과의 연관성을 파악할 수 있었기를 바란다. 시선을 자신의 내면으로 돌리고, 안전함을 느낄 수 있는 환경을 만드는 것은 오직 나만이 스스로 해야 할 일이다. 그리고 컴포트존에 대해 파악하고 그 안에서 살아갈 때 안전한 환경이 만들어진다는 사실을 깨달으면 마법과도 같은 일이 펼쳐진다.

다음 장에서는 SEE 피라미드의 다음 층인 '표현'에 대해 살펴볼 것이다. 이제 당신은 외적인 것(바운더리)과 내적인 것(자기관리)을 모두 아우르는 자신의 욕구와 기호를 파악했으니 나만의 고유한 자아를 표현하고 세상과 공유할 준비가 되었다. 이 내용은 8장에서 계속 이어진다!

8장

세상에 당신을 보여줘라

1단계 | 정의하기

자신을 표현하는 방법, 즉 자기표현은 나라는 존재와 나의 기호를 세상에 공유하는 수단이다. 내면의 안전함을 느끼면 우리는 자연스럽게 SEE 피라미드의 두 번째인 '표현' 단계로 넘어간다.

사람들은 타인의 자기표현 방식을 통해 그 사람에 대해 알아간다. 자기표현은 사람들이 나를 판단하고 나와 상호작용을 하는 데 영향을 미치기 때문에 어떤 의미에서는 인간관계의 핵심이라고도 할 수 있다. 우리는 자기표현을 통해 다른 사람들을 사로잡는 매력을 발산할 수도 있다. 자기표현의 형태는 다양하다. 자신의 기호를 세상에 알리기 위해 하는 모든 행동이 자기표현의 일부다. 말투, 옷

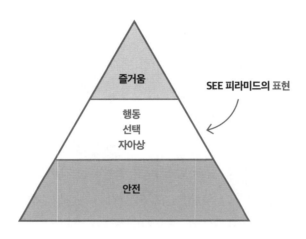

| 표현의 3가지 요소 |

즐거움

SEE 피라미드의 표현

행동
선택
자아상

안전

차림, 몸짓과 매너, 논쟁 방식, 음악, 그림, 춤 등의 예술적 활동은
물론 직업 선택, 정치적 견해, 문제해결 스타일처럼 전통적으로 창
의나 예술과는 거리가 멀다고 여겨지는 활동까지 모두 자기표현의
일부가 될 수 있다. 지구를 누비는 인간의 수만큼이나 다양한 형태
의 자기표현이 존재한다.

　자기표현을 구성하는 세 가지 요소는 자아상, 선택 그리고 행동
이다. 자아상은 우리의 잠재의식 속에 존재하며 우리가 내리는 선
택과 그에 따른 행동을 통해 세상에 투영된다. 인생에는 더 많은 행
동을 하거나 다른 선택을 내려도 풀리지 않는 문제가 존재하는데,
그 이유는 문제의 근본 원인이 우리의 자아상에 있기 때문이다.

　말투, 몸짓, 행동은 우리 내면의 감정에 생명력을 불어넣고 당신의 '개인적인personal' '실체reality', 즉 성격personality을 형성한다. 세상에 자신을 드러내는 방식은 성격과 평판의 기초를 이룬다. 그리고 그것이 곧 당신의 정체성을 만든다.

타인이 나를 바라보는 방식과 내가 나를 바라보는 방식이 다른 경우도 드물지 않다. 매사에 불평하는 습관이 있다면 부정적인 사람으로 비춰질 수 있지만, 정작 그 사람은 자신을 피해자로 여기고 있을 수 있다. 같은 공간에 없는 사람에 대해 이러쿵저러쿵 말을 하는 습관이 있다면 남의 말을 하기 좋아하는 가벼운 사람으로 비칠 수 있지만, 정작 그 사람은 자신의 생각이 옳다고 여기고 있을 수 있다. 대화에 잘 참여하지 않는다면 딱딱하거나 거만한 사람으로 여겨질 수 있지만 그 사람은 자신을 수줍음이 많은 사람이라고 생각하고 있을 수 있다. 커리어를 매우 중시하는 사람의 경우, 주변에서는 그를 과잉성취자로 분류할 수 있지만, 그 사람은 스스로 불안하고 인정받고자 하는 욕구가 강한 사람이라고 여기고 있을 수 있다.

나에 대한 타인의 평가에 동의하지 않는다면 자신의 자아상을 살펴볼 필요가 있다. 내가 나를 바라보는 방식이 자기표현에 영향을 미치기 때문이다. 이는 성취에 있어서도 마찬가지다. 원대한 꿈을 가지고 있지만 그 꿈을 달성한 자신의 모습이 그려지지 않거나, 스스로 가치 있는 사람으로 여기지 않는다면 그 어떤 선택이나 행동으로도 꿈을 이룰 수 없다.

| 나는 나를 어떻게 바라보는가 |

자기표현은 당신의 무의식 속에 있는 자아상을 현실에 투영할 수 있도록 한다. 이는 다른 사람들이 나를 인정하고 나와 상호작용하는 방식에서 중요한 역할을 한다. 내가 세상에 드러내는 나의 모습은 그 순간 내가 어떤 사람인지 말해준다.

당신의 자아상은 긍정적인 마음을 갖게 하고, 힘을 실어주며, 자신감과 자존감을 높여 줄 수 있다. 하지만 그와 반대로 부정적인 마음을 갖게 하고, 힘을 잃게 하며, 자기 의심과 불확실성을 안겨줄 수도 있다. 여기서 주의할 점은 자아상을 만들기 위해 의식적으로 노력을 기울인 게 아니라면 현재의 자아상은 당신이 어렸을 때 형성되어 그 후로 쭉 자율주행모드처럼 작동하고 있다는 것이다. 좋은 소식은 우리가 언제든지 이 자아상을 바로잡고 세밀하게 조정할 수 있다는 점이다. 실제로 나는 지금까지 여러 번, 때로는 나도 모르게 나의 자아상을 교정하고 조정했다. 심지어 오늘 아침에도 이 글을 쓰기 전에 30분 동안 일기를 쓰며 나의 자아상을 다듬었다. 우리는 스스로 정한 자아상에 따라 성장한다.

이상적인 집을 가질 수 있는 것처럼, 우리는 어떤 방향으로 나아가고 싶은지, 어떤 사람이 되고 싶은지에 따라 이상적인 자아상을 가질 수 있다. 11장에서 자세히 살펴보겠지만 나는 그 자아상을 확장된 자아라 부른다. 하지만 지금은 현재의 자아상을 인식하는 것이 중요하다. 자신의 현 위치를 솔직하게 인정하고, 자신을 표현하는 데 안전함을 느끼고, 내면의 감정 상태를 의식적으로 표현할 수 있게 된다면 당신이 컴포트존에서 자신을 표현하고 있다는 뜻이기 때문에 다른 모든 것이 제자리를 찾을 수 있게 된다는 사실을 기억하자.

컴포트존에 익숙해지고 이 영역을 의식적으로 발전시켜 나가고 있다면 당신은 신중하게 자아상을 선택하고 형성해 나가고 있다는 뜻이다. 우리가 이 의식적이고 안전한 공간에서 생활할 때, 마침내 우리 본연의 모습을 허용하게 된다.

거울에 비치는 모습이 곧 나의 모습이다.
나의 선택과 행동은 내가 마음속에 품은 자아상을
결코 뛰어넘을 수 없다.

하지만 그렇다고 해서 자신의 자아상을 발전시킬 수 있는 방법이 없다는 뜻은 아니다. 나는 자아상이 손상되어 스스로를 아름답고 강한 존재로 바라보지 못할 때마다 한 가지 활동을 한다. 조금 오래 샤워를 하면서 모든 부정적인 생각과 감정이 내 몸을 떠나 하수구로 빨려 들어간다고 상상하는 것이다. 그리고 샤워가 끝나면 거울 앞에 서서 내 모습을 바라보며 '사랑해'라고 말한다. 그 후 내가 좋아하는 나의 모습을 하나씩 떠올리며 '사랑해'라는 문장에 덧붙인다. "나는 내 팔을 사랑해." "나는 내 얼굴을 사랑해." "나는 내 머리 색과 부드러운 머릿결을 사랑해." "나는 나의 뛰어난 회복력을 사랑해." "나는 포기하지 않고 계속 나아가는 나를 사랑해." "나는 나의 친절함을 사랑해." "나는 나의 주근깨를 사랑해." 깊은 안도감이 몸과 마음을 감싸고 스스로 더 이상 작고 무력한 존재로 여기지 않게 될 때까지 이것을 반복한다. 거울 앞에서 이러한 시간을 5분만 가져도 나의 자아상이 바뀌고 그에 따라 남은 하루 동안의 내 선택과 행동이 달라질 수 있다.

| 선택+행동=새로운 나 |

모든 선택은 자신의 아이디어를 검증하고 창의력을 발휘해 자신의 기호를 구체화할 수 있는 기회다. 긍정적인 자아상을 키우면 어떤 상황에서도 편안하게 자신을 표현할 수 있다. 자신을 온전히 표현할 수 있을 때 우리는 진정성을 갖게 되며 인생을 당당하게 살아갈 수 있다. 진정성은 컴포트존 안에서 발현되며 자신의 선택을 통해 표출되고 행동을 통해 실현된다.

내가 의도적으로 선택이라는 단어를 사용한 이유는 세상에 자신을 어떻게 보여줄지 선택할 권한이 당신 자신에게 있다는 것을 알려주고 싶었기 때문이다. 자신을 표현하는 방식은 당신이 처한 상황이나 관계, 혹은 다른 사람들의 선택과 무관하다. 그것은 당신이 완전히 통제할 수 있는 영역이다. 삶에서 어떤 일이 일어나고 있든 자신이 올바르고 합당하다고 여기는 행동을 취함으로써 당신은 자신이 처한 상황을 마주하고 그에 대처하는 선택을 내릴 수 있다.

예를 들어 보라색 페인트가 내 방에 완벽하게 어울릴 것이라고 생각했는데, 벽 전체를 다 칠하고 보니 전혀 마음에 들지 않을 수 있다. 내가 택한 보라색이 너무 어두운 게 문제라면 조금 더 밝은 보라색으로 바꿔 나의 선택을 수정할 수 있고, 보라색 자체가 마음에 안 든다면 전혀 다른 색을 고를 수도 있다. 이처럼 자기표현은 자신의 아이디어와 기호를 탐색하고 개선할 수 있는 탐험의 장이 된다.

자기표현의 탐색과 개선은 비물질적인 영역에서도 일어난다. 또다른 예를 들어 책을 쓰고 싶다면 다양한 형태의 글쓰기를 접하고, 내가 추구하는 방향과 일치하는 다른 책이나 그러한 글을 쓴 작가에 관심을 가질 필요가 있다. 내 친구 중에는 45세에 시 쓰기 수업에 등록한 친구가 있는데, 그도 자신이 시를 쓰고 낭송하는 것을 좋아한다는 사실에 깜짝 놀랐다고 한다.

나를 표현하는 새로운 방법을 발견하고,
내 본연의 모습으로 거듭나기에
결코 늦은 나이란 없다.

자기표현을 통해 자신의 기호를 탐색하고 그것을 다듬을 수 있을 만큼 안전하다고 느끼면, 기호는 끊임없이 변한다는 사실을 쉽게 깨달을 수 있다. 우리는 가만히 멈춰 있는 존재가 아니다. 우리의 삶은 끊임없이 변화한다. 얼마나 의식적으로 선택하고 행동하는지에 따라, 또 자기표현 방식에 따라 삶은 얼마든지 달라질 수 있다.

의식적으로 선택하고 행동하지 못할 때, 우리는 수동적이거나 사후 반응적인 자기표현 방식을 고수하게 된다. 세상에 방어적으로 반응하고 나를 무겁게 짓누르는 생각, 선택, 관계, 행동에 매몰될 수도 있다. 또한 에너지 소모적인 생각과 활동에 정신과 삶을 빼앗겨 의식적이고 주도적인 자기표현에 몰두하지 못하게 되기도 한다. 반면 자신의 자아상을 솔직하게 받아들이고 의식적으로 선택하고 행동하면 자아상은 우리가 가장 평화롭고 편안하고 자신감을 느낄 때의 모습에 점점 가까워진다. 결핍이나 불충분이라는 감정에 맞서고 더 나아가 그 감정을 해소하기 시작할 때 궁극적으로 우리는 더 진정성 있고 자신의 가장 깊은 가치와 욕구에 부합하는 자기표현 방식을 찾을 수 있다.

하지만 그러한 방식으로 산다는 것이 타인에게 자신의 가치를 강요하거나 타인의 행동을 통제해야 한다는 뜻은 아니라는 점을 명심해야 한다. 오히려 그 반대에 가깝다. 내면에서 안전함과 자신감을 느끼지 못하면 우리는 우리 외부의 세계를 통제하려고 한다. 그러나 내가 진정한 나로 거듭나는 것은 타인의 자아 발견과 아무런 관련이 없다.

대부분의 시간을 컴포트존 안에서 보내겠다고 선택하는 것은 자신의 취향을 즐기고, 표현하고, 탐색하고, 다듬을 권한과 스스로 원하는 삶을 주체적으로 만들어 나갈 권한을 자신에게 부여한다는 뜻이다. 또한 다른 사람들도 그렇게 할 수 있도록 존중한다는 뜻이다. 반대로 컴포트존 안에서 생활한다고 해서 결코 컴포트존 밖으로 나

가지 않겠다는 뜻이 아니라는 점을 기억하는 것이 중요하다. 아무리 집이 좋아도 집 안에서 평생을 보낼 수는 없는 노릇이다.

우리는 인간이다. 인생에서 더 많은 것을 원하고, 때로는 자신의 능력이나 자원을 과대평가하며, 실수하고, 넘어지고, 실패하지만 모두 괜찮다. 가능한 한 오래 컴포트존에 머무르는 것이 우리의 목표지만, 현실적으로 그 일이 항상 가능하다고 할 수는 없다. 하지만 컴포트존을 떠난 후에도 언제든지 다시 돌아올 수 있다는 사실을 알면 큰 위안이 된다. 실제 집과 달리 컴포트존은 우리의 정체성에 깊이 뿌리를 내리기 때문에 어디를 가든 그 힘을 활용할 수 있다. 수많은 간판 사이를 지나고, 쉴 새 없이 떠드는 광고를 보고, 내가 두려워하는 것에 대해 말하는 수십 명의 목소리를 들어도 컴포트존에 뿌리를 두고 있다면 흔들리지 않을 수 있다. 나의 힘으로 나의 기호에 따라 행동할 수 있기 때문이다.

자기표현의 효과는 집에서도 쉽게 확인할 수 있다. 자신의 기호에 맞게 신중하게 방을 꾸미면 길거리에서 살 수 있는 온갖 잡다한 물건으로 방을 꾸몄을 때보다 훨씬 더 즐겁게 지낼 수 있다. 집을 청소하는 대신 하루에 4시간씩 텔레비전을 시청한다면 집은 금세 엉망이 될 것이다. 벽에 페인트를 칠하거나 마음에 드는 수납장을 사고 싶을 때마다 술에 취해 집을 엉망으로 만든다면 벽은 언제나 그 상태 그대로일 것이고 새 수납장은 구경조차 하기 어려울 것이다.

때로는 분명하게 자신을 표현할 방법을 찾는 일이 쉽지 않겠지만 일기를 쓰고 자아 성찰을 하면 명확성과 통찰력을 키우는 데 큰 도움이 된다. 당신도 이를 통해 자신의 선택과 행동을 점검해 보기를 바란다. 12장에서는 정체성을 재점검하고 선택과 행동에 변화를 주어 자신이 원하는 모습을 세상에 보여줄 수 있도록 도와주는 도구를 소개할 것이다. 하지만 바로 지금, 당신이 자신에게 줄 수 있는 가장 큰 선물은 바로 자기 인식이다.

■ 컴포트존 실천하기 ■

나라는 사람을 마음껏 표현해보자

나 자신에 관한 다음 질문에 대한 답을 최대한 자세히 적어보자.

- 나는 누구인가? 무엇이 나를 좋은 사람으로, 또는 나쁜 사람으로 만드는 가?
- 나는 나 자신의 어떤 부분을 사랑하는가? 다른 사람들이 나에 대해 좋게 생각하는 부분은 무엇인가? 겹치는 부분에 동그라미 쳐보자.
- 나에게 가장 중요한 신념과 가치는 무엇인가? 나의 생활방식은 그에 부합하는가?
- 내가 가장 열정적인 분야는 무엇인가? 나는 얼마나 자주 그 분야에 우선순위를 두는가?
- 나를 표현하기 위해 현재 하고 있는 활동은 무엇인가? 바꾸고 싶은 활동이 있다면 무엇인가? 추가하고 싶은 활동이 있다면 무엇인가?
- 나의 신념이나 습관 중 서로 상충되거나 나의 자아상과 상충되는 것이 있는가? 있다면 무엇이며, 이를 해소하기 위해 할 수 있는 일은 무엇인가?

| 이 장을 마치며 |

홀륭하다. 당신은 8장을 모두 읽었다! 이제 자기표현이 자아상 (자신을 어떻게 바라보는지, 그리고 자신이 인생에서 무엇을 할 수 있다고 생각하는 지)과 얼마나 밀접한 관계를 가지는지 알게 되었기를 바란다. 컴포트존 안에서 살면 자신이 얼마나 특별하고, 아름답고, 강력한 존재인지 알 수 있다. 그러면 당신은 타인을 통제하거나 지배할 필요 없이 의연한 태도로 자신을 표현할 수 있다.

다음 장에서는 SEE 피라미드의 세 번째이자 마지막 단계인 '즐거움'에 대해 살펴볼 것이다. 인생은 즐기기 위한 것이다. 어떤 의미에서 즐거움은 우리에게 주어진 당연한 권리이기도 하다. 주어진 삶을 즐기는 방법을 배우는 것이 즐거움으로 가득한 인생을 만드는 핵심이다.

9장

긍정의 순환고리를
만드는 비밀

1단계 | 정의하기

인생의 궁극적인 목표는 즐길 수 있는 삶을 만드는 것이 아니라 현재의 삶을 즐기는 법을 배우는 것이다. 그 방법을 알면 마법 같은 일이 일어난다. 인생을 즐기면 우리의 인생 속으로 더 많은 사람, 경험, 관계, 즐거운 순간이 밀려든다. 그리고 이 새로운 축복을 누리다 보면 더 많은 즐거움이 우리에게 찾아온다. 나는 기쁨에 우선순위를 둘 때 우리 삶에 만들어지는 긍정의 순환고리에 여전히 커다란 경외감을 느낀다.

한 친구가 자신도 나처럼 축복받은 인생을 살고 싶다고 말한 적이 있다. 나는 이렇게 말했다. "내 인생이 축복받은 건 내가 인생을 즐기고 있기 때문이야." 그러자 친구는 이렇게 외쳤다. "네 인생에는 즐길 거리가 많으니까 그렇지!" 내가 답했다. "맞아. 왜냐하면 나는 내가 가진 모든 것을 즐기니까." 친구는 미소를 지었다. 그의 표정을 보니 그가 나의 힘들었던 시기를 떠올리고 있다는 것을 알 수 있었다.

사람들은 자신이 가진 것이 크든 작든 그것을 기꺼이 축하하고 즐기려는 마음이 인생에서 긍정적인 감정의 고리를 만들어낸다는 사실을 모를 때가 많다. 성장과 확장은 기쁨과 감사의 감정에서 비롯된다. 이 장에서는 의식적으로 즐거움을 만들고 삶에서 그 효과를 누리는 방법에 대해 살펴볼 것이다.

| 즐거움은 왜 중요한가 |

자기표현과 자아상의 관계가 우리의 선택과 행동에 어떠한 영향을 미치는지 알았다면 자연스럽게 SEE 피라미드의 세 번째 단계인 '즐거움'으로 이동할 수 있다.

SEE 피라미드에서 위로 올라갈수록 우리는 더욱 진정성 있고 당당한 나 자신이 된다. 또한 자연스럽고 편안한 감정을 느끼는 방식으로 살기 시작하고, 기쁨과 성취감을 가져다주는 삶을 일구기 시작한다. 즐거움은 삶의 궁극적인 목표다. 우리가 인생에서 무언가를 원하는 이유는 그것이 우리를 행복하게 해 줄 것이라고 생각하기 때문이다. 우리가 인생에서 어떠한 행동을 하는 이유도 그것이 언젠가 우리를 기쁨으로 인도해줄 것이라고 생각하기 때문이다. 하지만 안타깝게도 인생에서 이뤄지는 수많은 행동과 성취가 늘 행복으로 이어지는 것은 아니다. 우리는 늘 기쁨을 좇지만 실제로 이를 찾는 경우는 매우 드물다.

인생은 즐거워야 마땅하지만 불안이나 두려움 또는 스트레스를 느끼면 즐거움에 다가가기 어렵다(불가능하지는 않더라도). 온전히 나답게 살 때 인생을 훨씬 쉽게 즐기며 살 수 있다. 이 책을 읽으면서 당신이 자신의 모습을 더 편안하게 받아들이고 자신을 더 진정성 있게 표현할 수 있게 되기를 바란다. 진정성 있는 자기표현과 내면의 안정은 언제, 어디서든 삶을 즐길 수 있는 능력을 선사해 줄 것이다.

의식적으로 컴포트존을 만들고 꾸준히 가꾸어나가면 물리적 현실이 어떤 모습이든 삶에 즐거움과 긍정이 스며들 수 있다. 긍정, 희망, 낙관주의는 컴포트존 안에서 싹튼다. 우리가 안전과 평화를 느낄 수 있어야 사랑, 감사, 기쁨, 평화, 설렘, 행복을 느낄 수 있는 마음의 상태가 만들어지기 때문이다. 내가 이야기하는 진정한 행복과 만족은 더 많은 것을 얻거나 더 나은 상황에 처했을 때 얻어지는 것이 아니라, 우리가 마침내 시선을 안으로 돌려 자신 주변의 수많은 축복을 볼 수 있게 되었을 때 얻어지는 것을 말한다. 그것은 바로 '지금 이 순간의 즐거움'이다. 마음이 즐거운 상태에서는 컴포트존을 쉽게 확장할 수 있고 그 여정 자체를 즐길 수 있다. 당신이 자신의 기호와 욕구를 존중하는 방향으로 의식적인 선택을 내리게 되면 마치 끝없는 휴가를 즐기듯 당신의 일상이 좋은 날로 가득 찰 것이다.

인생에서 내리는 모든 결정은 즐거움을 만들고 키워 나갈 수 있는 내면의 집을 지을 기회다. 즐거움은 자신의 목표와 욕구와 필요를 만족시키는 생각, 행동, 상황에 몰두할 때 경험하는 긍정적인 감정이다. 기쁨, 의미, 안정감, 사랑, 소속감에 대한 욕구가 충족되면 그에 대한 보상으로 즐거움을 얻게 된다. 연구에 따르면 즐거움은 웰빙과도 밀접한 관련이 있다. 즐겁게 살기 위해 노력하면 삶의 질이 향상되는 것은 물론 수명도 늘어난다.

일상에서 긍정적인 마음가짐에 우선순위를 둘수록 우리가 경험하는 즐거움의 질은 높아진다. 긍정은 컴포트존으로 들어가는 관문이다. 긍정의 힘을 활성화하면 우리는 스스로 컴포트존 안으로 들어가게 된다. 그러면 감정을 느끼는 방식이 달라지고, 나 자신과 타인에게 말하는 방식도 달라진다. 기쁨을 주는 유익하고 즐거운 활동에 집중하면 우리의 행동 방식에 변화가 생긴다.

지금까지 즐거움이 왜 SEE 피라미드의 맨 꼭대기에 위치하는지, 하위 단계 요소들이 어떻게 즐거움을 뒷받침하고 있는지에 대해 이야기를 나누었다. 즐거움은 재미, 몰입, 감사, 창의성의 네 가지 핵심 요소로 나누어져 있다. 내가 나의 인생에서 즐거움의 요소를 극대화하기 위해 꾸준히 실천했던 몇 가지 실용적인 도구와 활동을 지금부터 공유하고자 한다. 이 활동을 통해 즐거움의 요소를 의식적으로 활용할수록 성취감과 창의성, 삶에 대한 애정을 더욱 높일

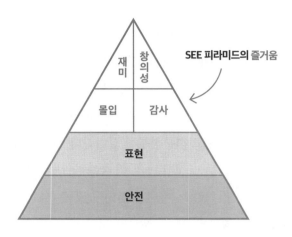

| 즐거움의 4가지 요소 |

SEE 피라미드의 즐거움

재미 / 창의성

몰입 / 감사

표현

안전

수 있을 것이다. 지금 이 순간 자신의 마음에 가장 와닿는 활동을 택해 실행해보자.

| 무엇을 할 때 가장 재밌나요? |

컴포트존으로 다시 돌아가는 가장 빠르고 쉬운 방법 중 하나는 재미있는 일을 하는 것이다. 과도한 성취와 스트레스로 가득 찬 현대사회에서는 재미가 과소평가되고 있다. 많은 사람이 고된 노동을 신성한 것으로, 즐기는 행위를 유치한 것으로 여기며 "열심히 일하고 열심히 놀아라.", "놀지 말고 계속 일해라."와 같은 말을 하는데, 여기서 '논다'라는 단어는 재미, 혹은 어쩌면 무책임한 행동을 의미하고 '일하다'라는 단어는 어른으로서의 책임감을 의미하는 것처럼 보인다.

즐겁게 논다는 것은 우리가 할 수 있는 가장 인간적인 일 중 하나다. 재미, 웃음, 흥분, 감사, 즐거움 등은 서로 밀접하게 연관되어 있을 때가 많다. 이러한 요소 중 한 가지를 활용하면 다른 요소에도 접근할 수 있다. 그런데도 대부분의 사람은 자신에게 즐거운 일이 무엇인지 묻지 않고 하루하루를 살아간다. 하던 일을 잠시 멈추고 즐거운 시간을 갖는 것이 마치 더 중요한 일을 미루거나 무책임한 행동을 하는 것처럼 느껴진다. 심지어 몇 주, 또는 몇 달 동안 즐겁다고 느끼는 활동을 단 한 가지도 하지 않고 살아갈 수도 있다. 최악의 경우, 즐겁게 지내지 않는 것을 생산적인 어른이 되었다는 뜻으로 여기게 될 수도 있다. 마치 '어른이 되기 위한' 요건 중의 하나가 재미없고 무미건조한 사람이 되는 것이라고 믿는 것처럼 말이다. 지금 스스로 이 질문을 던져보자.

'오늘 내가 재미있게 할 수 있는 일 한 가지는 뭘까?'

이 질문에 답하기 위해 일상의 어떤 부분도 바꿀 필요가 없다는 점에 유의하자. 어떤 즐거운 일을 하겠다고 선택하는 것은 인생을 사는 것과 별개의 일이 아니며, 별개의 일이어서도 안 된다. 당신의 하루가 업무 회의와 마감으로 가득 차 있더라도 사이사이에 재미를 조금씩 뿌려 넣을 수 있다. 나는 일을 하거나 글을 쓰다가 막막함을 느낄 때면 의도적으로 그 일에서 벗어나 내가 즐겁다고 느끼는 활동을 한다. 아이들을 놀이터에 데리고 나가 함께 뛰어놀거나, 기발한 물건을 만들거나, 재미있는 영상을 시청하기도 한다. 그런 다음 다시 책상으로 돌아오면 기분이 상쾌하고 활력이 넘쳐 결과적으로는 생산성이 전보다 훨씬 더 높아진다.

'즐거움은 태도'라는 사실과 '가장 힘든 날에도 즐거움을 찾을 수 있다'는 사실을 깨달으면 인생을 더욱 즐길 수 있게 된다. 즐거움은 우리 밖의 세계에서 기인하는 것이 아니라 그 세계와 상호작용을 하겠다고 결심한 우리의 선택에서 기인하는 것이므로 즐거움을 삶으로 끌어들이기 위해 우리가 바꿔야 할 것은 아무것도 없다.

■ **컴포트존 실천하기** ■

인생에 재미있는 일을 더하자

바로 지금 펜과 종이를 꺼내 몇 분만 시간을 내어 다음의 질문에 대답해보자. 이 활동을 통해 자신의 기호와 자신이 즐겁다고 생각하는 일이 무엇인지 조금 더 명확하게 파악할 수 있다. 당신이 좋아하는 그 일에 이름을 붙이고 하루에 하나 혹은 그 이상을 실천해 생활에 재미를 더할 수 있는지 살펴보자.

- 오늘 내가 재미있게 할 수 있는 일은 무엇인가?
- 내가 일상적으로 즐겁게 하는 일은 무엇인가?
- 하루 중 무엇을 할 때 가장 즐거운가?
- 나에게 죄책감 없이 기쁨을 주는 음식은 무엇인가?
- 내가 마지막으로 정말 신났던 때는 언제인가? 나를 신나게 만든 것은 무엇이었는가?

- 원하는 것은 무엇이든 할 수 있고 그것으로 성공할 수도 있다면 무엇을 하고 싶은가? 나는 이런 종류의 일을 재미있다고 생각하는가?
- 나에게 쉽게 느껴지는 활동은 무엇인가?
- 자연스럽고 직관적이라 느껴지는 활동은 무엇인가?
- 나는 하루 종일 어떤 유형의 생각을 가장 많이 하는가? 그러한 생각을 하면 기분이 어떤가?
- 나는 지금 어떤 것에 설렘을 느끼는가?

앞으로 일주일 동안 아침에 일어나면 스스로 이 질문을 던져보자. '오늘 내가 재미있게 할 수 있는 한 가지 일은 뭘까?' 그런 다음 그 일을 하루 중 어느 때고 꼭 실천해보자!

| 몰입할수록 긍정을 경험한다 |

연구에 따르면 우리는 어떠한 활동에 완전히 몰입할 때 그 활동에 더욱 즐겁게 임할 수 있다. 온전한 집중력을 요하는 활동에 참여할 때 진정으로 현재에 충실할 수 있기 때문이다. 시합이 한창인 선수가 어제 나눈 대화나 앞으로 있을 경기에서 일어날 일에 대해 생각하고 있을 수는 없다. 공연 중인 피아니스트가 그날 저녁에 어떤 음식을 만들어 먹을지 고민하고 있을 수는 없다. 운동선수나 피아니스트가 어떤 이유에서든 과거나 미래에 마음을 빼앗기게 되면 그들의 경험과 잠재적인 노력의 결과는 장담하기 어려워진다. 현재에 충실하거나 몰입하지 않으면 하고 있는 모든 일이 어렵게 느껴지고, 하지 않아도 되는 실수를 계속 범하게 된다.

영어에서 무언가에 완전히 집중한 상태를 표현할 때 종종 '인 더 존in the zone', 즉 몰입해 있다고 말한다. 실제로 몰입 상태에서는 다른 일에 대한 생각이 전혀 나지 않을 정도로 그 일에 집중하게 된다. 여기에 나는 단어 하나를 추가해서 '인 더 컴포트존in the comfort zone'이라고 말하곤 한다. 몰입이야말로 컴포트존에서 할 수 있는 최상의 경험이기 때문이다.

내가 인생에서 가장 즐겁게 참여하는 활동은 온전히 몰입할 수 있는 활동이다. 그러한 활동에는 아이들과 숨바꼭질하기, 요리하며 춤추기, 해변에서 달리기, 책 집필하기, 러닝머신 책상(러닝머신 위에서 걸으며 일을 할 수 있도록 만들어진 책상—옮긴이)에서 일하기, 반려견과 공놀이하기, 산에서 하이킹하기, 하루를 마무리하며 남편과 대화 나누기 등이 있다. 이러한 활동에 참여할 때 나는 온전히 그 순간에 집중한다. 다른 곳에 가거나 다른 일을 하고 싶은 마음이 들지 않는다. 그러다 보니 종종 그 순간을 깊이 음미하고 있는 나 자신을 발견하곤 한다. 무언가를 음미하면 더욱 긍정적인 경험을 할 수 있고 그 순간에 대한 즐거움은 더욱 커진다. 그리고 이는 삶의 질을 향상시킨다.

다음은 현재의 순간에 더 자주 집중할 수 있도록 도와주는 활동이다. 이를 통해 자신에게 기쁨을 주는 활동에 온전히 몰입하여 컴포트존으로 더욱 손쉽게 진입할 수 있다. 아무리 평범해 보이는 활동이라도 그 순간에 집중하고 몰입하다 보면 큰 변화를 경험할 수 있다.

| 감사하면 보이는 것들 |

감사는 즐거움을 끌어내고 극대화하는 데 중요한 역할을 한다. 잘 풀리는 일이 무엇인지 파악하고 그에 대해 감사하는 마음을 가지면 우리의 뇌와 인생은 더 큰 즐거움을 만들기 위해 재구성되기 시작한다. 사실 컴포트존에 가장 빨리 도달할 수 있는 방법 중 하나가 바로 감사다. 내가 가장 좋아하는 방법이기도 하다. 일단 컴포트존에 들어가면 그곳을 충분히 음미하는 방식을 통해 컴포트존에 머무르는 시간을 연장할 수 있다.

감사는 태도다. 감사하는 마음을 가지려면 세상을 바라보며 좋은 것과 긍정적인 것을 기꺼이 발견하고자 하는 의지가 있어야 한다. 우리가 하는 다른 모든 행동과 마찬가지로 감사는 근육이기도 하다. 감사할 대상을 더 많이 알아차릴수록 감사할 일은 더 많이 늘어난다. 우리가 감사를 통해 희망, 열린 마음, 소통, 안정, 사랑 등의 감정을 느끼면 감사는 긍정의 순환고리를 만들어 자체적으로 순환하며 확장해 나간다.

삶에서 잘 풀리는 일에 대해 감사하는 습관이 없거나 잘 풀리지 않는 일에만 집착하며 끝없는 불평을 늘어놓는 습관이 있다면 감사할 일을 찾기가 어려울 수 있다. 나 또한 그런 경험이 있기 때문에 일부분 이해가 된다. 그래서 감사를 생활화하기 위해 노력해야 한다고 자신 있게 말할 수 있다. 나는 감사하는 태도가 내 인생을 변화시킨 가장 핵심적인 요소 중 하나라고 생각한다.

진정으로 풍요로운 삶은 축복으로 가득 찬 삶이다. 진정으로 행복한 사람은 다른 사람들보다 운이 더 좋은 사람이 아니라 선한 일에 의식적으로 꾸준히 집중하는 법을 배운 사람들이다. 잘 풀리는 일에 집중할수록 더 많은 일이 내 삶에 유리하게 풀린다. 어디를 가든 감사하는 마음을 지니는 사람만이 축복으로 가득 찬 삶을 살 수 있다. 사실 축복은 언제나 우리 주변에 있다. 우리가 바라보는 모든 곳, 내딛는 모든 발걸음마다 기적이 피어나고 있기 때문이다.

기적은 언제나 우리가 바라봐주기를,

그래서 꽃피울 수 있게 되기를 기다린다.

이미 우리 주변에 있는 축복과 기적, 긍정적인 결과에 다가서는 가장 쉬운 방법은 바로 그 존재에 감사하는 법을 배우는 것이다.

■ **컴포트존 실천하기** ■

아침, 저녁마다 감사한 것 적기

매일 아침과 저녁에 감사한 일을 한 가지씩 적어보자. 그리고 스스로 "나는 왜 이것에 감사한가?"를 묻고, 그 이유를 두 가지씩 구체적으로 적는다. 예를 들어 다음과 같다.

- 나는 오늘의 날씨에 감사하다.
- 너무 덥지도, 춥지도 않아서 달리기를 할 수 있었기에 감사하다. 날씨가 약간 흐려서 마당에 있는 꽃 사진을 멋있게 찍을 수 있어서 감사하다.

| 내 안의 창조성을 꺼내라 |

컴포트존에서 안전하게 자신을 표현하고 자신의 일을 즐기고 있다고 느낄 때 우리는 가장 깊은 수준의 창의성에 쉽고 빠르게 다가갈 수 있다. 이전에는 생각하지 못했던 아이디어가 떠오르고, 문제를 더 쉽게 해결하며, 마음에 드는 창작물을 만들어낼 수도 있다. 창의적인 일에 참여하는 것은 몰입과 즐거움 그리고 컴포트존으로 향하는 통로가 될 수 있다.

몇 년 전, 내 친구 한 명이 삶에서 깊은 좌절을 느끼고 우울증을 앓았다. 당시 집에서 사업을 하던 그는 자기만족지대에 빠지면서 고객과 사업을 모두 잃게 되었다. 하지만 몇 달 뒤 다시 만난 그는 전보다 훨씬 밝아진 모습으로 자신의 우울증이 얼마나 깊고 심각했는지 이야기해 주었다. 나는 놀란 마음을 감추며 물었다. "어떻게 그 어둠에서 벗어날 수 있었어?" 그가 대답했다. "피아노 덕분이야." 공교롭게도 그는 얼마 전에 피아노를 구입했는데, 유난히 힘들던 어느 날 스스로 피아노 치는 법을 배워야겠다는 생각이 들었다고 했다. 그는 이렇게 말했다. "유튜브 영상으로 간단한 음계와 연주곡을 익혔어. 특별한 음악적 재능이 있는 것도 아니고, 레슨을 받아본 적도 없어서 기초부터 배워야 했지." 피아노를 배우는 것은 그가 예상했던 것보다 훨씬 더 어려웠다. 가장 기본적인 멜로디를 익히는 데만 해도 몇 시간 동안 꼼짝없이 앉아 집중해야만 했다. 온전히 몰입하고 적극적으로 임해야만 가능한 일이었다. 그는 이렇게 말했다. "어느새 내가 하루에 몇 시간씩 연습을 하고 있더라. 박자에 맞춰 정확히 건반을 누르는 게 그렇게 뿌듯할 수가 없었어. 정확한 멜로디를 만들어내는 게 그렇게 기분 좋은 일인지도 몰랐지." 영문도 모른 채 시작한 이 단순한 창의력의 표출이 친구를 우울증에서 벗어나게 해주었다. 친구의 기분은 차츰 나아지기 시작했고, 심지어는 공허하기만 했던 하루의 끝에 성취감을 맛보게 되었다.

주변에서 이와 비슷한 이야기를 많이 들었다. 한 친구는 줌바를 통해 어두운 시기에서 헤어날 수 있었다. 지인 중 한 사람은 스스로 목숨을 끊어야겠다고 결심한 그날부터 책을 쓰기 시작했고, 그 책이 베스트셀러가 되었다고 고백했다. 또 다른 어떤 이는 지금껏 시도해 본 적은 없지만 그림을 그리기 시작했다. 이러한 사례는 끝이 없다. 우리의 영혼은 표현되기를 원한다. 그렇기 때문에 창의성을 발휘하는 것은 매우 기분 좋고 보람 있는 일이다.

■ **컴포트존 실천하기** ■

창의적인 활동 목록 만들기

항상 해보고 싶었지만 실행에 옮기지 못했던 창의적인 활동은 무엇인가? 그림 그리기, 책 쓰기, 장신구 만들기, 시 쓰기, 춤 배우기, 악기 연주하기, 가구 만들기 등 여러 가지가 있을 수 있다. 무엇이든 상관없다. 오늘 실행에 옮길 수 있는 일 중에 창의성을 발휘하는 데 한 발짝 더 다가갈 수 있는 일은 무엇인가? 그림을 그리고 싶다면 미술용품을 구입하는 것이 그 일이 될 수도 있다. 춤을 추고 싶다면 근처에 있는 교습소를 찾아보거나 온라인 클래스 또는 무료 동영상 강의를 찾아볼 수도 있다. 액세서리를 만들고 싶다면 필요한 재료를 찾아보면 좋을 것이다.

하고 싶은 일을 하는 데 필요한 몇 가지 목록을 단계별로 작성한 다음, 앞으로 3일 이내에 그중 한 단계를 실행에 옮겨보자.

| 이 장을 마치며 |

당신은 인생을 즐기기 위해 이곳에 있다. 그것이 우리의 주된 목표다. 즐거움은 당신의 궁극적인 목표이자 가장 명확한 성공의 척도다. 컴포트존에서 생활하면 즐거움은 쉽고 지속적이며 규칙적인 삶의 일부가 된다. 그것이 바로 즐거움이 SEE 피라미드의 맨 꼭대기에 위치하는 이유다.

삶에서 즐거움을 느낄 수 있는 방법은 여러 가지가 있다. 이 장에서 소개한 네 가지 방법과 활동은 내가 가장 힘들었던 시기에 즐거움을 찾는 데 도움이 되었던 것들이다. 언젠가 힘든 시기가 찾아오면 당신도 즐거움, 몰입, 감사, 창의성을 통해 컴포트존으로 다시 돌아가는 길을 찾을 수 있기를 바란다.

SEE 피라미드를 통해 알 수 있는 사실은 내면의 안정감을 바탕으로 자신의 기호를 지속적으로 파악하고 다듬어 나가면 자연스럽게 기분이 더 좋아진다는 것이다. 기분이 좋아지면 더 많은 영감을 얻고, 더 설레고, 더 희망적인 느낌이 들기 시작한다. 내가 진정으로 원하는 삶을 향해 나아가는 추진력도 생기기 시작한다. 심지어 외부의 불확실성이 커져도 나의 내면은 더욱 편안해진다. SEE 피라미드는 컴포트존을 구축하고, 강화하고, 확장하는 데 도움을 준다. 이미 컴포트존에 도달했다면 당신은 SEE 피라미드를 더 의식적으로 일관성 있게 활용하는 데 도움이 되는 귀중한 통찰력을 얻을 수 있었을 것이다. 하지만 컴포트존과 용기의 관계를 살펴보지 않고는 이 대화를 완성하기 어렵다. 이 부분에 대해서는 다음 장에서 계속 다루도록 하겠다.

10장

지금의 나를 믿는 용기

1단계 | 정의하기

자신이 꿈꾸는 삶을 명확하게 정의하고 실현하기 위해서는 정직함과 강인함 그리고 유연함이 필요하다. 자신의 기호와 현재의 마음 상태를 솔직하게 성찰하는 자세도 필요하다. 내가 어떤 물리적 혼란을 부정하고 정당화하면 해소하기 어려워지는 것처럼, 눈에 보이지 않는 비물리적인 혼란도 마찬가지다. 지금까지의 여정에서 가장 중요한 목표는 자신의 내면의 상태를 솔직하게 파악하고 판단이나 변명 또는 부끄러움 없이 있는 그대로 받아들이는 것이었다. 자신의 현재 상태를 인정하는 것은 그 자체로 삶을 변화시킬 수 있다. 많은 사람이 자신이 처한 현재 상황을 솔직하게 인정하며 인생의 방향을 바꾸기도 한다.

주로 외면을 통해 스스로 평가하는 데 익숙한 사람이라면 내면을 들여다보고 자신의 생각, 기호, 자아상, 선택, 행동을 솔직하게 인정하는 것이 두렵게 느껴질 수도 있다. 자신의 내면에 친숙해지는, 보다 더 편안한 방법을 제시하기 위해 노력하고 있지만 당신에게는 이 이야기들이 마치 미지의 영역을 탐색하는 것처럼 어렵게 느껴질 수도 있을 것이다.

혼자 가만히 생각에 잠기는 일이 어려울 수 있다는 것을 이해한다. 자신의 현실과 마주할 때면 때때로 스스로 무가치하고, 마음에 들지 않고, 부족하기만 한 사람이라는 생각이 들면서 수치심의 불씨에 부채질하는 것 같은 순간도 있을 것이다. 나는 당신이 자아 성찰의 과정을 거쳐 컴포트존을 구축해 나갈 때 그러한 과정을 거치지 않기를 바란다. 많은 이들이 여기까지 왔다가 멈추고 원래의 자리로 다시 돌아가 버린다. 이 갈림길 위에서 당신에게 더 나은 방향을 제시하고 싶다. 스스로 판단하지 말자. 부정적인 감정이 떠올라도 지나가는 손님처럼 내버려 두자. 부정적인 생각과 감정이 우리 내면에 영원히 자리 잡도록 허용하면 내면의 상태가 불균형해지고 결국 컴포트존 밖으로 밀려나게 된다.

이 책은 단순히 더 편안해지는 방법을 알려주려는 책이 아니다. 나는 당신이 가장 쉽고, 가장 안전하고, 가장 즐거운 방법으로 자신이 갈망하는 가장 원대한 꿈, 그 이상으로 성취하기를 바란다. 다음 장에서는 '나만의 컴포트존 설계하기'의 2단계와 3단계로 넘어가 컴포트존에서 행동한다는 것이 어떤 것인지에 대해 자세히 설명할 것이다. 하지만 그전에, 내가 발견한 가장 특별한 사실 중 하나를 당신에게 공유하고 싶다. 그것은 바로 도전하는 용기와 편안함이 동시에 존재할 수 있고, 실제로도 그렇다는 사실이다. 잘못 읽은 것이 아니다! 용기를 내면서도 컴포트존에 계속 머무를 수 있다는 생각은 신선하게 느껴질 수도 있고 반감을 불러일으킬 수도 있다. 어느 쪽이든 당신이 열린 마음으로 귀를 기울여주기를 바란다.

| 용기는 어디에서 나오는가 |

사람들은 종종 용기와 편안함이 상반되는 개념인 것처럼 말한다. 나는 용기와 편안함 중 한 가지만 선택해야 한다는 말을 들은 적도 있다. 하지만 내 경험에 따르면 이 둘 사이에는 그보다 훨씬 더 흥미로운 상관관계가 있다. 결론부터 말하자면 우리는 편안한 상태에서 용기 있는 행동을 할 수 있다.

안전하고 창의적이며 즐거운 컴포트존을 만들고 그 안에서 살기 위해서는 편안함과 용기가 공존해야 한다고 믿는다. '나만의 컴포트존 설계하기' 1단계에서 나는 당신에게 자신의 현재 위치를 인정하기 위해 용기를 내라고 말했다. 자신이 진정으로 좋아하는 것과 싫어하는 것을 정의하려면 용기가 필요하다. 자신을 위해 안전한 환경을 조성하고 주변 사람들에게 내가 만든 환경의 바운더리를 알리는 데에도 용기가 필요하다. 나를 무기력과 고통에 빠트리는 내면의 혼란을 해소하려면 나 자신에게 솔직하고 나의 취약함을 인정해야 하는데, 그때에도 용기가 필요하다. 안전과 마음의 평화를 위협하는 생각, 습관, 환경, 사람에 굴복하지 않고 나의 내면을 보호하려면 용기가 필요하다. 지금까지 컴포트존 실천하기 활동에 참여했다면 이미 많은 용기를 내어 용감한 행동을 취한 것이다.

지금까지 얼마나 용기를 냈는지, 지금 얼마나 용기를 내고 있는지, 원하는 삶을 살기 위해 앞으로 얼마나 더 용기를 낼 수 있는지 생각하며 스스로에게 박수를 보내자.

편안함을 즐기려면 용기가 필요하다

용기와 컴포트존 사이에 흥미로운 상관관계가 있다(173쪽 그림 참고). 컴포트존은 용기와 편안함의 교집합 영역에 존재한다. 컴포트존에서는 이 둘의 원동력이 함께 작용하므로 편안하고 안전한 환경이 만들어져 나만의 방식대로 살아가며 자유롭게 나를 표현할 수 있다.

적절한 용기가 없으면 두려움에 굴복하고 자기만족에 빠지기 쉽다. 폭력적인 관계를 견디거나, 중독에 빠지거나, 두려움에 굴복하는 것도 바로 그때다. 스스로 일어서기 어렵거나, 혼란스럽거나, 출구 없이 갇혀 있다는 느낌을 받는 것도 바로 그때다. 반면 편안함이 없는 맹목적인 용기는 스트레스와 중압감과 엄청난, 피로를 안겨주는 생존지대로 우리를 밀어 넣는다. 살아가는 행위 자체가 용기를

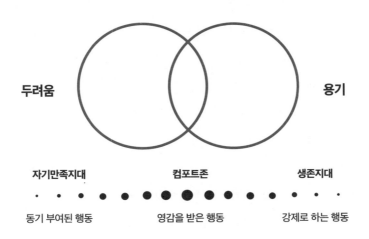

| 용기와 컴포트존의 상관관계 |

필요로 하는 일이 된다. 모든 아이는 걷는 법을 배우기 전에 휘청거리고 넘어진다. 내가 만든 무언가를 타인과 공유하거나, 자동차를 운전하거나, 실수에 대해 사과하거나, 스포츠를 즐기거나, 새로운 음식을 시도하거나, 꿈을 좇거나, 어려운 대화를 이어가거나 하는 등의 모든 새로운 일에는 어느 정도의 용기가 필요하다. 용기가 없으면 현실에 안주하기 쉽고 새로운 것을 시도하지 않게 된다. 기회를 거절하기 쉬우며 무섭고 낯선 일에는 주저하게 된다.

컴포트존에 있다는 것은 "나를 불편하게 하거나 두렵게 하는 일은 절대 하지 않겠다."라고 선언하는 것이 아니다. 컴포트존에 있으면 불편한 감정이 떠올라도 내가 하고 싶은 일을 할 수 있을 만큼 안전하다고 느끼게 된다. 의심과 두려움에 굴복하지 않게 된다. 모든 일이 잘될 것이며, 나에게 필요한 도구와 지원이 필요로 하는 바로 그 순간 나타날 것이라고 확신하게 된다.

까다로운 대화를 잘 풀어나갈 수 있는 것은 자신의 생각을 명확하고 단호하면서도 친절하게 표현할 수 있기 때문이라는 사실을 깨달을 때 당신은 컴포트존에 있다. 당신이 사업을 일구는 동안, 무슨 일이 있더라도 뭔가 새로운 것을 창조하고 세상과 공유하는 경험을 통해 더 강해질 수 있다고 믿는다면 당신은 컴포트존에 있는 것이다. 거절당할 위험을 무릅쓰고 좋아하는 사람에게 데이트 신청을 하는 것은 그 사람이 진정한 내 짝이라면 나와 같은 감정을 느낄 것이고, 그게 아니라면 내 감정에 화답하지 않아도 괜찮을 것이라는 믿음이 있기 때문이다. 대부분의 사람이 이러한 균형을 찾는 일에 어려움을 느낀다. 그러다 보면 용기가 필요한 행동에 직면했을 때 움츠러들고 후퇴하게 된다. 이러한 사람들은 안전하지 않다고 느끼기 때문에 긍정적인 결과가 나올 수 있다는 사실을 믿지 못한다. 일이 계획대로 진행되지 않아도 어떻게든 일이 잘 풀릴 수 있다는 사실을 믿지 못한다. 그 결과 발전도, 안정도 없는 자기만족지대에 자신을 가두게 된다.

| 나의 신념을 따른다는 것 |

편안함이라면 모두 '속임수' 또는 '게으름'이라고 여기는 사람들이 있다. 무언가를 편안하게 해냈을 때 죄책감을 느끼기도 하고, 편안함을 추구하는 것이 자신의 약점이라고 생각하기도 한다. 나는 희생과 고통이 없는 삶은 의미가 없는 삶이라고 믿는 한 여성을 알고 있다. 그를 안나라고 부르겠다. 안나는 40대 초반이었지만 대부분의 가족을 잃고 엄청난 고통 속에서 살고 있었다. 아마도 그는 그 상실감 때문에 살아갈 가치가 있는 삶은 반드시 고단할 수밖에 없다는 결론에 도달했는지도 모르겠다. 그는 삶이 고통스럽고 힘들수록 더 의미 있다고 믿었다.

하지만 그것은 안나가 슬픔을 겪으면서 스스로 내면화한 위험한 신념 중 하나에 불과했다. 나는 대화를 나누며 그의 내면을 엿볼 수 있는 다른 말도 들었다.

"내가 무언가를 사랑하면 사랑할수록 상실했을 때의 아픔이 너무나 크다."

"아무도 나를 위해 무언가를 해주지 않는다. 나는 모든 것을 스스로 해야 한다."

"나는 어떤 상황에서도 살아남을 수 있을 만큼 강해져야 한다."

"나는 세상과 맞서 싸워야 한다. 세상이 내가 사랑하는 모든 것을 빼앗아갔기 때문이다."

"나는 절대 경계를 늦출 수 없다."

내면화된 신념 때문에 안나의 인간관계와 우정, 심지어는 비즈니스 파트너십까지 모두 흔들리고 무너질 위기에 처하게 되었다. 원인은 종종 그의 행동에 있었다. 그는 자신의 친구나 연인이 그 누구보다 자신을 우선순위로 두고 있는지 시험하곤 했다. 최후통첩을 날리고 무리한 요구를 하며 그들의 행동을 통제하려 들었고, 갈등이 일어날 만한 구실을 찾아 거의 모든 주변 사람과 다퉜다. 그 누구도 그를 감싸주지 않았다. 이웃, 친구, 사업 파트너, 남자친구 등 자신과 가까운 사람일수록 그들의 행동을 통제하거나 갈등을 일으키려고 했다.

소중한 사람을 잃을지도 모른다는 불안과 두려움이 타인을 통제하려는 욕구로 나타난 것이다. 이 모든 일의 핵심은 안나가 '안전하지 않다'고 느낀 데서 기인했다. 그리고 그것은 컴포트존에서 생활할 때 느끼는 감정과 정반대의 감정이었다. 안나가 견뎌야만 했던 상실감은 그에게 컴포트존을 적으로 여기라는 교훈을 남겼고, 따라서 진정한 안식을 주는 내면의 안전한 장소로 돌아가는 것이 불가능해지고 말았다. 삶에 용기를 불어넣어 줄 편안함이 없었기 때문에 그는 고통을 동력 삼아 갈등으로 가득 찬 삶을 살게 된 것이었다.

안나와 정반대의 사례도 있다. 샌디라는 여성은 교통사고로 딸과 사위 그리고 두 살배기 손자를 모두 잃었다. 그 일이 있기 몇 년 전 남편과 사별하게 된 사고 당시 그도 차 안에 있었다. 딸의 집을 방문하기로 한 샌디를 공항으로 마중나온 딸과 가족들이 다른 차에 추돌을 당했고, 그 사고로 그에게 남은 유일한 가족이 한순간에 그의 인생에서 사라져 버렸다. 하지만 이 비극이 샌디의 즐겁고 활기찬 인생에 제동을 걸지는 못했다. 내가 그를 만난 때는 사고가 일어나고 10년이 흐른 뒤였다. 그의 삶은 여전히 활기차고 웃음이 넘쳤다. 재혼은 하지 않고 하루하루 흥미진진한 모험을 즐기고 있었다. 너그럽고 친절한 마음으로 친구들과 우정을 키워 나가고 있었고, 지역 대학에서 수업을 들었으며, 자선 단체에서 봉사활동을 하고, 게임의 밤을 주최하고, 여행을 다녔다.

샌디의 집은 고인이 된 남편, 딸, 사위, 손자의 사진으로 가득 차 있었다. 사진을 보는 것이 고통스럽지 않냐는 나의 질문에 그는 이렇게 답했다. "전혀요. 제 딸과 가족은 그 사고로 목숨을 잃었지만 저는 살아남았어요. 살아남았는데 살아가지 않는 것은 무의미한 일이에요." 그가 이 비극적인 상실로부터 얻은 교훈은 안나가 얻은 교훈과 완전히 달랐다. 그는 이런 이야기들을 말했다. "인생은 소중합니다. 우리는 인생을 즐겨야 해요." "우리는 최선을 다해 인생을 사는 방식으로 고인을 추모해야 합니다." "가장 사랑하는 사람들을 잃으면서 저는 매 순간 감사해야 한다는 것을 배웠습니다. 지금 이 순간이 우리가 가진 전부이기 때문입니다." "저도 곧 하늘에 있는 가족들을 만나게 되겠지요. 그때까지 그들을 위해 즐겁게 시간을 보낼 겁니다."

우리가 가진 신념에 따라 삶의 질은 이렇게 달라진다! 우리는 우리가 택한 생각과 신념에 따라 인생의 경험을 만들어 나간다. 샌디는 안전함을 느끼는 자신의 컴포트존 안에서 지낼 수 있는 생각과 신념을 선택한 반면, 안나는 스스로를 컴포트존 밖으로 끊임없이 밀어내고 자신을 위협과 위험에 처하게 하는 생각과 신념을 택했다. 두 여성 모두 비극적인 사고로 가족을 잃은 후 일상으로 돌아오기 위해 엄청난 용기를 발휘해야 했다는 사실에는 의심할 여지가 없다. 그러나 편안함과 안전함에 다가설 수 있는 능력, 혹은 그 능력의 부재로 두 여성은 매우 다른 삶을 살게 되었다.

이 책을 쓰며 내가 바라는 바는 당신이 꾸준한 연습을 통해 용기가 필요한 순간 자신에게 내재된 용기를 꺼내 그것을 십분 발휘하여 컴포트존에 머무를 수 있게 되는 것이다.

| 이 장을 마치며 |

잘했다! 당신은 10장을 모두 읽고, 나만의 컴포트존 설계하기의 1단계인 '정의하기'를 모두 완료했다. 용기와 편안함의 관계를 살펴보고, 여기에서 소개한 도구와 아이디어를 통해 용기를 내는 것이 쉽고 자연스러운 일로 느껴지기를 바란다. 자신이 선택한 삶을 위해 용기 있는 행동을 하는 일은 쉽고, 자연스럽고, 편안해야 한다! 실제로 당신은 자신이 생각하는 것보다 훨씬 더 용감한 사람이다.

컴포트존 안에서 사는 사람들은 종종 다른 사람들의 눈에 용기가 필요한 일로 보이는 행동을 한다. 이들은 쉽지 않은 대화를 나누고, 명확하게 바운더리를 긋고, 꿈을 좇고, 온전히 자신을 표현하며, 당당하게 살아간다. 모두가 어렵다고 생각하는 일이 이들에게는 어렵지 않게 느껴지기 때문이다.

이 책을 읽으며 자신의 내면을 진정으로 들여다보는 시간을 가졌다면, 당신도 자신의 인생에서 용기 있는 일을 실천하면서 그 어느 때보다 나답게 살고 있다는 느낌을 받고 있을 수도 있다. 하지만 전에 비해 자신의 내면이 더욱더 무방비로 노출되고 있다거나, 더 쉽게 상처를 받는다거나, 더 큰 불편함을 느끼고 있다는 생각이 들 수도 있다. 하지만 그것 또한 괜찮다. 이 시점에서 당신이 취할 수 있는 용기 있는 행동은 그저 이 책을 계속 읽어나가며 깨달은 바를 실천해나가는 일일 수도 있다. 새로운 아이디어를 탐구하고 오래된 신념의 뿌리를 뽑기 위해서는 결국 용기가 필요하다.

인간으로서 경험하는 것 중 가장 흥미로운 일은

나의 삶을 있는 그대로 사랑하게 되는 순간

더 많은 것을 원하게 된다는 것이다!

욕망은 끝없이 불어나고, 더 많은 것을 원하는 우리의 욕구와 동기 또한 끝이 없다. 좋은 소식은 우리가 나 자신을 있는 그대로 인정하고 컴포트존과 평화로운 관계를 맺는다면 무한한 성장을 위한 내적 토대가 만들어진다는 사실이다!

다음 장에서는 당신의 자아상과 삶의 이미지를 크게 발전시키고 확장할 수 있는 기회가 주어질 것이다. 내가 원하는 삶을 힘차고 당당하게 살아가는, 한층 더 성장한 모습의 나를 만나보자. 무엇보다 가장 좋은 점은 당신이 꿈꾸던 삶과 바라던 자아상을 실현하고 확장하기 위해 컴포트존에서 벗어날 필요가 없다는 사실이다. 준비되었는가? 그렇다면 지금부터 2단계 '구체화하기'로 들어가보자.

11장

어떤 사람이 되고 싶은가?

2단계 | 구체화하기

인생의 목적지를 모르면 결코 그곳에 도착할 수 없다. 어디론가 가기 위해 운전대를 잡았다면 현재 나의 위치와 목적지, 이 두 가지를 알아야 한다. 네비게이션에 현재의 위치를 정확하게 입력하지 않으면 길 안내는 아무 소용이 없으며 원하는 목적지로 갈 수도 없다. 목적지를 구체적으로 정하지 않으면 연료가 다 떨어질 때까지 그 주변을 정처 없이 떠돌게 될 것이다. 인생을 사는 것도 마찬가지다. 현재 나의 위치와 목적지가 어디인지 모른다면 목표와 꿈으로 향하는 길을 찾는 데 어려움을 겪을 것이다. 길을 물어볼 수는 있지만 길 안내를 받는다고 해서 원하는 목적지에 이를 수 있는 것은 아니다. 이 말이 깊이 공감된다면 당신의 생각이 맞다!

나만의 컴포트존 설계하기를 다시 한번 살펴보자. 나의 현재를 정의하는 것이 1단계이자 지난 다섯 개 장의 목표였다. 내가 공유한 모든 설명과 예시는 당신이 시작점을 찾는 데 도움이 되기 위한 것이었다. 자신의 현재 위치를 알지 못하는 상태에서는 원하는 곳으로 가는 방법을 결코 찾을 수 없다. 나만의 컴포트존을 설계하는 2단계에서는 우리가 어디로 향하고 있는지 파악하는 것에 중점을 둘 것이다. 이 단계를 '구체화하기'라고 부르는 이유는 다음의 다섯 개 장에서 목적지에 대한 명확한 비전을 수립할 것이기 때문이다.

이것이 당신의 목적지, 즉 당신의 미래라는 점을 명심해야 한다. 그곳으로 가는 길은 당신만의 고유한 길이 될 것이다. 당신이 사는 나라에서 가장 높은 산까지 가야 한다고 상상해보자. 그런데 지도를 펼쳐 집과 산의 위치를 파악하고 두 지역을 연결하는 도로를 찾아보는 대신, 전혀 다른 동네에 사는 친구에게 전화를 걸어 친구의 집에서 산까지 가는 방법을 물어보려 하고 있다. 물론 친구에게 길 안내를 받을 수는 있지만 그것은 아무 소용이 없다. 당신이 현재 있는 곳에서 친구의 안내를 따르려 하다가는 돌고 돌아 지쳐 쓰러질 때까지 길을 헤매다가 결국 완전히 길을 잃고 말게 될 것이다. 물론 말도 안 되는 이야기처럼 느껴지겠지만, 이 예시는 우리가 다른 사람들에게 어떻게 성공했는지 물어보고 그 방법을 똑같이 따라 하려는 것과 같다.

컴포트존에서 진정한 나 자신과의 관계를 발전시키면
누군가의 성공 로드맵을 따르지 않아도 된다.

나의 욕구를 인정하고 내 모습을 있는 그대로 받아들임으로써
마침내 나만의 길을 개척할 수 있다. 당신이 지금 서 있는 곳에 원
하는 모든 곳으로 이어지는 길이 있다는 사실을 염두에 두자. 그러
나 그 길은 당신 안에 있으며 당신의 눈에만 보인다. 그 길을 따라
가려면 컴포트존에 머무르며 인생에서 어떤 경험을 하고 싶은지 결
정해야 한다. 어디서, 어떻게 그리고 어떤 사람이 되고 싶은지 모두
스스로 결정해야 한다.

| 미래의 나를 그리다, '확장된 자아' |

컴포트존은 나이테와 같다. 나무를 베면 나이테를 볼 수 있는데
나무가 크고 기둥이 두꺼울수록 나이테는 더 많이 생긴다. 나이테
는 나무의 성장과 강건함을 보여준다. 우리가 컴포트존을 외면하면
'나'라는 나무의 기둥이 가늘어져 결국 나무는 작고 나약한 상태가
되어 버린다.

컴포트존이 작아지면 부드러운 바람에도 흔들린다. 인생에 찾아
온 폭풍에 커다란 위협을 느끼게 된다. 그러나 컴포트존을 소중히
여기고 의식적으로 확장해 나가면 더욱 견고해질 수 있다. 컴포트
존이 커지면 우리는 수십 개의 나이테를 가진 성숙한 나무와 같은

| 컴포트존과 나이테 |

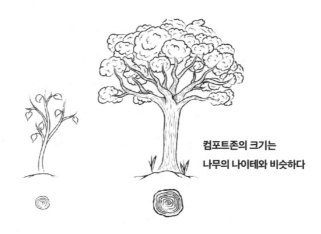

**컴포트존의 크기는
나무의 나이테와 비슷하다**

존재가 된다. 땅속으로 더 깊이 뿌리를 내리고 하늘 높은 곳으로 가지를 뻗는다. 머지않아 그 어떤 폭풍도 당신을 뿌리째 뽑아낼 수 없게 된다.

내가 컴포트존을 확장하기 위해 사용한 가장 빠르고 효과적인 방법 중 하나는 내가 어떤 사람이 되고 싶은지, 또 어떤 존재로 세상에 태어났는지에 대해 깊이 생각하고 이 자아상을 적극적으로 넓혀나가는 것이었다. 자신의 정체성을 바꾸는 것은 불가능한 일이라고 생각할 수도 있지만, 이는 사실과 거리가 멀다. 나라는 존재는 매 순간, 매일 그리고 해마다 달라진다. 세포만 하더라도 매 순간 일부가 죽고 새로운 세포가 탄생한다. 7~10년 주기로 신체의 세포는 모두 스스로 죽고 태어나는 일을 반복하기 때문에 우리는 말 그대로 완전히 새로운 사람이 된다.

문제는 자신이 어떤 사람이 되고 싶은지 의식적으로 생각하지 않으면 두려움, 의심, 제한된 신념에 사로잡힌 자신의 모습을 그대로 답습하게 된다는 점이다. 구시대적인 세상에서는 긍정적인 생각보다 부정적인 생각에 더 많은 시간을 할애하게 되기 때문이다. 자신의 정체성에 단단히 뿌리를 내리고 최선을 다해 인생을 살겠다고 결심하는 것은 컴포트존을 확장하는 데 있어 매우 중요한 부분이다.

대부분의 사람은 무언가를 성취하고자 할 때 이런 질문을 한다. "어떻게 하면 됩니까?" 우리는 무언가를 원할 때 '어떻게'라는 질문을 자주 던진다. 하지만 '어떻게'라는 질문에 집착하는 것은 사회생활면에서도 우리에게 큰 도움이 되지 않는다. 누군가와 어떤 아이디어를 공유하는 순간에도 '어떻게'라는 말이 쏟아져 나올 것이다. "어떻게 그게 가능한가요?", "어떻게 하실 건가요?", "어떻게 하면 성공할 수 있나요?" 등 '어떻게'에 국한된 질문은 결국 꿈을 향해 나아가려는 당신의 발목을 잡는다. 이러한 질문이 무엇보다 위험한 이유는 지금 당장 적용할 수 있는 방법을 찾다가 성급하게 꿈을 포기하게 될 수도 있기 때문이다.

'어떻게'에 집착하다 보면 막다른 골목에 다다를 수 있다. 주어진 정보가 우리에게 얼마나 큰 도움이 될지 모르기 때문이다. 우리는 앞으로 어떠한 기회의 문이 열릴지, 어떤 사람을 만나 어떠한 도움을 받게 될지 알지 못한다. 몇 미터 떨어진 모퉁이 뒤에 어떤 기회가 숨어 있고, 그것이 다시 어떤 기회로 이어질지 전혀 알지 못한다.

우리의 꿈이 우리의 인생에서 어떻게 펼쳐질지 모른다는 사실을 인정하고 받아들이는 것은 컴포트존에 머무르기 위해 꼭 거쳐야 할 중요한 단계다. '어떻게'에 집착해서는 안 된다. 길을 나서기도 전에 인생의 모든 경로를 미리 계획해서는 안 된다.

나는 모든 경로를 미리 계획하지 않는다. 물론 하루나 한 주의 계획이 있을 수는 있다. 하지만 '어떻게'라는 질문에 답할 수 없을 만큼 나의 꿈이 원대할 때 그 꿈이 무엇이고, 왜 그러한 꿈을 가지게 되었는지에 답할 수 있다면 그것으로 충분하다고 생각한다. 인생이 계획대로 흘러가는 경우는 거의 없다. 하지만 자신을 믿으면 미지의 세계가 마법처럼 펼쳐질 수 있다. 그러니 한 단계 앞을 아는 것만으로도 충분하다.

우리가 '어떻게'를 미리 규정하려 할 때 인생은 꽉 막힌 도로처럼 답답해진다. '어떻게'는 우리가 신경 쓸 일이 아니다. 우리가 책임질 일도 아니다. '어떻게'는 그저 우리가 나아가는 대로 자연스럽게 펼쳐진다. 한 걸음 한 걸음 나아갈 때마다 저절로 그 모습을 드러낸다. '어떻게'를 신경 쓸 필요가 없다면 우리는 무엇에 신경을 쓰면 될까? '어떻게', 즉 꿈을 이루는 방법에 초점을 맞추지 않는다면 어떻게 꿈을 이룰 수 있을까?

해답은 패러다임의 전환에 있다. '어떻게'가 아닌 '어떤 사람'으로 시작하는 질문을 던져야 한다. 몇 가지 예를 들어보겠다. "원하는 것을 모두 가진 당신은 어떤 사람인가?" "하고 싶은 일을 편하게 하는 당신은 어떤 사람인가?" "원하는 관계를 맺거나, 성공적으로 사업을 운영하거나, 전 세계를 여행하는 당신은 어떤 사람인가?"[1]

원하는 것을 모두 가지고, 원하는 방식으로 나를 표현하고, 꿈꾸던 사업을 운영하고, 꿈꾸던 인간관계를 맺고, 내가 바라던 모습의 부모 또는 누군가의 동반자가 된 당신이 있다. 이 사람은 어떤 사람인가? 나는 이를 '확장된 자아'라고 부른다.

확장된 자아는 목적지를 입력하라는 메시지가 뜰 때 우리가 네비게이션에 입력하는 정보다. 목적지라는 단어에는 최종이라는 뜻이 내포되어 있지만 확장된 자아는 그렇지 않다. 확장된 자아를 실현하고 확장된 삶을 살기 시작하는 순간 우리는 또 다른 확장된 자아를 만나게 되기 때문이다. 하나의 목적지에 도달했다고 해서 평생 그곳에 머물러 있을 수는 없다. 우리는 항상 새로운 여행지, 새로운 식당, 새로운 즐길 거리를 찾는다. 살아 있고, 움직일 수 있는 한, 우리에게는 주변 세계를 탐험할 능력이 있다.

살아 숨쉬는 한 우리에게는 자신이 원하는 방식으로 살아가는 확장된 자아의 삶을 향해 나아갈 능력이 있다.

이것이 바로 확장의 묘미다. 또한 확장된 자아와 만나는 것은 내가 '나만의 컴포트존 설계하기'에서 가장 좋아하는 부분 중 하나다! 확장된 자아는 꿈꾸던 삶을 이뤄내고 자신감 있고 당당하게 살아가는 버전의 당신이다. 확장된 자아는 현재의 나에게는 불편함을 줄 수 있는 환경과 조화를 이루고 있다. 이 새로운 자아는 생각, 신념,

습관, 버릇, 옷차림, 몸가짐, 말투 등에서 현재의 나와 다른 모습일 수 있다. 하지만 괜찮다. 우리는 정적인 존재가 아니기 때문이다. 인간은 끊임없이 성장하고 변화하며 새롭게 거듭난다. 이번에는 의도적이고 구체적으로 변화를 꾀해보자.

확장된 방식으로 인생을 살다가 10년 전의 내 모습을 되돌아보면 그때보다 지금의 내가 더 편안하고, 더 평화롭고, 더 안정적이고, 더 많이 표현하고, 더 나답다고 이야기할 수 있을 것이다. 이것은 컴포트존에서 생활하고 그 안에서 인생을 확장할 때 자신에게 줄 수 있는 선물이다. 미래의 나에게 '나는 그때보다 지금이 더 행복하다. 나는 더욱 나답게 살고 있다'고 말할 기회를 주는 것이다.

사실 인지하든 인지하지 못하든 우리는 항상 미래의 나를 향해 나아가고 있다. 그러나 의도적으로 목적지를 택하지 않으면 축소된 버전의 나, 즉 자신을 피해자이자 무가치하고 인정받지 못하는 버전의 나로 여기는 악순환의 고리에 갇히기 쉽다. 의도적으로 확장된 자아를 나의 목적지로 선택하면 악순환의 고리를 끊어내고 그 어느 때보다 더 강하고, 더 안정적이며, 더 평화롭고, 더 나다운 버전의 나를 향해 가는 여정을 시작할 수 있다. 이것이 바로 2단계가 매우 중요한 이유다. 해당 장에 수록된 활동을 통해 자신의 확장된 자아를 발견하고 익숙해지고 편안해질 것이며 삶의 일부로 받아들이게 될 것이다.

이제 확장된 자아에 대해 알아보고 앞으로 나아갈 방향에 대해 구체적으로 생각하는 시간을 가져보자.

나의 확장된 자아 만나기

거실에서 자신이 가장 좋아하는 의자에 앉아 있다고 잠시 상상해보자. 당신은 편안하고 기분이 좋다. 그런데 커피 테이블 위에 전에 본 적 없는 작은 상자 하나가 놓여있는 게 눈에 들어온다. 상자를 집어 들자 왠지 모를 친숙함이 느껴진다. 상자를 열자 섬광이 번쩍인다. 정신을 차리고 보니 빛은 사라지고 모든 것이 달라져 보이기 시작한다. 당신은 여전히 거실에 앉아 상자를 들고 있지만 주변의 모든 것이 당신의 마음에 쏙 들게 바뀌었다. 바로 그때 "안녕?"이라고 말하는 누군가의 목소리가 들려온다.

오른쪽으로 고개를 돌리자 당신을 바라보는 당신 자신이 보인다. 틀림없는 당신이지만 이 버전의 당신은 조금 달라 보인다. 불가능한 일도, 가지지 못하는 것도 없는 사람처럼 자신감과 여유가 넘쳐 보인다. 이 버전의 당신은 진정으로 즐겁고 기쁨에 차 있으며 온전히 평화로워 보인다. 당신 옆에 앉아 있는 그는 미래의 어느 시점에서 온 당신의 확장된 자아다.

미래의 나는 따뜻하게 미소를 지으며 한 시간에 걸쳐 인생이 얼마나 멋진지에 대해 이야기하고, 모든 일이 완벽하게 풀릴 것이며, 지금 걱정하는 모든 것이 다 사라질 것이라고 이야기한다. "하지만 어떻게?" 현재의 내가 묻는다. "아, 걱정 마. 곧 알게 될 거야. 내가 보여줄게." 미래의 나는 자신의 집(나의 집)을 보여주며 자신의 인생, 하루 일과, 인간관계, 취미, 여행한 곳 등에 대해 이야기해준다. 심지어 자신과 함께 사는 이들을 소개해준다.

이제 당신이 들은 그 이야기를 적어보자.

1. 맨 먼저 '나의 확장된 자아'라고 적고, 그가 들려준 모든 이야기을 기록하자(이때 똑같은 말투로 작성해야 한다). 현재의 당신은 확장된 자아가 공유한 경험을 간접 체험했다. 확장된 자아가 당신에게 이야기한 것은 모두

그의 기준에서 과거에 일어난 일이다. 그러니 '이미' 일어난 일인 것처럼 그의 이야기를 쓰자.

2. 이제 현재 당신의 관점으로 돌아오자. 미래에서 돌아와 가장 친한 친구에게 당신의 확장된 자아에 대해 설명한다고 상상해보자. 당신의 확장된 자아는 어떤 모습이었는가? 그를 보았을 때 어떤 느낌이 들었는가? 다른 사람들은 당신의 확장된 자아와 어떻게 상호작용을 하고 있었는가? 그와 친구가 된다면 어떨 것 같은가?

앞으로의 실천하기 활동에서도 계속 확장된 자아라는 개념을 사용할 것이므로 지금 자신의 확장된 자아를 만드는 것이 중요하다.

| 또 다른 나의 이름을 지어라 |

때때로 사람들은 자신의 확장된 자아에 이미지를 부여하고 이를 '또 다른 자아alter ego'라고 부른다. 세계적인 가수 비욘세는 평소 수줍음이 많고 내성적이라고 한다. 그래서 그는 파워풀하고 대담한 공연을 선보이는 자신의 또 다른 자아를 만들어 '사샤 피어스'라는 이름을 붙였다. 이와 비슷한 사례로는 마릴린 먼로가 세상을 떠난 뒤 그의 개인 사진사였던 밀턴 그린이 공유한 유명한 일화가 하나 있다. 마릴린은 밀턴과 함께 자신의 존재를 숨길 수 있어 사랑했던 도시, 뉴욕을 걷고 있었다. 마릴린은 화장기 없는 맨얼굴에 평상복 차림이었고 모두가 무심히 그를 지나쳤다. 그를 알아보는 이는 단 한 명도 없었다. 그때 마릴린은 밀턴에게 "내가 '그녀'로 변신하는 걸 볼래요?"라고 물었다. 밀턴은 무슨 뜻인지 몰랐지만 그러겠다고 대답했다. 그러자 마릴린은 순식간에 내면의 무언가를 변화시켰다. 그 변화는 너무 미미해서 거의 알아차릴 수도 없을 정도였다. 하지만 갑자기 차들이 속도를 늦추기 시작했고, 행인들이 그를 쳐다보기 시작했다. 마치 베일이 벗겨져 정체가 드러난 것처럼 사람들이 갑자기 그를 알아보기 시작했다.

나는 이 이야기를 좋아한다. 이 이야기는 우리가 어떤 모습을 보여주는가, 더 정확하게는 우리가 어떤 사람으로 보이는가에 따라 나와 주변 세계의 상호작용 방식이 달라진다는 것을 보여주기 때문이다. 나와 주변 세계의 상호작용은 눈에 보이지 않는 에너지의 차원에서부터 시작된다. 그렇기 때문에 세상은 나를 다시 나 자신에게 투영시킬 수 있다.

확장된 자아를 인식한다는 것은 이미 내가 원하는 삶을 살고 있는 버전의 내가 미래에 존재할 것이라는 가능성을 인정하는 것이다. 확장된 자아와 시간을 더 많이 보낼수록 미래의 나를 현재 나의 컴포트존 안으로 끌어들여 현재와 미래의 간극을 좁힐 수 있다.

나도 소셜미디어 계정을 만들 때 위의 방법을 사용한 바 있다. 꽤나 용기가 필요한 일이었지만 나는 확장된 자아를 만들고 온전히 받아들이기로 결심했다. '긍정'이라는 키워드를 붙인 나의 확장된 자아는 내가 진정으로 원하는 나의 모습이다. 긍정은 나의 정체성에서 매우 중요한 부분을 차지하며, 긍정적인 감정을 적극적으로 수용하는 것은 내 인생의 목표 중 하나다. 그렇다고 내가 매 순간을 긍정적으로 살고 있는 것은 아니다. 과거에도 순수하게 긍정적으로만 인생을 살지는 못했다. 그러나 내가 만든 것은 내가 바라는 모습의 확장된 자아다. 미래의 나는 더없이 행복하고, 매사에 감사하며, 적극적으로 소통하고, 즐겁고, 사랑스럽고, 활기차고, 열정적이고, 번창하며, 자신감 넘치고, 건강하고, 영감을 주고, 힘을 주는 존재다.

확장된 자아에 이름을 붙이고 정체성을 부여하는 일이 처음에는 다소 엉뚱하게 느껴질 수 있지만, 많은 사례로 검증된 인생의 흐름을 바꾸는 가장 강력한 도구라고 장담한다. 목표를 시각화하는 것은 가장 효과적인 방법이다. 그것은 나의 본 모습을 믿고 이를 바탕으로 새로운 버전의 내가 되는 것을 허락하는 일이다. 가장 강력한 도구라고 이야기할 수 있는 이유는 지금의 인생을 꿈꾸는 인생으로 변화시키는 주체가 다른 누구도 아닌 현재를 살아가는 '지금 이 순간의 나'이기 때문이다. 당신은 점차 최상의 버전의 자신을 받아들이게 될 것이다.

확장된 버전의 나를 받아들일 때는 가능한 한 자주 이 버전의 나를 인식하는 것이 중요하며, 가까운 사람들에게도 이를 공유하는 것이 좋다. 제한된 신념이 자꾸만 끼어들려 할 것이다. 나의 정신적 스승이 언젠가 제한된 신념을 가진 버전의 나에게 '뻔뻔한 샐리'라는 이름을 붙여준 적이 있다. 뻔뻔한 샐리는 이런저런 핑계를 대며 나의 성장을 방해하려 드는 교활한 버전의 나였다. 스승은 나에게

'긍정적인 크리스틴'이라면 뻔뻔한 샐리의 변명에 속지 않을 것이라고 말해주었다. 당신도 자신의 변명에 속지 않기를 바란다.

■ 컴포트존 실천하기 ■

확장된 자아의 이름 정하기

사샤 피어스와 마릴린 먼로는 모두 완벽하게 구현된 확장된 자아다. 마릴린의 본명은 노마 진 모텐슨Norma Jeane Mortenson이었다. 노마 진이 마릴린이 된 것은 비욘세가 스포트라이트 아래에서 사샤 피어스로 변신하는 것과 같은 맥락이다. 당신도 즐겁게 동참해보자! 누군가에게 공유하거나 혼자만의 비밀로 간직해도 괜찮다. 자신의 확장된 자아에 이름을 붙였다면 그와 함께 즐거운 시간을 보내자. 대화를 나누며 하루를 함께 보내고 그 자아에게 어울리는 상황이 오면 그 자아의 말과 행동을 실제로 구현해보자. 그리고 그를 알아가자. 확장된 자아와 시간을 더 많이 보낼수록 그 자아의 삶을 컴포트존으로 안으로 빠르게 끌어들일 수 있으며, 점차 자신의 확장된 현실에 더욱 빠르게 다가갈 수 있다.

| 확장된 자아는 무엇을 믿고 따르는가 |

내 친구 사라는 회사에서 관리자 직급으로 승진하기를 간절히 바랐지만 기회가 올 때마다 번번이 고배를 마셨다. 어느 날 그와 함께 커피를 마시며 이야기를 나누다 보니 그가 깊은 좌절감과 실망감을 느끼고 있다는 사실을 분명히 알 수 있었다. 그의 이야기를 듣던 나는 그에게 눈을 감고 이미 관리직으로 승진한 자신의 모습을 상상해보는 것이 어떠냐고 물었다. 확장된 버전의 그는 어떤 모습일까? 어떤 옷을 입었을까? 태도는 어떠한가? 사라는 승진한 버전의 자신이 되어 사무실로 들어가는 모습을 상상했다. 나는 그가 자신의 모습을 상상하는 동안 그의 에너지가 변화하는 것을 느꼈다. 신체적인 변화도 있었다. 허리를 꼿꼿이 세우고 가슴을 활짝 편 그는 키가 더 커 보였고 호흡도 느리고 안정적으로 변했다. 그가 자신의 새 책상을 둘러보고 자리에 앉는 모습을 상상할 때는 입가에 미소가 번졌다. 그것은 다른 버전의 사라였다. 그 순간 사라는 자신의 확장된 자아가 되었다.

나는 그에게 이 확장된 자아의 이름을 지어보라고 말했다. 그러자 사라는 즉시 '보스 베이브 베티'라는 이름을 붙였다. 나는 사라에게 보스 베이브 베티의 어떤 점이 특별한지 물었다. 사라는 잠시 생각하더니 이렇게 답했다. "보스 베이브 베티는 어떤 것도 그를 흔들지 못할 만큼 자신감이 넘쳐. 결단력이 있고 어떤 행동을 하는 데에도 두려움이 없어. 강압적이지 않고 부드럽고 친절해. 명확하고 단호하면서도 상대를 배려하며 소통해." 그 후로도 사라는 눈을 감은 채로 보스 베이브 베티의 말투, 경청하는 태도, 자신의 실수와 타인의 실수에 대처하는 법, 옷차림, 매니지먼트 스타일 등 세부적인 것에 대한 이야기를 이어나갔다.

나는 이러한 설정을 통해 내 친구를 다시 보게 되었다. 보스 베이브 베티가 가진 수많은 자질은 사라가 이미 가지고 있는 자질이지만, 새로운 버전의 사라를 통해 그 자질은 더 의도적으로 구현되었다. 이 자질은 사라의 두려움, 수치심 그리고 스스로 무가치하다고 여기는 감정에 억눌려 그동안 밖으로 표출되지 못했다. 예를 들어 나는 그가 일을 할 때 중요한 의견이나 자신의 깨달음을 감추려 하는 것을 본 적이 있다. 자신이 타인의 생각에 동의하지 않는 사람이라는 오해를 받게 될까 봐 두려웠기 때문이었다. 하지만 보스 베이브 베티는 두려움이 없기 때문에 자신의 생각을 솔직하게 말할 수 있다.

사라가 눈을 떴을 때 나는 그의 눈빛이 달라져 있다는 것을 느낄 수 있었다. 전에는 느끼지 못했던 확고한 자신감이 느껴졌다. 호기심이 생긴 나는 그를 더 깊이 들여다보았다. "보스 베이브 베티는 어떤 신념을 가지고 일상생활을 하는지 얘기해줄래?" 사라는 몇 분간 생각한 후 보스 베이브 베티의 신념을 열거하기 시작했다. "첫째, 그는 마음만 먹으면 무엇이든 할 수 있다고 믿어. 일단 무언가를 하겠다고 결심하면 그 일을 반드시 해내지. 둘째, 자신의 리더십 능력에 대해 절대적인 자신감을 가지고 있어. 그렇다고 해서 오만하지는 않아. 실수하거나 답을 몰라도 문제를 잘 해결할 수 있다고 믿어. 그러면 어떻게든 일이 잘 풀리게 되지."

계속해서 보스 베이브 베티의 신념에 대해 생각하던 사라는 그 신념 중 일부가 현재 자신의 신념과 다르거나 상충된다는 사실을 깨닫게 되었다. 예를 들면 보스 베이브 베티는 기회는 어디에나 있으며 그것을 예측하거나 피할 수는 없다고 믿었다. 그 기회가 자신을 위한 것이라면 제 발로 찾아올 것이라고 믿었다. 그리고 기회가 찾아왔을 때 그 기회를 잡을 준비가 되어 있어야 한다고 믿었다. 이는 자신이 준비되지 않았다고 느끼는 사라의 불안, 그리고 잘못된 시간에 잘못된 장소에서 인생을 허비하느라 기회를 놓치게 될지 모른다는 현재의 두려움과는 대조적이었다. 그러니 그가 승진에 어려움을 겪는 건 어찌 보면 당연한 일이었다!

이제 당신은 자신의 신념이 현실을 만들어가는 데 얼마나 중요한 역할을 하는지 잘 알게 되었을 것이다. 내가 원하는 삶을 살고 있는 미래의 내가 어떤 신념을 가지고 있는지 파악하는 일은 그 모습과 가까워질 수 있는 가장 효과적인 방법이다. 그렇게 하면 현재의 나와 내가 원하는 미래의 나 사이에 다리를 놓을 수 있다. 확장된 자아가 가진 신념을 파악하면 확장된 자아를 더욱 구체화할 수 있고 이를 통해 확장된 자아의 삶을 현재 나의 삶 속으로 끌어들일 수 있다. 이를 통해 당신은 목적지에 한층 더 가까이 다가갈 수 있다. 무엇보다 가장 좋은 점은 이를 위해 컴포트존에서 벗어날 필요가 없다는 사실이다.

확장된 자아의 신념 발견하기

내 친구 사라가 승진한 후 새 사무실로 걸어 들어가 새 책상에 앉아 있는 확
장된 자아의 모습을 시각화했을 때와 마찬가지로, 당신이 만든 확장된 자아
의 인생에서 당신에게 중요하다고 여겨지는 순간을 찾아보자. 그리고 다음
의 질문에 대한 답을 적어보자.

- 나의 확장된 자아는 어떤 핵심 신념을 가지고 있는가?
- 확장된 자아가 가진 신념 중 현재 나의 신념과 다르거나 상충되는 신념이
  있는가?

| 이 장을 마치며 |

당신은 이제 본격적으로 나만의 컴포트존 설계하기의 두 번째
단계를 시작했다! 이는 결코 만만한 일이 아니다. 우리가 지금까지
함께 한 내면의 토대를 만드는 작업은 꽤나 어려운 일로 느껴질 수
있다. 내면을 들여다보고 나 자신과 나의 현재 위치를 아무 판단 없
이 있는 그대로 받아들이기란 늘 어렵다. 하지만 그 어려운 일을 해
낸 것이다. 나는 당신이 자랑스러울 뿐만 아니라 앞으로 함께 할 여
정도 기대가 된다. 2단계 '구체화하기'는 앞으로 나아갈 방향을 설
정하는 내용으로 구성되어 있다. 여기서 당신은 꿈을 구체화할 것

이다.

모든 것이 당신 안에 있고,
진정으로 원하는 삶은 당신의 손이 닿는 곳에 있다.
이 사실을 잊지 말자.

삶에서 어떤 것을 창조하는가는 상상력과 그 가능성에 대한 믿음에 따라 좌우된다. 무언가를 원한다면 반드시 이뤄낸다고 상상하자. 더 좋은 방법은 내가 원하는 물질적인 것, 인간관계, 경험을 이미 풍족하게 가지고 있는 나의 모습을 상상하는 것이다. 이 버전의 내가 바로 당신의 확장된 자아다.

다음 장으로 넘어가기 전에 이 장에 실린 활동을 최대한 성실하게 완료하자. 어떤 것도 놓치지 않기를 바란다. 확장된 버전의 나와 함께 앉아 있는 것이 어떤 느낌인지 실제로 느껴보고, 미래의 내가 만든 꿈의 집을 실제로 보고, 이 확장된 삶의 핵심 신념을 이해할 수 있게 되기를 바란다. 이 개념을 깊이 이해하면 다음 단계로 나아가기 위해 무엇을 해야 할지 명확하게 알게 될 것이다. 시간을 들여 최대한 생생하고 현실적으로 당신의 비전을 만들자. 그런 다음, 다음 장에서 이 비전에 대해 더욱 깊이 있게 살펴보고, 당신이 꿈꾸는 삶을 향해 나아가기 위한 로드맵을 만들자.

12장

미래의 나를 시각화하라

2단계 | 구체화하기

당신의 인생 비전은 결국 실현된다. 운에 맡길 수도 있고, 의도적으로 실현할 수도 있다.

몇 년 전 내가 처음으로 비전 보드를 접했던 순간이 생생하게 떠오른다. 나는 친구들과 모여 다가올 한 해를 위해 비전 보드를 만들기로 했다. 친구들은 나에게 철 지난 잡지를 가져오라고 했다. 무슨일이 벌어질지 몰랐지만 호기심이 생겼다. "이제 뭘 하면 될까?" 파티에 도착한 내가 물었다. 이미 도착한 다섯 명의 친구들은 거실의 푹신한 러그 위에 둥글게 모여 앉아 있었다. 그들 곁에는 라이프스타일, 여행, 예술, 패션 등에 관한 각종 잡지와 형형색색의 마커, 풀,

가위 등이 어지러이 널려 있었다. 벽에는 커다란 흰색 포스터 보드가 여러 장 붙어 있었다. 친구들은 모두 차를 마시며 잡지를 훑어보고 있었고 그중 몇몇은 이미 몇 장을 찢어 알록달록한 종이 더미를 쌓아두고 있었다.

"잡지를 훑어보다가 올해 인생에서 하고 싶은 일이나 이루고 싶은 무언가를 발견하면 그걸 오려서 보드에 붙이면 돼. 그게 너의 새해 비전 보드야." 주최자가 말했다. 나는 비전 보드가 무엇인지, 어떻게 사용하는 것인지 잘 몰랐지만 내가 질문을 하기도 전에 다른 친구들이 너도나도 입을 열기 시작했다. "비전 보드는 네가 일 년 내내 볼 수 있어." "원하는 것을 실현하는 데 도움이 될 거야." '어떻게?'라고 묻고 싶었지만 그 말을 입 밖으로 꺼내진 않았다. 내가 원하는 단어나 이미지를 찾기 위해 잡지를 훑어보면서도 그것이 어리석은 일이라고 생각했던 것 같다. 모델이나 이국적인 장소의 이미지를 오려 붙이는 것이 내 꿈을 이루는 것과 무슨 상관이 있을까? 아무 사진이나 오려 붙인 포스터 보드가 과연 내 집에 꼭 필요할까? 이걸 어디다 걸지?

막상 본격적으로 시작하자 나는 왠지 발가벗은 듯한 느낌이 들었다. 마음속에 항상 원대한 꿈이 있었지만, 입 밖으로 꺼낸 적은 단 한 번도 없었기 때문이다. 나는 그것을 다른 사람에게 굳이 알릴 필요가 없다고 생각했다. 나의 목표는 내가 좋아하는 것을 찍은 사진, 상세한 할 일 목록, 긴 일기 그리고 수많은 행동으로 표출되곤 했는데, 대부분은 가장 가까운 친구나 가족조차 알아차리지 못할 만큼 은밀하게 진행되었다. 단 몇 명만 모인 파티에서 보드에 그림을 붙이는 행위는 나를 소극적이고 위축되게 만들었다. 소극적이었던 이유는 내가 원하는 목표를 달성하는 데 그 행위가 어떤 도움이 될지 확신하지 못했기 때문이었다. 위축되었던 이유는 다른 사람에게 나의 목표를 공유하는 습관이 없었기 때문이었다.

결국 나는 자의식 과잉으로 내가 원하는 모든 것을 보드에 솔직하게 표현하지는 못했다. 다른 사람들이 나를 비판하거나 판단할까 봐 두려웠고, 나의 목표를 공공연히 드러낼 필요성도 느끼지 못했기 때문이었다. 나는 몇 장의 이미지를 더 고르고 대화에도 참여한 후 집에서 비전 보드를 완성하겠다고 약속한 뒤 파티장을 떠났다. 그리고 몇 년 후 표현의 욕구에 대해 깊이 파고들면서 나는 비전 보드가 효과적인 이유와 그 작동 원리를 이해하기 시작했다!

| 컴포트존 비전 보드를 만드는 이유 |

비전 보드가 효과적으로 작동하는 이유는 우리의 뇌가 주어진 시간에 몇 가지 일에만 집중할 수 있다는 사실에서 기인한다. 우리는 언제나 우리가 흡수하거나 이해할 수 있는 양보다 더 많은 정보에 둘러싸여 있다. 우리의 감각은 주변에 존재하는 형태도 없고 무의미한 수십억 개의 정보를 이미지, 소리, 미각, 감각, 생각으로 변환해 우리가 사는 세상을 이해하도록 도와준다. 하지만 우리는 각각 이 정보를 다르게 해석한다.

감각은 각자에게 고유한 방식으로 맞추어져 작동하며
개인적인 관심사나 우선순위를 반영한다.

감각은 필터와 같아서 이용할 수 있는 모든 정보 중에서 우리가 인지할 수 있는 것만 통과시킨다. 그러다 보면 자연스럽게 한계가 만들어지고 우리의 기호와 강점도 그 한계를 벗어나지 못한다. 한 번에 모든 것을 인식하고 이해할 수는 없으므로 기호에 따라 정보를 정리해야 한다. 따라서 자신의 기호를 의식적으로 파악하면 원하는 것을 의도적으로 선택할 수 있다. 감각의 한계는 우리가 의도한 대로 삶을 만들어 나갈 수 있도록 하는 놀라운 선물이다. 예를 들어 당신이 뮤지션이라면 모든 음악, 심지어 주변의 일상적인 소리마저 음악에 관심 없는 사람들과는 다르게 듣는다. 음악과 친숙하지 않은 사람은 감지할 수 없는 음정, 리듬, 멜로디의 미묘한 차이를 구별할 수 있기 때문이다. 요리사라면 냄새만 맡아도 요리의 재료를 짐작할 수 있을 것이고, 화가라면 자연의 색을 캔버스에 그대로 옮기는 방법을 알고 있을 것이다.

감각은 당신이 원하는 경험과 더 깊은 관계를 맺는 데 도움이 된다. 원치 않거나 내 삶과 무관한 소음을 차단하는 데도 도움이 된다. 작가로서 나는 음악이 왜, 어떻게 만들어지는지 고민하지 않고 수동적으로 음악을 감상할 수 있는 것에 감사하지만, 아무리 재미있어도 편집이 제대로 되어 있지 않은 책은 읽기가 어렵다.

만일 감각이 주변에서 소용돌이치는 수조 개의 정보 사이에서

완충지대가 되어주지 않는다면 우리의 삶이 어떻게 될지 잠시 상상해보자. 시지각visual perception에 한계가 없다면 주변 모든 것을 한꺼번에 눈에 담게 되어 모양, 색상, 질감 등이 서로 부딪치게 될 것이다. 특정 소리를 분리하거나, 다른 주파수를 차단하면서 특정 주파수에 집중하는 능력이 없어 말이나 음악을 판독할 수 없게 되면 모든 소리가 섞여 불협화음으로 들릴 수도 있을 것이다. 옷이나 공기와 같은 것이 몸에 닿는 느낌을 인지하지 못하면 피부는 극도로 민감해질 것이다.

감각의 한계는 선물과도 같다. 쏟아져 들어오는 정보의 우선순위를 정하게 해주어 우리가 각자의 기호를 바탕으로 세상을 이해할 수 있도록 도와주기 때문이다. 이러한 정보의 우선순위를 정하는 방식은 흥미롭고 독특하다. 그것은 바로 가치 태그value tagging(여기서 태그는 웹상에서 어떤 이미지나 파일에 이름을 붙여 그 내용을 대표할 수 있는 키워드를 만드는 것이다. 이때 선정한 키워드에 따라 내용이 분류되며 한 가지 내용에 여러 개의 태그를 연결할 수도 있다—옮긴이)라는 개념인데, 우리가 어떤 정보에 주목하고 또 외면할지 결정하는 데 핵심이 되는 개념이다. 비전 보드가 효과적으로 작동할 수 있는 것도 바로 이 가치 태그 덕분이다.[1]

가치 태그는 우리가 인식하는 정보를 중요도에 따라 순서대로 정리하는 프로세스다. 일반적으로 물리적 생존이나 사회적 성공에 보탬이 되지 않는 정보는 무시하거나 우선순위를 낮게 부여하는 경향이 있다. 반면 생존과 번영에 도움이 될 법한 정보에는 더 큰 가치를 부여한다. 인지하든 인지하지 못하든 우리는 항상 습관적으로 가치 태그를 한다. 끊임없이 각종 상황을 분석하며, 위협으로부터 자신을 보호하고, 인생에서 성공하기 위해 수십억 비트에 달하는 데이터를 수집하고 정리한다.

가치 태그는 비전 보드의 효과를 극대화한다. 원하는 바를 글로 쓰거나 비전 보드로 만들면 가치 태그를 통해 마음속의 욕구가 수면 위로 떠오르기 때문이다. 자신의 무의식 속에서 원하는 것을 끄집어내어 표출하게 되는 것이다. 매일 비전 보드를 바라보며 내가 원하는 바에 집중하면 나의 선택에 확신이 생기고, 나의 비전이 나의 삶의 일부가 되고, 이를 현실에 접목해 컴포트존 안으로 들어오게 할 수 있게 된다.

앞서 11장을 통해 확장된 자아를 인식하고 이해하게 되었다. 비전 보드는 당신이 선택한 미래를 살아가는 확장된 자아의 삶을 시각적으로 표현한 것이다. 그것을 통해 우리는 확장된 자아의 삶을 현재의 삶으로 끌어들일 수 있는 기회를 얻게 된다. 확장된 자아의 삶이 우리에게 현실적으로 느껴지면 느껴질수록 우리의 삶에서 더욱 빠르게 실현된다.

그러나 비전 보드가 통하지 않을 때도 있다. 비전 보드가 지나치게 비현실적인 경우 벌어질 수 있는 일이다. 나도 그런 적이 있다. 비전 보드의 이미지가 자신의 컴포트존에서 너무 멀리 떨어져 있다는 느낌이 든다면 삶의 일부로 수용하기가 어려워진다. 끌어당김의 법칙을 적용할 수 없을 때도 이와 비슷한 일이 발생한다. 사람들이 끌어당김의 법칙과 같은 도구를 사용할 때 가장 먼저 저지르는 실수는 자신의 컴포트존 밖에서 그것을 사용하려고 한다는 점이다. 두 번째 실수는 낯설고 과도한 것을 손에 넣으려 하다가 그 목표를 오히려 더 멀리 밀어내게 된다는 것이다. 대부분의 사람들이 꿈을 확장하는 대신 꿈을 좇는 선택을 한다.

수년 동안 나는 몇 가지 간단한 팁을 통해 비전 보드를 업그레이드했고 나의 목표를 구체화하는 중요한 과정으로 삼았다. 나의 비전 보드는 기존의 비전 보드와 매우 달라서 나는 이를 가리켜 '컴포트존 비전 보드'라고 부른다. 이전에 비전 보드를 만들어 본 적이 있다면 컴포트존 비전 보드와 기존의 비전 보드 사이에 몇 가지 차이점이 있음을 눈치챌 것이다. 그 차이는 일면 미미해 보일 수도 있지만 그에 따른 효과는 매우 다르다. 실제로 컴포트존 비전 보드를 만들기 전에 이 보드를 구성하는 고유한 요소들을 이해하고 각각 무엇으로 채울지 생각하는 것이 좋다. 이 비전 보드를 만드는 구체적인 방법은 이 장의 끝부분에 실린 컴포트존 실천하기에서 설명하도록 하겠다.

| 가능성과 잠재력을 그리다 |

기존의 비전 보드와 비교해 컴포트존 비전 보드에서 가장 눈에 띄는 차이점은 보드의 형태가 원형이라는 점이다. 이 형태는 우리가 컴포트존 안에서 생활할 때 자연스럽게 삶을 확장하는 방식을 모방한 것이다. 컴포트존 비전 보드에는 세 개의 원이 있는데, 하나의 원이 다른 원 안에 위치하는 방식으로 구성된다. 중첩된 세 개의 원 사이에는 세 개의 빈 공간이 만들어지고, 당신은 그곳에 자신이 선택한 이미지나 단어를 붙여넣을 수 있다.

다음은 세 개의 원과 각 원에 들어갈 내용을 보여주는 그림이다.

| 컴포트존 비전 보드 만들기 |

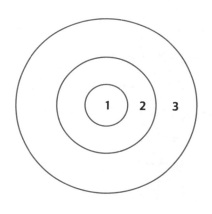

1   현재 나의 컴포트존에서 내가 감사하게 느끼는 것의 이미지
2   컴포트존에서는 조금 벗어났으나 내가 소망하는 것의 이미지
3   컴포트존에서 멀리 벗어났으나 내가 소망하는 것의 이미지

중앙의 가장 작은 원 안쪽 공간은 현재의 성과와 성취를 나타내므로 그 안에는 이미 달성한 항목을 상징하는 이미지와 단어를 배치하면 된다. 이것은 기존의 비전 보드와 컴포트존 비전 보드의 두 번째 차이점이기도 하다. 기존의 비전 보드에는 아직 달성하지 못한 것, 즉 앞으로 이루고자 하는 목표들이 가득 차 있다. 하지만 이미 달성해 스스로를 뿌듯하게 하는 항목을 비전 보드에 포함하면 '이것 봐! 내가 결국 이뤄낸 것들이 여기 있잖아!'라고 자신에게 이

야기하는 격이 된다. 그러면 우리는 무의식적으로 자신이 원하는 것이 손에 잡힐 것이라고 생각하게 된다.

컴포트존 비전 보드를 가장 효과적으로 활용하려면 다음과 같은 감정을 불러일으키는 항목을 중앙에 배치하는 것이 도움이 된다.

- **감사**: 감사, 만족, 고마움을 느끼게 하는 항목이나 관계 또는 행동을 포함한다
- **가능성**: 때때로 기적과 가능성을 믿게 만드는 사건이나 관계를 경험한다. 그러한 일이 일어난다는 사실을 아는 것만으로도 미래에 대한 희망을 갖게 된다. 인생에서 그러한 일을 겪었거나 관계를 맺었거나 비슷한 일을 성취했다면 그 내용을 포함한다
- **성취**: 특별히 자랑스러운 성과가 떠오른다면 포함한다
- **사랑**: 가족, 친구, 연인… 사랑의 감정을 불러일으키는 사람이나 관계가 있는가? 당신의 삶에 이미 존재하는 사랑을 상기하기 위해 이 특별한 관계를 나타내는 이미지나 단어를 포함한다
- **자유**: 온전히 나답고 완전히 자유롭다고 느끼는 순간이 있다. 그런 순간을 경험한 적이 있다면 그 자유로움을 표현할 수 있는 이미지나 단어를 포함한다

간단히 말해 비전 보드의 중앙(그림의 1번 원)은 기존의 성과, 이미 성취한 자랑스러운 일, 소중히 여기는 관계, 기쁨을 가져다준 사건을 나타낸다. 현재의 삶에서 평화롭고, 즐겁고, 사랑스럽고, 감사하

고, 자유로움을 느끼게 하는 요소들이 모두 여기에 해당한다. 이것이 바로 당신이 경험한 축복이다.

컴포트존 비전 보드의 중앙을 채웠다면 다른 원으로 넘어가면 된다. 여기에서도 기존의 보드와는 다른 방식이 적용된다. 보통은 스스로 '내가 원하는 것은 무엇인가?'라는 질문을 던지고, 이 질문에 따라 공감을 불러일으키는 이미지와 단어를 선택한다. 그다음 선택한 이미지들로 패턴을 만들어 최종적인 이미지 구도가 유기적으로 드러나도록 한다. 효과적인 방법이기는 하지만 이 접근 방식은 너무 광범위해서 최상의 결과를 얻기가 어렵다. 조금 더 구체적인 지침이 주어지는 편이 보드의 콘텐츠와 레이아웃에 집중하기 쉽다. 또한 자신이 담고자 한 내용을 좀 더 명확하게 표현할 수 있다.

중앙의 원을 둘러싼 나머지 두 개의 원을 채우려면 확장된 자아의 이미지를 불러오는 것이 좋다. 그런 다음, 확장된 자아가 이미 살고 있는 삶을 상상하며 공간을 채워보자. 어떤 종류의 차를 운전하는가? 어떤 직업을 가졌는가? 인간관계는 어떤가? 어떤 상을 수상했는가? 꿈에 그리던 집에 살고 있는가? 아침에 일어날 때와 잠자리에 들 때 어떤 기분인가? 어떤 옷을 입는가? 사회적 관계에는 어떤 사람이 포함되는가? 이렇듯 확장된 자아의 삶에서 각종 세부사항을 파악해 그 이미지를 두 개의 원 안에 배치할 수 있다. 조금 더 친숙하고 달성할 수 있다고 느껴지는 항목은 두 번째 원(그림의 2번 원)에 넣으면 되는데, 이때 그 항목들은 바로 눈앞에 구체적인 실천 단계가 있는 것처럼 느껴지는 것이어야 한다. 그리고 지금 당장 계획을 세우기에는 너무 거창해서 실행에 옮기기 어려운 목표는 가장 바깥쪽 원(그림의 3번 원)에 넣으면 된다.

자신의 현재 위치가 보드 중앙의 첫 번째 원 안이라는 점을 염두에 두고 어떤 꿈이 달성 가능하게 느껴지고, 어떤 꿈이 요원하게 느껴지는지 생각해보자. 심지어 어떤 꿈은 첫 번째 원의 바로 바깥에 위치해 마치 손을 뻗으면 닿을 거리에 있는 것처럼 느껴지기도 할 것이다.

세 번째 원의 가장 바깥쪽 항목들을 살펴보자. 그 항목에는 현재 달성하기 어렵다고 느껴지는 목표와 욕구가 포함된다. 그중 좀 더 편안하게 느껴지는 것을 골라 두 번째 원에 배치할 수 있는지 살펴보자. 예를 들어 아카데미상 수상(세 번째 원)을 간절히 원하지만 너무나도 이루기 어려운 목표처럼 느껴질 수 있다. 그렇다면 그보다 조금 더 받기 쉬운 상이나 아카데미상 수상에 초석이 될 만한 다른 목표가 있는지 살펴보자. 배우 조합에 가입하거나 장편 영화의 주요 배역을 따내거나 나에게 조언을 해줄 수 있는 감독 및 프로듀서와 친분을 쌓거나 내가 좋아하는 팟캐스트에 출연하거나 좋아하는 심야 TV 쇼에 출연해 인터뷰를 하는 것 등이 목표에 도달하기 위한 이정표가 될 수 있다. 이를 달성하기 위해 노력하면 아카데미상 수상에 한층 더 가까워질 수 있다는 점을 기억하며 이 목표들을 두 번째 원 안에 포함하자.

건강과 피트니스의 경우, 최종 목표를 곧바로 시각적으로 표현할 수 있지만 최종 목표에 도달하기 전에 달성할 만한 중간 목표를 세워두면 도움이 된다. 나의 경우, 체중 감량을 위해 구체적인 목표를 세웠지만 통곡물 섭취, 달리기, 웨이트 트레이닝처럼 특정 습관을 중간 목표로 설정해 이를 달성하면서 내가 바라는 체질량 지수에 도달할 수 있었다. 그래서 내 비전 보드에는 채소 사진, 달리기 선수의 사진, 달리기와 멋진 몸매에 관한 긍정적인 글, 웨이트 트레이닝과 관련해 영감을 준 사람의 사진 등이 붙어 있었다. 방법은 무궁무진하다. 당신도 자신에게 맞는 방법을 찾아 실천하기를 바란다. 옳고 그름이 없기 때문에 자신이 진정으로 공감할 수 있는 방법을 택하면 된다.

컴포트존 비전 보드는 매우 강력하고 효과적인 표현 도구다. 우리가 컴포트존 안에서 생활하면서 자연스럽게 삶을 확장하는 방식을 모방한 것이기 때문이다. 우리는 컴포트존 바로 밖에 있는 경험과 요소를 점차 컴포트존 안으로 끌어들이는 방식을 통해 성장한다. 성장 속도는 개인의 라이프스타일, 기호, 습관에 영향을 받기 때문에 개인별로 편차가 크다. 하지만 이러한 방식으로 성장하면 컴포트존 내에서 만들어진 라이프스타일을 유지하면서 번영하는 지속적인 결과를 얻을 수 있다.

컴포트존은 고무줄과 같다. 점진적으로 영역을 확장하며 더 멀리 뻗어나가 결국에는 당신이 원하는 것을 모두 포괄하는 고무줄 말이다. 컴포트존 비전 보드를 사용하면 의식적으로 우리의 삶을 확장해 나갈 수 있다. 삶의 영역을 어디까지 확장하고 싶은지 정의함으로써 언젠가 당신의 현재 비전 보드 전체가 새로운 비전 보드의 첫 번째 원에 들어가는 시나리오를 써볼 수 있다. 오늘, 당신의 컴포트존 비전 보드를 만들고 가장 먼 곳에 있는 항목을 달성하는 그날이 얼마나 짜릿할지 상상해보자.

■ 컴포트존 실천하기 ■

컴포트존 비전 보드 만들기

다음의 단계에 따라 나만의 컴포트존 비전 보드를 만들자. 가족이나 친구와도 함께할 수 있는 멋진 활동이다.

- 큰 종이를 꺼내 그 위에 세 개의 원을 중첩되게 그린다(205쪽 참고).
- 가장 중심에 있는 작은 원(그림의 1번 원)에는 이미 달성한 목표나 감사하거나 자랑스럽게 생각하는 항목을 적는다. 감사, 가능성, 성취, 사랑, 자유를 느끼게 하는 항목이 포함된다.
- 몇 분 동안 확장된 자아의 삶에 대해 깊이 생각해보자. 앞서 '나의 확장된 자아 만나기' 실천 과제(188~189쪽 참고)를 다시 읽어보자. 그리고 나의 확장된 자아가 내 안에 존재하는지 느껴보자.
- 잡지, 신문 등의 자료에서 확장된 자아의 삶을 보여줄 수 있는 이미지, 단어, 문구 등을 오려 내자. 확장된 자아는 어떤 목표를 이뤘는가? 라이프스타일은 어떤가? 확장된 자아가 선호하는 것은 무엇인가? 확장된 자아의 삶은 당신이 이루고자 노력하는 삶이다. 그가 이룬 성취가 곧 당신의 목표인 셈이다.
- 중심에서 가장 먼 원(그림의 3번 원)에는 달성하고 싶은 목표를 나타내는 이미지와 단어 중 가장 달성하기 어렵게 느껴지는 것을 배치하자.

- 그 외 모든 항목은 가운데 원(그림의 2번 원)에 배치하되 달성하기 쉬운 항목일수록 첫 번째 원에 가깝게, 달성하기 어려운 항목은 세 번째 원에 가깝게 배치한다.

앞으로의 실천하기 활동에서 이 보드를 활용하므로 지금 바로 당신의 컴포트존 비전 보드를 만드는 것이 중요하다.

| 이 장을 마치며 |

12장을 끝까지 마쳤다. 잘해냈다! 인생은 준비에 관한 것이다. 당신이 원하는 삶은 당신이 준비가 되었을 때 저절로 찾아올 것이다. 억지로 애쓰거나 어떠한 압박이 없이도 말이다. 실천하기 과제만 잘 실천하면 이후의 모든 것은 저절로 잘 굴러가기 시작할 것이다. 그러니 나만의 컴포트존 비전 보드를 꼭 만들기 바란다(당신만의 컴포트존 비전 보드는 어떻게 그려졌는지 보고 싶다. SNS에 비전 보드를 담은 사진을 올리고, 내 계정인 @positivekristen을 태그해주길 바란다. 응원하러 가겠다). 이는 목표를 다시 상상함으로써 정말로 원하는 삶의 로드맵을 만드는 매우 재미있는 방법이 될 것이다. 마지막으로 가치 태그를 사용하여 더 의도적으로 확장하고 도달해 나가면 각 단계가 더 쉽고 자연스럽고 현실적으로 느껴질 수 있을 것이다. 심지어 더 빨리 달성할 수 있다!

이제 시각적인 계획이 세워졌으므로 자기 대화에 대해 더 자세히 살펴보겠다. 이것은 내 인생을 바꾸는 데 결정적인 역할을 했다. 당신의 여정에 있어서도 핵심적인 역할을 하게 될 거라고 확신한다. 다음 장에서는 필요에 따라 자신과 주변 세계에 대한 긍정적인 감정에 쉽게 접근할 수 있도록 수년간 쌓아온 부정적인 신념을 다시 프로그래밍할 기회를 갖게 될 것이다. 지금 바로 시작해보자!

13장

최고의 나를 확언하라

2단계 │ 구체화하기

말은 힘이 강하다. 우리가 타인에게 말하는 방식에 따라 인간관계의 질이 달라지고, 나 자신에게 말하는 방식에 따라 삶의 질이 달라진다.

습관적으로 불평하는 사람에게는 자꾸만 불평할 일이 생긴다는 사실을 아는가? 다른 사람에 대해 항상 부정적인 말만 늘어놓는 사람 주변에는 타인에게 상처를 주고 타인을 배려하지 않는 사람이 많다. 다른 사람들에게 그들의 일이 잘 풀리지 않는 이유를 끊임없이 지적하는 사람은 자신의 일도 잘 풀리지 않게 되는 경우가 많다. 그러니 좋은 아이디어를 공유하는 이들이 더 많은 프로젝트를 만들고, 아름다운 것을 발견하고 감사를 표현할 줄 아는 이들에게 감사할 일이 더 많이 생기는 것은 어찌 보면 당연한 일이다. 자신이 정말 운이 좋은 사람이라고 말하는 이들에게는 언제나 행운이 따른다. 사랑하는 사람에게 다정하게 말하고, 그 사람에 대해 호의적으로 말하는 이들은 상대방과 더욱 돈독한 관계를 유지한다.

이를 읽고 '그렇지, 내가 좋아하는 사람에 대해서는 호의적으로 말하는 게 당연하니까'라고 쉽게 생각할 수도 있다. 하지만 이 생각에는 외적 상황이 먼저고, 말은 그다음이라는 전제가 깔려 있다. 하지만 그것은 잘못된 전제다. 언제나 말이 우선이고, 그다음에 상황이 만들어지기 때문이다. 사실 말은 우리가 어디에 관심을 집중하고, 그에 따라 어디에 에너지를 쏟는지를 반영하기 때문에 자기충족적 예언self-fulfilling prophecy(어떤 일이 어떤 방식으로 일어나고 어떤 결과로 이어질 것이라는 믿음이나 기대가 실제로 나타나는 경향성—옮긴이)이 될 수 있다. 우리는 말 그대로 자신의 삶(과 자기 자신)을 물리적 현실에 그대로 반영해 이야기한다.

말은 우리의 신념을 반영하고, 형성하고, 강화한다. 자신이 하는 말을 믿으면 원치 않더라도 결과로 나타난다. 우리 중 많은 사람이 자신이 원치 않는 것에 대해 중점적으로 이야기를 한다. 그러다 보면 살면서 원치 않는 것들을 입에 더 많이 담게 된다.

잘 생각해보자. 지금 당신의 인생은
머릿속에서 끊임없이 재생되는 자기 대화의 실제 현실이다.

| 말은 인생을 바꾼다 |

10여 년 전, 내가 비만 상태였을 때 겪은 체중 증가는 비단 생활 습관 때문만이 아니라 말 때문이기도 했다. 건강한 식습관과 운동으로 살을 빼려 노력했지만 체중 감량에는 큰 효과가 없었다. 사실 나는 그 노력만으로는 충분하지 않다고 생각했다. 내 눈에 보이는 것은 오직 체중 증가뿐이었고, 따라서 나의 말과 행동도 체중 증가에만 초점을 맞추고 있었다. 나는 스스로 비난했고, 먹지 말아야 할 음식을 먹은 것에 대해 부끄러워했으며, 사적으로나 공개적으로 스스로를 비하했다.

거울을 보며 마음속으로 이렇게 말했다. '넌 정말 못생겼어.' '넌 역겨워.' '넌 살을 뺄 수 없어.' '넌 너무 뚱뚱해.' '계속 뚱뚱해지기만 하네.' 일기장에는 이렇게 적었다. '너무 막막하다. 내 모습이 꼴 보기 싫다. 이걸 멈추지 못하는 나 자신이 너무 싫다. 이렇게 못생긴 나를 사랑해 줄 사람은 어디에도 없을 것이다. 모두가 나를 안타깝게 여길 것이다. 더 이상 뭘 해야 할지 모르겠다. 모든 걸 다 해봐도 소용이 없다. 나는 어딘가 잘못됐다. 난 쓸모없는 인간이다.' 그리고 다른 사람들에게는 이렇게 말했다. "난 사진이 싫어요. 제 사진은 찍지 말아 주세요. 전 제 모습이 정말 맘에 안 들어요. 다이어트 중인데 지금 저걸 먹으면 적어도 10파운드는 찔 거예요. 전 절대 살을 못 뺄 거예요. 모든 방법을 다 써봤어요."

최악의 적은 바로 나 자신이었다. 다른 사람의 눈에 어떻게 보일지 지나치게 신경을 쓰다 보니 나의 가장 부정적인 자기 대화가 현실로 나타나고 있었다.

나 자신에 대한 부정적인 생각과 말이 끊임없이 반복되었다. 실제로 체중이 줄어들어도 내가 한 노력에 비해 충분하지 않다는 생각이 들었기 때문에 스스로에 대한 비난을 멈출 수 없었다. 끝없는 악순환의 연속이었다. 나는 좌절하고 포기했다가 다시 시작하기를 반복했다. 물리적 노력을 기울였고, 때로는 전력을 다하기도 했다. 가족들도 나의 노력을 보고 이렇게 말했다. "정말 건강하게 먹고 규칙적으로 운동하는구나. 살이 안 빠지는 게 놀라울 정도야." 가족들은 이따금 나의 신체적 변화를 눈치채기도 했지만 정작 나는 전혀 그러지 못했다. 내가 비만인 이유는 습관 때문이 아니라 내가 나를 바라보고 말하는 자기 대화 방식 때문이었다.

마침내 체중이 줄어들기 시작했을 때는 나의 몸과 마음과 삶에 변화가 있었기 때문이었다. 변화는 나의 생각에서 시작되었다. 그다음 나의 언어가 마술 지팡이가 되어 내 인생에 사랑의 주문을 걸어 목표를 달성하게 해주었다. 마음속 자기 대화가 더 부드럽고 다정해졌다. 1파운드, 때로는 0.5파운드만 빠져도 기뻐하며 긍정적인 에너지에 의식적으로 집중하려고 노력했다. '아, 이렇게 노력했는데 겨우 1파운드밖에 빠지지 않았다니'라고 생각하는 대신 내가 나아가는 방향과 성과에 대해 기쁨을 느끼기 시작했고 한 걸음 한 걸음 나아갈 때마다 나 자신을 토닥여주었다. 어느 누구도 해줄 수 없는 일이었기 때문에 내가 나의 가장 열렬한 응원군이 되어주었다.

나는 나의 기분이 얼마나 좋고, 내 안에 얼마나 많은 에너지가 더 남아 있는지에 관심을 돌렸다. 그리고 점차 스스로가 얼마나 건강한지 깨달았다. 체중계 위의 숫자 대신 옷이 내 몸에 딱 맞는 그 느낌에 기뻐했다. 나는 나의 노력을 칭찬했다. 나의 일관성을 칭찬했다. 나의 진전을 칭찬했다. 나의 몸을 칭찬했다. 그리고 그 흐름을 즐겼다. 나의 발전과 몰입을 이어갈 수 있는 기회와 해결책도 찾았다. 건강이라는 나의 목표를 응원해주는 것은 나의 결정과 습관이었다.

그렇게 지금까지 평생을 지속했던 부정적인 자기 대화를 다시 프로그래밍해야 했다. 나 자신에게 말하는 방식을 바꾸기로 결심한 것은 지금까지 내가 내린 결정 중 가장 위대한 결정일 것이다. 나의 좌우명은 특히 나 자신에게 '좋게 말하지 못할 거라면 아예 아무런 말도 하지 말자'가 되었다.

원치 않는 관계와 상황을 지속시키는 언어를 없애는 것은 목표를 달성하기 위해 꼭 해야 할 중요한 일이다. 그렇기 때문에 힘이 있는 나만의 언어를 사용하는 방법을 깨닫는 것이 중요하다. 이 장에 수록된 활동은 그러한 언어를 자각하는 연습에 도움이 될 뿐만 아니라 보다 의식적으로 자신의 언어를 사용해 진정으로 원하는 삶을 만들어 나갈 수 있도록 도와줄 것이다.

나의 언어 습관 확인하기

앞으로 며칠간 자신이 어떤 언어를 사용하는지 유심히 관찰하자. 부정적인 언어 사용의 악순환에서 벗어나려면 스스로 관찰자가 되어야 한다. 자신의 언어 습관에서 발견한 내용을 글로 써보자.

• 나는 다른 사람에 대해 어떻게 말하는가?

• 나는 나 자신에 대해 어떻게 말하는가?

• 내가 사용하는 언어는 나에게 힘을 주는가, 아니면 힘을 빼앗아 가는가?

• 나는 험담을 하는가? 혹은 자기 비하 발언을 하는가?

• 나는 주로 어떤 유형의 이야기를 하는가?

• 그 이야기는 나의 기분이나 타인의 기분을 좋게 만드는 이야기인가, 나쁘게 만드는 이야기인가?

평소 언어 사용 습관을 인지하면 말뿐 아니라 인생에서 자신이 창출해내는 모든 것에 대해 신중해진다. 부정적이거나 제한적인 언어를 사용하고 있다는 사실을 인지했다면 그것을 멈출 수 있는지 생각해보자. 새롭게 자각한 사실을 통해 불쾌하고 무례한 이야기를 멈출 수 있을 것이다. 험담을 멈추자. 나와 타인을 비하하는 농담을 멈추자. 나와 타인의 단점을 지적하지 말자. 이 활동을 한 단계 더 심화시키려면 부정적인 언어의 사용을 제한한 후 기분이 어떻게 달라졌는지 기록해보자. 기분이 나아졌는가, 더 나빠졌는가? 자기 내면을 자신에 대한 부정적인 단어로 채우지 않게 되었을 때 어떤 생각이나 감정이 드는가?

| 최고의 인생을 확신하라 |

부정적인 언어를 삶에서 지우는 것이 중요하다. 그 행동 하나만으로도 당신의 인생은 생각보다 더 빠르게 긍정적인 방향으로 변화하기 시작할 것이다. 만약 꿈을 향해 크게 도약하기를 원한다면 긍정적이고 고무적이며 힘을 실어주는 언어를 사용해 의식적으로 당신이 원하는 결과를 창출할 수도 있다.

긍정 확언과 만트라mantra는 이를 달성하는 데 큰 도움이 된다. 긍정적인 문장은 끊임없는 마음속의 잡음과 부정적인 감정을 잠재우고 우리가 꿈에 집중할 수 있도록 도와준다. 긍정적인 생각과 언어는 영혼을 풍요롭게 하고 내면과 더 깊이 소통할 수 있게 도와준다. 긍정 확언과 만트라를 반복적으로 사용하면 내면이 더욱 안정되고 평화로운 감정을 느낄 수 있다. 긍정적인 문장과 단어를 반복하여 말하면 당신이 이야기하는 것이 그대로 이루어질 것이다. 그 말들은 당신의 정체성에 뿌리를 내린다. 우리의 뇌 역시 반복을 좋아하기 때문에 이 방법을 통해 효과적으로 자신의 핵심 가치와 신념을 잠재의식에 뿌리내리게 할 수 있다.[1]

긍정 확언과 만트라는 종종 혼용되지만, 둘 사이에는 엄연한 차이가 있다. 먼저 만트라는 불교에서 유래한 것으로 명상에 깊이 집중할 수 있도록 마음을 고요하게 하는 소리, 단어, 기도문, 구절 등을 포함한다. 만트라는 옴om, 평화, 사랑, 평온 또는 해방처럼 한 단어일 수도 있고 몇 개의 구절로 이루어져 있을 수도 있다. 호오포노

포노 Ho'opono-pono ('바로잡다'라는 의미)는 하와이의 용서 기도문으로, '미안합니다. 용서하세요. 감사합니다. 사랑합니다'라는 네 개의 구절로 이루어져 있는데 이 중 일부 혹은 전부를 반복해 말한다.

긍정 확언은 파괴적이거나 불쾌한 사고의 패턴을 바꾸기 위해 언어를 의도적으로 사용하는 방법으로 1970년대에 신경과학자들이 개발한 기법이다. 그로부터 약 15년 후 세계적인 작가 루이스 헤이 Louise Hay가 『치유』를 통해 긍정 확언을 본격적으로 대중에게 소개했다.[2] 평소 내가 즐겨 사용하는 몇 가지 긍정 확언은 다음과 같다.

- 나에게는 모든 일이 언제나 잘 풀린다
- 나에게 필요한 것은 항상 나에게로 온다
- 나는 사랑받고, 가치 있는 존재이며, 있는 그대로의 나로 충분하다
- 다음 단계는 내가 준비되어 있기를 기다린다
- 나는 긴장을 풀고 삶을 즐길 때 더 큰 성취감을 느낀다
- 사랑은 나에게로, 그리고 나를 통해 흐른다
- 나는 나의 인생이 너무 행복하며 감사하다
- 나의 꿈은 완벽한 타이밍에 완벽하게 이루어진다
- 나에게는 명석한 두뇌가 있다. 창의력은 나에게서 자연스럽게 흘러나온다
- 나의 몸은 나의 성전이다
- 나는 위대한 존재다
- 나는 기쁜 마음으로 걸어간다

‘나는’이라는 주어는 자신의 정체성을 강력하게 선언하는 표현으로, 긍정 확언에서 빈번하게 사용된다. 긍정 확언을 처음 접한다면 위의 확언 중 몇 가지를 사용해 보거나 자신만의 새로운 확언을 만들어보는 것을 적극 추천한다.

| 효과적인 긍정 확언의 법칙 4 |

다음은 효과적이고 기운을 북돋는 강력한 긍정 확언을 만드는 데 필요한 몇 가지 핵심 팁으로, 나 또한 수년에 걸쳐 배우고 정리한 법칙이다.

1. 일반적일 것

가장 효과적인 글귀는 특정 상황이나 바람 또는 목표에 국한되지 않고, 보다 일반적인 상황에 적용할 수 있는 글귀다. 지나치게 구체적일 경우 오히려 저항과 의심을 불러일으킬 수 있기 때문이다. 자신의 긍정 확언이 의심이나 두려움을 불러일으킨다면 너무 구체적이거나 자신에게 맞지 않는 방식으로 쓰인 것일 수 있다. 일반적인 것이 가장 도움이 된다. ‘1년 후 나는 내가 꿈꾸던 집에 살게 될 것이다’라는 말보다 ‘내가 원하는 것은 항상 나에게로 온다’라는 말이 더 일반적이며 받아들이기 쉽다. 전자의 문장은 자신이 바라는 바와 기간이 너무 구체적이기 때문에 우리는 ‘어떻게’ 그것을 성취할 것인지에 집착하게 되고, 그 과정에서 더 많은 스트레스와 혼란을 겪기 쉽다.

2. 긍정적인 문구일 것

가장 강력한 긍정 확언은 긍정적인 표현으로 구성된 문장이다. '나는 부정적인 생각을 비워내고 있다'라고 말하는 대신 '매일 나는 나의 힘으로 나아가고 있다' 또는 '나는 매일 기분이 더 나아진다'라고 말하자. 우리의 뇌는 우리가 무언가를 달성하기 위해 집중하는 것과 무언가를 피하기 위해 집중하는 것의 차이를 알지 못한다. 우리는 우리가 중점적으로 초점을 맞추는 것을 향해 나아간다. 즉 '나를 두고 바람을 피우는 사람과는 만나고 싶지 않다'라고 말하면 실제로 바람을 피우는 사람과 만나게 될 수도 있다. 그러니 그 대신 '나를 좋아하는 사람과 사랑에 빠지고 싶다'라고 말하자. 보다 나은 결과를 얻을 수 있을 것이다.

3. 현재 시제로 말할 것

긍정 확언은 시간을 압축해 미래에서 이루고자 하는 일을 현재의 경험으로 가져오는 힘이 있다. 그렇기 때문에 현재 시제로 문장을 쓰는 것이 중요하다. '나는 빚이 없을 것이다'가 아니라 '나는 경제적 자유를 누린다'라고 말해야 한다. 후자의 문장이 구체적이라는 생각이 들고 마음속에 의심과 저항이 생긴다면 시선을 조금 더 뒤로 돌려 '나는 나의 인생에서 자유를 누린다' 또는 '나는 자유롭고 당당하다'라는 말로 대체할 수 있다.

4. 기분을 좋게 만드는 문장을 사용할 것

앞서 공유한 내가 즐겨 쓰는 긍정 확언은 나의 기분을 좋게 만든다. 그 문장들은 나의 컴포트존 안에 존재한다. 당신도 긍정 확언을 사용할 때 편안함을 느껴야 한다. 그러나 원하는 확언이 왠지 불편하게 느껴진다면 점진적으로 당신의 컴포트존 안으로 끌어들이는 효과적인 방법이 있다. 바로 긍정 확언을 말할 때 '…하는 중이다', '…배우고 있다'라고 표현하는 것이다. 즉 '나는 모든 일이 잘 풀릴 거라는 생각을 신뢰하는 법을 배우고 있다'라고 말하는 것이다.

내가 사용하는 말을 의식적으로 선택할 수 있다면 내가 원하는 삶도 의식적으로 만들어 나갈 수 있다. 만트라와 긍정 확언을 강력한 도구라고 말할 수 있는 이유는 우리에게 힘을 주는 생각(자신이 원하는 삶)을 의도적으로 선택할 수 있도록 해주기 때문이다.

■ **컴포트존 실천하기** ■

나만의 긍정 확언 만들기

지금까지 살펴본 내용을 따라 긍정 확언을 한 가지 이상 만들어보자. 일반적이고, 긍정적이어야 하며, 기분을 좋게 하고, 현재 시제로 쓰여야 한다는 사실을 기억하자. 또 자신의 확장된 자아를 머릿속에 떠올려 보자. 그 자아의 긍정 확언은 무엇인가? 매일 자신에게 말할 긍정 확언을 최소한 하나 이상 생각해보자.

완성된 긍정 확언을 하루에 다섯 번 이상 반복하여 말하자. 이를 기억하기

위해 알람을 설정하면 도움이 된다. 긍정 확언을 알람 문구로 저장해두고 회의나 중요 업무 시간을 피해 알람을 설정하자. 알림이 울리면 잠시 시간을 내어 확언을 읽자. 확언에 온전히 공감한 다음, 하루 일과를 이어가자. 때로는 여러 번 반복해서 말해야 문장에 동화될 수 있을 것이다. 여러 번 반복해도 좋다!

| 이 장을 마치며 |

정말 기쁘다! 당신은 방금 매우 강력한 내용이 담긴 13장을 모두 읽었다. 잘했다! 이미 긍정적인 자기 대화에 익숙하다 하더라도 확장된 자아의 관점에서 자기 대화를 시도하는 이 새로운 방법을 꼭 실천해보길 바란다.

때때로 우리는 두려움, 걱정, 의심에 압도되어 버리곤 한다. 그리고 스스로 가치 없는 사람이라고 여긴다. 지금 당장은 사실이 아닌 말들을 하더라도 우리는 가고자 하는 방향으로 가고 있다. 그러니 걱정할 필요가 없다. 긍정 확언을 반복하다 보면 결국 그 문장이 지금 나의 혀끝에서 튀어나오는 말처럼 자연스럽게 느껴질 것이다.

우리 몸의 모든 세포가 그 말이 진실임을 느끼게 될 것이다.
그 말은 나 자신에게 하는 거짓말이 아니라
내가 누구인지를 기억하게 하는 말이다.

다음 장에서는 감정의 힘에 대해 알아보고, 자신의 감정을 통해 컴포트존을 가꿔 나가는 방법에 대해 탐구해 보도록 하겠다.

14장

감정의 이야기에 귀 기울여라

2단계 | 구체화하기

감정은 복잡한 것이지만 우리를 인간답게 만드는 요소 중 하나다. 감정을 파악하고, 이해하고, 탐색하는 방법을 완전히 익히면 감정은 우리의 현실에서 가장 큰 자산이 된다.

지난 몇 년간 나는 나의 감정과 조화롭게 공존할 때, 컴포트존에 머무르는 동시에 컴포트존을 확장할 수 있다는 사실을 깨달았다. 불현듯 나 자신이 생존지대나 자기만족지대에 깊숙이 들어와 있는 것을 발견할 때가 있다. 그런 순간들을 돌이켜 생각해보면, 나의 감정 상태를 부정하거나 인식하지 못했기 때문에 나도 모르게 컴포트존에서 멀리 벗어나게 되었다는 것을 알 수 있다. 컴포트존 안에서 살아가는 데 있어 중요한 것은 컴포트존을 벗어나는 순간을 알아차리는 것이다. 우리는 끊임없이 확장을 추구하는 존재이고, 인생은 컴포트존의 경계를 확장해 나갈 때 더욱 신나고 즐거워지는 것이기 때문에 꿈을 좇다 보면 자연스럽고 편안하게 느껴지는 영역 밖으로 벗어나기가 무척 쉽다. 자신의 감정을 인지하지 못하면 컴포트존을 벗어났을 때 다시 돌아오기 어려울 수 있다.

나만의 컴포트존 설계하기의 1, 2단계에서 당신은 컴포트존에 대해 알아보고 어디서부터 시작할지 고민해 보았다. 또한 컴포트존을 어떻게 확장하고 싶은지, 인생의 어떤 경험을 컴포트존 안으로 가져오고 싶은지에 대해서도 생각해 보았다. 자신이 바라는 바를 명확하게 표현하고 컴포트존 비전 보드에 붙이기도 했다. 이 과정을 통해 자신이 원하는 것 중 일부가 컴포트존의 바로 바깥, 즉 거의 닿을 듯한 위치에 있다는 사실을 알게 되었을 것이다. 그러한 목표는 컴포트존을 조금만 확장하면 달성할 수 있다. 반면 원하는 것 중 또 다른 일부는 컴포트존에서 너무 멀리 떨어져 있어서 어떻게 달성할지 계획조차 세우기 어렵다는 사실도 알게 되었을 것이다.

나만의 컴포트존 설계하기의 3단계인 '탐험하기'에서는 컴포트존 비전 보드에 적은 모든 목표를 포괄하도록 컴포트존을 확장하는 데 도움이 되는 기술, 도구, 사고방식의 전환, 절차 등을 소개할 것이다. 하지만 그전에 감정에 대해 이야기할 필요가 있다. 감정을 이해하고 탐색하는 것은 목표를 향해 나아가기 위한 비전을 개발하고 견지하는 데 필수이며 성공적으로 목표를 달성하기 위한 가장 좋은 방법 중 하나이기 때문이다.

| 고통으로 성장의 크기를 재지 마라 |

수년 전, 마음챙김 세미나에서 만난 한 남성과 이야기를 나눈 적이 있었다. 우리의 대화는 영적 여정에 관한 것이었다. 그는 성인기의 대부분을 화나고, 우울하고, 불행한 상태로 보냈지만 정작 자신은 괜찮다고 생각했다고 한다. 자신이 우울하다는 사실을 깨닫지 못한 것이다. 한번은 어떻게 하면 행복해질 것 같냐는 여동생의 질문에 깜짝 놀라 이렇게 답했다고 한다. "난 행복해!" 그로부터 몇 해가 흘러 그는 처참한 이혼 과정을 겪게 되었다. 동시에 온갖 건강 문제로 고통받았으며 정신적으로도 무너져 내리기 일보 직전이었다. 지푸라기라도 잡는 절박한 심정으로 인도행 편도 항공권을 끊은 그는 이후 약 4개월 동안 홀로 인도를 여행하며 마음의 위안을 얻기 위해 여러 명상 센터를 찾아다녔다. 마침내 그는 자신이 그토록 원하던 마음의 안정과 평화를 찾았다.

그의 이야기에서 한 가지 흥미로운 사실은 그가 내면의 평화와 행복을 찾은 후에야 자신이 과거에 매우 불행했다는 사실을 깨달았다는 것이다. 그는 항상 자신이 비교적 행복한 사람이라고 생각했다고 한다. 내면의 불안과 끝없는 불행에 지나치게 익숙해진 나머지 자신이 살아남으려고 발버둥 치고 있다는 사실조차 깨닫지 못한 것이다. 하지만 컴포트존 안으로 들어온 후, 그는 자신이 얼마나 큰 불편과 끊임없는 스트레스와 불안 속에서 살아왔는지 깨닫게 되었다.

컴포트존 안에서 살아가는 데 익숙해지면 자연스럽게 생존지대와 자기만족지대에서 보내는 시간을 최소화할 수 있게 된다. 또한 고통으로 자신의 발전 수준을 측정할 이유가 없다는 사실도 깨닫게 된다. 압정이 튀어나온 의자에 앉아 있다고 상상해보자. 앉자마자 바로 다시 일어나지 않겠는가? 만일 당신이 컴포트존에서 생활하고 있다면, 생존지대나 자기만족지대에 발을 들여놓는 것은 압정 위에 앉는 일과 비슷하게 느껴질 것이다. 컴포트존에서 사는 것이 어떤 느낌인지 아는 것은 의자에 앉았을 때 어떤 느낌인지 아는 것과 같다. 의자는 편안해야 하고 날카로운 물체가 튀어나와 있지 않아야 한다.

안타깝게도 우리는 압정 위에 앉는 고통을 일상적으로 견디고 있을 뿐 아니라 압정 위에 앉지 않으려 하는 사람들을 함부로 재단하는 세상에 살고 있다. 우리가 사는 세상은 이렇게 말한다. "당신이 진정으로 성공을 원한다면, 당신이 강인하고 가치 있는 사람이라면, 자신을 증명하고 싶다면 압정 위에 앉아야 할 것이며 그 선택을 좋아하게 될 것이다! 압정에 앉는 것은 성공을 위한 통과의례일 뿐이니 불평할 필요 없다. 압정 위에 오래 앉을수록, 더 많은 압정 위에 앉을수록 당신은 더 강해질 것이고 더 큰 성공을 거머쥘 자격이 있는 사람이 되는 것이다." 반면 압정이 없는 편안한 의자를 선택한 사람들에게는 이렇게 말한다. "당신은 그 의자에 앉을 자격이 없다! 당신은 그 의자를 쟁취하지 못했다! 압정이 박힌 의자부터 선택하지 않은 건 이기적인 행동이다! 어떻게 감히!"

다소 우스꽝스럽게 들리겠지만, 이는 우리가 신체적·정신적 건강을 희생하면서 불편함과 과도한 노동을 미화할 때 하는 말이다. 대부분의 사람이 하루 종일 압정 위에 앉아 있는 것이 익숙해진 세상에서 죄책감 없이 편안한 의자에 앉고 싶다면 이 구시대적인 사고 패턴에서 벗어나야 한다.

컴포트존에서 벗어난 순간을 인식하면 다시 컴포트존으로 돌아가는 길을 찾을 수 있다. 이를 인식하는 능력이 없으면 나만의 컴포트존 설계하기 3단계에서 컴포트존을 벗어나기가 쉽다. 그러므로 반드시 개발해야 할 중요한 능력이다. 컴포트존을 벗어났다는 사실을 인지하고 빠르게 제자리로 돌아올수록, 더 빨리 안전함을 느껴 자신이 원하는 확장된 삶을 향해 계속 나아갈 수 있다.

| 감정의 폭풍 극복하기 |

나는 종종 감정이 날씨와 같다고 생각한다. 감정은 날씨처럼 끊임없이 변화한다. 마음에 부는 작은 바람이 삶을 뒤흔들고, 송두리째 뿌리 뽑아, 저 멀리 내던져버리기도 한다. 그럴 때면 삶이 너무 힘들고, 심지어는 더 이상 살 수 없을 것 같다고 느끼는 이들도 있다. 끊임없이 변화하는 감정의 소용돌이에 휘말렸기 때문이다. 이들은 두려움에서 기인한 반사적인 감정의 폭풍에 끝없이 휘둘리면서 무력감, 분노, 좌절, 절망, 외로움을 느낀다. 극심한 감정 기복을 겪으며 살아갈수록 세상은 더욱더 적대적이고 위험한 곳이 된다. 나는 우리가 끝없는 감정의 폭풍을 견디며 마주하는 이 적대적이고 위험한 세상이 바로 우리가 컴포트존 밖으로 밀려났을 때 살게 되는 세상이라는 사실을 종종 발견한다.

잠시 컴포트존을 실제 집이라고 생각해보자. 집 안에서 안전하게 지내고 있을 때는 날씨의 변화에 어떻게 대처하는가? 안전함이 느껴지는 집에 살고 있다면 보호받는다는 느낌이 들 것이다. 하지만 천장에 물이 새거나 벽이 썩고, 곰팡이가 피거나 전기 및 배관에 문제가 있는 집에 살고 있다면 갑자기 내리는 비에 걱정부터 앞설 것이다. 내면의 집을 방치했을 때도 마찬가지다. 내면이 안전하지 않다고 느끼면 외부의 작은 불확실성도 커다란 위협으로 느껴질 수 있다. 하지만 건강하고 안전한 내면의 집, 즉 나만의 컴포트존을 가꾸어 왔다면 그 어떤 감정의 폭풍우도 견뎌낼 수 있을 것이다.

안전함을 느끼고, 나 자신을 자유롭게 표현하고, 즐거움을 경험할 수 있도록 컴포트존을 가꾸면 더 이상 감정에 휘둘리지 않는 상태가 되기 때문에 온전한 삶을 되찾을 수 있다. 내면에 어떤 감정이 생겨도 계속해서 안정감 안에 머무르며 나의 가치를 기억하고 신뢰감과 소속감을 느끼면서 어떤 상황도 헤쳐 나갈 수 있다는 자신감을 가지게 된다.

| 나의 감정을 읽는 법 |

감정은 정보다. 감정은 내가 컴포트존 안에 있는지, 아니면 그 너머로 벗어났는지 알려준다. 감정은 또한 내가 컴포트존으로 다시 돌아와야 할 때 그 길을 안내하는 길잡이가 되어주기도 한다.

일반적인 감정을 보여주는 다음의 도표를 살펴보자. 컴포트존에 가까워질수록 감정의 양상이 더 좋아진다. 컴포트존에서 멀어질수록 감정은 두려움으로 가득 차게 된다. 판단하지 않고 자신의 감정을 관찰하고, 정확하게 파악하는 법을 배우는 것이 의식적으로 감정을 전환하고 이를 통해 다시 컴포트존으로 돌아오는 첫 번째 단계다.

| 일반적인 감정(삶의 세 가지 영역별) |

컴포트존	생존지대	자기만족지대
기쁨/지혜	불안	지루함
자유/사랑	비관	낙담
효능감	좌절감/짜증	분노
감사	조바심	증오
열정	두려움/압박감	질투
열의	실망	불안감/죄책감
긍정적 기대/신념	의심	무가치함
낙관주의	걱정	두려움/슬픔/우울
희망	비난	수치심
만족	선망	무력감

기분이 조금이라도 나아지는 선택을 계속함으로써 자신의 감정을 이용해 컴포트존으로 다시 들어갈 수 있다. 예를 들어 자기만족 지대의 감정을 경험하고 있다면, 자신의 감정을 변화시킴으로써 생존지대에 들어갔다가 컴포트존으로 이동할 수 있다. 불안(자기만족지대)에서 좌절(생존지대)을 거쳐 희망(컴포트존)이라는 감정으로 나아갈 수 있는 것이다.

단순히 자신의 감정을 파악하는 것만으로도 부정적인 감정이 해소되고 기분이 더 나아지기도 한다. 그래도 기분이 나아지지 않는 다면 머릿속으로, 또는 일기를 쓰는 방법으로 자신의 감정을 더 깊이 들여다보는 방법도 있다. 예를 들어 내가 지금 느끼는 감정이 질투심이라고 가정해보자. 일이 잘 풀리면 행복해야 하는데 도대체 왜 이런 기분이 드는지 이해가 되지 않는다. 하지만 자신이 왜 이런 감정을 느끼는지 판단하지 말고 그저 그 감정을 바라보고 인정해야 한다. 잘 관찰하다 보면, 그 감정이 애초에 질투를 불러일으킨 대상에게 보복하려는 방향으로 나를 이끌고 있다는 것을 깨닫게 된다. 그러면 우리는 이 불쾌한 감정을 영감으로 바꿀 수 있다. 감정을 인지하고 관찰하다 보면 그 감정이 발생한 핵심적인 이유가 드러나는 경우가 종종 있다. 의식적인 관찰자로서 우리는 그 감정을 컴포트존으로 돌려보낼 수 있다.

반면 자신이 느끼는 것이 어떤 감정인지 정확히 파악하기 어렵다면 신체 감각을 관찰하는 것이 도움이 될 수 있다. 감정은 종종 신체적 감각을 유발하는 화학 반응을 동반한다. 예를 들어 분노를 느끼면 얼굴이 뜨거워지기도 하고, 슬픔을 느끼면 목이 막히기도 하며, 불안하면 가슴에 압박감이 느껴질 수도 있다.

자신이 느끼는 감정이 무엇인지 파악한 후에는 몸과 신체적 감각에 집중함으로써 그 감정에 대해 더욱 깊이 이해할 수 있다. 그 감각은 정확히 신체의 어느 부분에 나타나는가? 그 감각에 대해 뭐라고 설명할 수 있는가? 감정이 자신의 몸에서 어떻게 나타나는지 가장 친한 친구에게 설명한다고 상상해보자. 당신도 아마 신체적 감각을 인지하면 현재 느끼고 있는 감정이 사라지고 기분이 다소 나아진다는 사실을 눈치챘을 것이다. 예를 들어 좌절감이 몸 안에서 어떻게 느껴지는지 관찰하는 것만으로도 좌절감이 사라지는 것을 느낄 수 있다. 그 후 좌절감 대신 희망적인 기분이 들기도 할 것이다. 실제로 이를 느꼈다면, 축하한다! 당신은 컴포트존으로 돌아온 것이다.

컴포트존에서 느낄 수 있는 주된 감정이 편안함, 희망, 사랑, 소속감, 감사, 효능감과 같은 좋은 감정이라면 컴포트존을 벗어났을 때는 부정적인 감정을 느끼는 것이 당연하다. 사실 컴포트존에서 멀어지면 멀어질수록 우리의 감정은 더욱 불쾌해진다. 나 자신에게서 멀어지는 시간이 길어수록, 나의 세계는 불안과 두려움으로 가득 차게 된다. 따라서 컴포트존 밖에서 사는 것을 우선시하는 세상은 영감에 따라 결정을 내리는 세상이 아니라 두려움에 따라 결정을 내리는 세상이다.

두려움을 타파하는 유일하고도 지속 가능한 해결책은
안전하고도 명확하며 내면의 힘이 존재하는 컴포트존에서
그 상황을 직시하는 것이라고 믿는다.

나 자신, 능력, 관계, 환경에 대해 안정감을 느낄 때 우리를 둘러싼 위험에 맞서기가 더욱 쉬워진다. 실제로 나의 삶은 컴포트존 밖의 감정을 인지하고, 해소하고, 컴포트존 안에서 느낄 수 있는 감정들을 음미하기 시작하면서 더 나은 방향으로 변화했다.

때때로 우리는 "나는 인생에서 결코 성공하지 못할 것 같아."와 같은 말을 하며 신념을 감정으로 착각한다. 이 말에서 '나는'이라는 단어를 제거하면 '그런 것 같다'라는 생각만 남게 되므로 이 문장은 감정이 아니다. 이러한 말을 자주 하는 경향이 있는가? 이 책을 위해 특별히 준비한 홈페이지 자료게시판(thecomfortzonebook.com/resources)에 있는 '제한된 신념을 바꾸는 과정 Change Your Limiting Beliefs Process' 워크시트를 사용해 더 이상 자신에게 도움이 되지 않는 제한된 신념을 파악하고 도움이 되는 다른 신념으로 대체하길 바란다.

| 감정이 알려주는 컴포트존 이탈 신호 |

컴포트존을 벗어나는 것은 피할 수 없는 일이지만, 어떻게 벗어났는가에 따라 소외감과 두려움을 느낄 수도, 자신감과 평화를 느낄 수도 있다. 어느 화창한 오후, 집을 떠나 외출하는 상상을 해보

자. 몇 시간이 걸리든, 며칠이 걸리든 다시 집으로 돌아올 것이라는 사실은 확실하다. 집 주소를 알고 있으니 어디를 가든 쉽게 집으로 돌아올 수 있을 것이다. 집에 돌아오면 자신이 좋아하는 의자에 앉거나 누워 휴식을 취하고 재충전을 할 수 있다는 사실도 알고 있다. 목적지까지 가는 길이나 집으로 돌아오는 길에 길을 잃더라도 결국 집에 도착할 수 있다는 확신이 든다.

이제 전쟁터로 떠나는 군인이나 배를 타고 먼 땅으로 가는 탐험가처럼 다시는 돌아오지 못할 수도 있다는 생각을 가지고 집을 떠난다고 상상해보자. 오늘이 내 집에 들르는 마지막 날일지도 모른다고 생각하며 현관문 밖을 나서는 것이다. 당신은 이제 집으로 돌아오는 대신 낯선 땅을 정처 없이 떠돌며 끊임없이 자신을 지켜내고, 생존을 위해 싸우며, 자신의 가치를 증명해야 한다. 이는 대부분의 사람이 컴포트존을 떠날 때와 같은 상황이다. 대체로 '성공하려면 불편함을 감수해야 하고, 성공하지 않으면 돌아오지 않겠다!'는 생각 외에 별다른 목표 없이 컴포트존을 떠난다. 뚜렷한 계획이나 목적지 없이 내면의 집에서 나와 모험을 떠나는 것이다. 자신을 컴포트존 밖으로 추방시킴으로써 언제든 돌아갈 집이 있다는 사실에서 느끼는 안정감을 잃게 된다. 또 컴포트존에 머무는 것을 실패와 연관시키기 때문에 어떤 상황에도 집으로 돌아오지 않으려 한다.

이 두 가지 경험이 얼마나 다른지 잠시 상상해보자. 돌아갈 수 있는 집이 있다는 확신이 없다면 삶을 살아가기가 얼마나 힘들겠는가? 돌아가고 싶어도 어떻게 돌아가야 할지 모를 정도로 집에서 너무 멀리 떨어져 길을 헤매고 있다면 얼마나 큰 상실감과 혼란스러움을 느끼겠는가?

그렇다면 대부분의 사람이 두려움과 불안에 휩싸인 채 살아가거나 전투에 대비하는 방어적인 자세로 인생을 사는 것은 당연한 일일까? 많은 사람이 자기 자신과 멀어지는 고통에서 일시적으로나마 벗어날 수 있는 활동, 관계 또는 물질적인 보상으로 두려움을 잊으려 한다. 편안함을 나약함과 연관 짓고, 어떻게 해서든 컴포트존을 멀리하려 함으로써 두려움을 일상적으로 느끼는 추방된 병사와도 같은 삶을 산다. 심지어는 편안하고, 안전하고, 안락하고, 휴식을 취한다는 것이 어떤 느낌인지 잊어버리기도 한다.

■ **컴포트존 실천하기** ■

내면을 돌보라는 5가지 감정 신호

우리가 컴포트존을 떠났다는 사실을 인지할 수 있는 다섯 가지 감정 신호가 있다. 만약 당신이 그중 한 가지 감정이라도 느끼고 있다면 시선을 안으로 돌려 내면의 상태를 살펴봐야 한다. 한 가지 덧붙이고 싶은 점은 컴포트존에 있는가 혹은 밖에 있는가에 따라 비슷한 상황이라도 감정의 반응이 달라질 수 있다는 사실이다.

1 | 혼란

내면이 엉망진창이 된 상태로 컴포트존 밖으로 밀려났다면 혼란을 경험할 수 있다. 이때의 느낌은 물리적 집이 엉망일 때 느끼는 혼란이나 혼돈과 다

르지 않다. 때로는 지저분한 집을 청소하는 것보다 그냥 두거나 피하는 것이 더 쉬울 때가 있다. 하지만 외적 혼란과 내적 혼란은 서로 밀접하게 연결되어 있기 때문에 외적 생활공간을 정리하면 내적 혼란을 줄일 수 있다. 집 안의 혼란은 마음의 혼란을 야기하며 마음의 혼란은 물리적 집의 혼란을 야기한다.

- **혼란을 야기(지속)시키는 일반적인 행동**: 너무 많은 사람에게 조언을 구하는 것, 똑같은 옛이야기를 반복하는 것, 자신의 진솔한 감정, 생각 또는 의도에 대해 솔직하지 않은 것, 내면의 목소리에 귀 기울이거나 신뢰하지 않는 것

- **혼란을 해소하고 컴포트존으로 돌아가기 위한 행동**: 똑같은 옛이야기 반복하지 않기, 너무 많은 사람에게 조언을 구하지 않기, 모든 의무와 기대감을 내려놓기, 매일 명상하기(5분에서 10분 정도만 투자해도 충분하다), 일기 쓰기, 자신의 감정, 생각, 의도에 솔직하기, 내면의 목소리에 귀 기울이기, 생활공간 청소하기, 생각을 목록화해 정리하기

2 | 질투

타인을 질투할 때 우리의 시선은 안이 아닌 밖을 향한다. 쌍안경을 들고 창가에 앉아 다른 집 마당을 쳐다보면서 우리 집 바닥을 청소할 수는 없다. 질투와 시기는 두려움의 표현으로, 자신이 충분히 훌륭하지 않고, 충분히 성공하지 못했으며, 충분히 매력적이지 않고, 충분히 똑똑하지 않다고 느끼는 이른바 '불충분'의 감정으로 이어지는 경우가 많다. 이런 감정을 느끼면 잠을 충분히 자지 못한 것 같은 기분으로 잠에서 깨어나고, 하루 종일 충분히 성취하지 못한 것 같은 기분으로 잠자리에 들게 된다. 질투와 결핍감은 삶 곳곳에 스며들어 우리의 인간관계를 내면에서부터 부식시킨다. 결핍감을 느낄 때 우리는 종종 소중한 사람들에게 해를 끼치는 방식으로 그 결핍을 채우려 하기 때문이다.

- **질투를 야기(지속)시키는 일반적인 행동**: 외면에 집중하는 것, 타인의 삶을 낭만화하는 것, 자신의 성취와 강점을 최소화하거나 경시하는 것, 타인과 나를 비교하는 것, 가진 것보다 갖지 못한 것에 집중하는 것
- **질투를 해소하고 컴포트존으로 돌아가기 위한 행동**: 내면에 집중하기, 감사 일기 쓰기, 자신의 성취를 축하하기, 타인의 성공에 진정으로 기뻐할 수 있는 방법을 찾기, 타인과 나를 비교하지 않기, 감정을 영감으로 전환하기

3 │ 신체적 통증 또는 부상

신체적 통증과 부상은 감정은 아니지만 종종 강력한 감정을 동반해 스스로를 돌보지 않았음을 일깨운다. 내면의 건강을 너무 오래 소홀히 하면 우리 몸은 부상, 통증 또는 질병을 통해 주의를 환기시키려고 한다. 보통은 가벼운 증상에서 시작해 시간이 지날수록 점점 심해지며, 나중에는 생활방식을 재점검해야 하는 상황에 이르게 된다.

- **신체적 통증 또는 부상을 야기(지속)시키는 일반적인 행동**: 신체적 긴장의 징후를 무시하는 것, 고통을 참는 것, 자신을 피해자라 생각하는 것, 타인을 비난하는 것
- **신체적 통증 또는 부상을 해소하고 컴포트존으로 돌아가기 위한 행동**: 자기관리에 우선순위를 두기, 몸과 마음을 돌보기 위해 생활 속도를 늦추기, 자신의 고통에 대해 책임지기, 스스로에게 "이 통증은 나에게 무엇을 말하려 하는 걸까?" 질문하기

4 │ 압박감

스트레스와 내면의 경고를 무시하면 감정적 혼란이 심해져 무기력이나 잘못된 의사결정으로 이어질 수 있다. 극심한 압박감을 느끼고 있다면 스트레

스가 너무 심한 상태이기 때문에 제대로 된 사고나 행동을 취하기 어려워진다. 모든 것을 멈추고 싶고, 도망치고 싶고, 울고 싶어질 뿐이다.

- **압박감을 야기(지속)시키는 일반적인 행동:** 스트레스, 피로, 영양 부족 또는 탈수, 휴식을 취하지 않는 것, 도움을 요청하지 않는 것
- **압박감을 해소하고 컴포트존으로 돌아가기 위한 행동:** 휴식 취하기, 울기, 낮잠 자기, 산책하기, 도움 요청하기, 누군가의 지지가 필요함을 알리기, 물 마시기, 영양가 있는 음식 먹기, 심호흡하기, 생각을 목록화한 후 필수적이지 않은 일은 위임, 제거 또는 연기하기

5 | 불안

아직 일어나지 않은 일과 결과에 대해 두려움을 느끼면 불안을 경험하게 된다. 해소되지 않은 불안은 신체적 질병과 불면증으로 이어질 수 있으며 대인 관계에도 큰 지장을 초래할 수 있다.

- **불안을 야기(지속)시키는 일반적인 행동:** 통제할 수 없는 일에 대해 걱정하는 것, 상황과 사람을 피하는 것, 부정적으로 생각하는 것, 불안의 징후를 무시하는 것
- **불안을 해소하고 컴포트존으로 돌아가기 위한 행동:** 현재의 순간에 집중하기, 명상하기, 신체적 활동에 참여하기, 휴식 취하기

나만의 컴포트존 설계하기를 통해 의도적으로 삶을 변화시키면 놀랍고도 기적 같은 도약을 경험하는 경우가 종종 있다. 세 단계를 거치며 어떻게 계속해서 컴포트존에 머무르는지에 따라 이 강력하고 혁신적인 프로세스의 효과가 달라진다. 지금부터 내가 컴포트존

에 머무르는 데 도움이 되었던 몇 가지 방법을 공유하고자 한다.

집중력 조절하기

컴포트존에서 보내는 시간을 의도적으로 늘릴 수 있는 한 가지 방법은 컴포트존에서 느낄 수 있는 감정에 더욱 집중하고 컴포트존 밖에서 느끼는 감정에 대해서는 신경을 덜 쓰는 것이다.

컴포트존에서 느낄 수 있는 감정은 우리의 기분을 좋게 만드는 감정이다. 안전, 신뢰, 자신감, 소속감, 성취감 등이 여기서 느끼는 핵심 감정이다. 컴포트존에서 멀리 벗어날수록 더욱 적대적인 감정과 마주하게 되며, 그 결과 두려움에서 기인한 감정들이 더 많이 생겨나게 된다. 컴포트존 밖에서 느낄 수 있는 감정으로는 두려움, 분노, 좌절감, 절망감, 외로움, 상실감, 소외감 등이 있다.

기분 좋은 감정에 더 집중하고 기분을 해치는 감정에 덜 집중하라고 말하는 것은 특정 감정을 무시하라는 뜻이 아니다. 어떤 감정을 느껴도 모두 괜찮다.

집을 나서기 전에 그날의 날씨를 인정하고 받아들이는 것처럼 내가 느끼는 감정을 있는 그대로 인정하는 것이 중요하다.

비가 내리는 날 심부름을 하러 밖에 나가야 하는데, 날씨를 인정하지 않고 비가 오지 않는 척하고 나간다면 그 외출은 즐거운 경험으로 이어지기 어렵다. 이와 마찬가지로 친구와 대화 중일 때 친구

| 컴포트존과 감정의 상관관계 |

에게 느끼는 원망, 분노, 좌절감과 같은 감정을 무시하면 오히려 둘 사이에 불필요한 긴장감이 조성될 수 있다.

그러나 불쾌한 감정에만 지나치게 많은 양의 에너지를 소비하는 것은 우리에게 매우 해롭다. 빗속에서 심부름을 해야 하는 상황에서 빗방울이 머리에 떨어질 때마다 끊임없이 불평하고 짜증을 낸다면 결코 달갑지 않은 경험이 될 것이 분명하다. 부정적인 감정은 비처럼 지나간다. 하지만 그 감정에 맞서 싸우거나 불평하거나 그 감정을 자신의 무가치함을 증명하는 증거로 삼으면 우리는 불필요하게 자신을 컴포트존 밖으로 내몰게 된다. 부정적인 감정을 있는 그대로 받아들이면 그 감정이 나를 통과하도록 내버려 둘 수 있다. 그렇게 하면 우리 안에서 부정적인 감정이 머무는 시간을 최소화할 수 있다.

그런 다음 기분이 좋아지면 긍정적인 감정을 만끽하는 시간을 최대한 늘려보자. 평화롭거나 즐겁거나 자신감이 넘친다면 그 감정에 푹 젖어보자. 그리고 천천히 음미해보자. 그 감정에 푹 빠졌던 경험을 글로 써보자. 그 감정을 경험한 일을 축하하며 노래를 부르거나 춤을 춰도 좋다. 온 마음을 다해 그 감정을 느끼고, 최대한 우리 안에 오래 머무르도록 만들자.

레어 프로세스 RARE process

나는 전작 『하루 3분 긍정일기』에서 레어 프로세스를 소개한 바 있다. 부정적인 생각과 함께 발생한 부정적인 감정을 해소하기 위해 직접 개발해 실제 내가 다년간 사용한 도구다. 'RARE'는 인식하기 Recognition, 받아들이기 Accept, 재정의하기 Redefine, 나아가기 Evolve 의 앞글자에서 따온 약어다. 이 프로세스에 따르면 우리는 가장 먼저 부정적인 생각이나 감정을 알아차림으로써 이를 받아들인다. 그런 다음, 그 순간 내 안에 있는 생각과 감정을 느끼도록 허용함으로써 첫인상을 수용한다. 그 생각과 감정이 진실이 아니라는 것을 알기 때문에 그것을 재정의하고 조금 더 나은 느낌의 것으로 대체한다. 재정의는 말 그대로 '다시 또는 다르게 정의하는 것'을 의미한다. 부정적인 생각을 인식하고 받아들이고 재정의하고 나면 마지막으로

감정을 긍정적인 방향으로 전환하여 자신과 상황이 앞으로 나아갈 수 있도록 한다.[1]

멈추기, 호흡하기, 전환하기

무언가에 대해 생각하면 생각할수록 그에 대해 더 많이 생각하고 싶어진다. 그렇게 되면 우리의 생각과 감정은 추진력이라는 날개를 달고 더 오래 지속된다. 그렇기 때문에 우리가 어떤 문제에 집착하면 그 문제가 더욱 심화되고, 결과적으로 해결책을 찾기도 더 어려워지는 것이다. 그뿐만 아니라 나에게 상처를 주는 누군가의 말이나 행동을 오래 곱씹을수록 더 화가 나고 용서하기도 어렵다.

이러한 이유로 최근 감정을 활용하고, 이해하고, 조절하여 문제를 극복하고 관계를 강화하는 능력인 정서지능emotional intelligence이 화두가 되고 있다. 감정 패턴을 지속시키는 부정적인 생각에 집착하지 않음으로써 우리는 그 패턴을 깨뜨릴 수 있다. 집착하는 대신 감정이 우리의 시스템 밖으로 흘러나가게 하는 것이다. 감정을 흘려보내거나 부정적인 생각을 효과적으로 해소하면 우리 몸에서 활성화되었던 화학 반응이 자연스레 사라지고, 우리는 명료하게 사고할 수 있게 된다. 이를 위해 나는 '멈추기, 호흡하기, 전환하기' 방식을 사용한다.

먼저 나는 불편함을 유발하는 감정이나 생각에 집착하지 않고 그냥 멈춘다. 가끔은 생각을 하는 도중에 멈추기도 한다. 이것은 마치 프리즈 댄스(음악에 맞춰 춤을 추다가 음악이 멈추면 동작을 멈춘 채 그대로 있어야 하는 일종의 게임—옮긴이)와 유사하다. 마음속이 무대가 된다는 것과 사람 대신 내 생각이 멈춘다는 사실만 다를 뿐이다. 생각을 멈췄다면 잠시라도 그냥 가만히 있는 것이 나의 목표가 된다. 가끔은 누군가가 내 머릿속으로 들어오는 상상을 하기도 한다. 그러면 내 생각은 그대로 멈추고, 나는 그 낯선 이와 함께 우주와도 같은 머릿속을 유영하며 나의 생각을 가만히 들여다보는 것이다.

그런 다음 심호흡을 깊고 길게 하면서 얼어붙은 생각을 모두 바닥에 내려놓는다. 몇 초간 숨을 참았다가 한꺼번에 내쉬면 도움이 된다. 가끔은 이 호흡을 두세 번 반복하기도 한다. 심호흡이 끝날 즈음 감정은 나를 통과해 사라지고 나는 더 명확하게 생각할 수 있게 된다.

그리고 마지막으로 세 번째 단계를 시행한다. 나의 컴포트존 안에서 상황을 바라보겠다는 선택을 통해 의식적으로 나의 생각을 전환하는 것이다. 스스로 이렇게 물을 수 있다. '지금 이 순간 안전함을 느낀다면 나는 어떤 생각을 할까?' 혹은 '잘될 거야', '지금 당장 그 일을 해결할 필요는 없어', '이것도 결국 나에게 도움이 될 거야' 등 일반적인 생각을 떠올릴 수도 있다.

생각을 전환하는 것이 중요한 이유는 어떤 감정을 일으켰던 생각이 다시 활성화되면 우리는 동일한 감정의 순환고리에 빠지기 쉽기 때문이다. 의식적으로 다른 생각을 선택함으로써 상황에 대한 나의 감정적인 반응을 바꾸고, 스스로를 다시 컴포트존으로 돌려보낼 수 있다. 실제로 이 방법을 의식적으로 일관되게 연습한 결과, 자연스럽게 나의 정서지능이 향상되는 것을 느낄 수 있었다.

정서지능 높이기

오늘 남은 시간 동안 자신의 감정을 주의 깊게 살펴보자. 감정을 말로 표현하거나 일기장에 적자. 내면을 돌보라는 신호를 주는 다섯 가지 감정 지표 (혼란, 질투, 고통/부상, 압박감, 불안) 중 한 가지라도 느껴진다면 감정의 흐름을 끊기 위해 멈추기, 호흡하기, 전환하기 방식을 사용해보자.

이 방법이 감정을 해소하는 데 도움이 되었는지의 여부와 이를 통해 배운 점을 적어보자. 이것이 도움이 되었다면 앞으로 일주일 동안 이 방법을 계속 사용하면서 경험한 바를 써보자.

| 이 장을 마치며 |

축하한다! 당신은 나만의 컴포트존 설계하기 2단계를 모두 완료했다. 이 장에서는 편안함이 삶에 미치는 영향을 극대화할 수 있도록 자신의 감정을 알아차리는 일이 얼마나 중요한지에 대해 살펴봤다.

컴포트존에 있을 때 우리가 느끼는 감정은 날씨처럼 지나갈 것이고, 내면의 세계가 감정의 영향을 받을 필요가 없다는 사실을 알고 있기 때문에 어떤 순간에, 어떤 감정이 느껴져도 내면이 흔들리지 않는다. 이러한 방식으로 살면 기분 좋은 감정들을 충분히 만끽할 수 있다. 기분을 해치는 감정이 느껴지더라도 기꺼이 흘려보내 버릴 수 있다. 이것은 매우 강력한 방법이다. 감정이 지나가고 나면 우리는 명확하고 차분하게 상황에 대처할 수 있게 되기 때문이다. 컴포트존 안에 살면서 의식적으로 그곳을 더 넓게 확장할수록 감정 기복이라는 폭풍우를 만났을 때 더욱 쉽게 극복할 수 있다. 실제로 삶의 질은 컴포트존에서 벗어났음을 인지하고 그곳으로 빠르게 돌아가는 능력에 따라 결정된다는 사실을 기억하기를 바란다.

자신이 현재 어디에 있는지(자신의 내면이 어떠한지)을 정의하고, 확장된 삶에 대한 비전을 세웠으며, 컴포트존 안팎의 불가피한 변화를 헤쳐 나갈 수 있는 정서적 자각을 키웠다. 그럼 이제 나만의 컴포트존 설계하기의 세 번째이자 마지막 단계를 수행할 준비가 되었다. 지금부터는 꿈을 향해 꾸준히 나아가기 위해 할 수 있는 일에 대해 설명하고자 한다. 네비게이션이 한 단계 한 단계씩 우리를 최종 목적지로 안내하는 것처럼 다음 장에서 소개하는 도구는 당신에게 최고의 인생으로 가는 길을 차근차근 안내해줄 것이다.

15장

컴포트존을 넓혀라

3단계 | 탐험하기

인생을 만끽하고 성장하는 것은 새로운 것을 시도하고, 기회를 잡고, 즐기고, 그 과정에서 실수를 해도 괜찮다는 것을 의미한다. 삶의 여정을 즐기는 과정에서 배움이 있다면 잘못된 결과로 이어지는 일은 없을 것이다.

내가 처음으로 댄스 레슨을 받았던 때가 기억난다. 나는 언제나 춤추는 것을 좋아했고, 늘 파트너와 함께 춤을 추고 싶다는 생각을 가지고 있었다. 무대에서 파트너와 함께 한마음 한뜻으로 매끄럽게 춤을 추는 상상만 해도 전율을 느꼈다. 그래서 몇 년 전 밸런타인데이에 남편에게 댄스 레슨권을 선물로 받았다. 남편은 춤을 잘 추지 못했고 관심도 없었기 때문에 그 선물은 온전히 나를 위한 배려였다.

첫 레슨에 참석한 날, 나는 「댄싱 위드 더 스타」에 나가겠다던 내 야심 찬 꿈이 눈앞에서 허무하게 사라지는 것을 보고 말았다. 함께 춤을 배우기는 쉽지 않았다. 남편은 모든 춤 동작을 낯설어했다. 음악을 정말 좋아하는 사람임에도 박자 맞추는 것을 매우 어려워했다. 춤을 추다가 나를 껴안는 동작마저 뻣뻣하고 부자연스러웠다. 스텝을 배우는 것은 그에게 무의미했다. 남편이 리드를 하고 내가 따라가야 한다고 강사가 아무리 이야기를 해도 나는 남편의 움직임을 모두 예측할 수 있었고, 서로 합이 맞지 않는 동작 때문에 우리는 서로 부딪히기 일쑤였다.

수업을 마치고 집에 돌아오자 남편은 수업 시간에 배운 스텝을 거의 기억하지 못했다. 그리고 질문을 쏟아냈다. "어느 발이 먼저였지?", "스텝을 뒤로 밟던가, 앞으로 밟던가? 아, 참! 사이드 스텝도 있었지? 어느 타이밍에 들어간다고?" 강사는 수업 시간에 배운 스텝을 100퍼센트 확신하지 못하면 집에서 연습하지 말라고 신신당부했다. 강사는 우리가 옳지 않은 동작을 영구적으로 학습하지 않기를 바란다며 이렇게 말했다. "연습이 완벽을 만들지는 않아요. 연습은 영속성을 만들죠."

그래서 우리는 연습 대신, 서로에게 '올바른' 스텝이 무엇인지 물어보면서 동작을 기억하려고 노력했다. '이건 절망적이야.' 나는 생각했다. 우리가 과연 함께 춤을 추는 법을 배울 수 있을까? 이 생각만으로도 온몸에 슬픔의 파도가 밀려왔다. 그래도 포기하고 싶지는 않았다. 마음 한구석에서는 이 퍼즐을 꼭 풀고 싶다는 생각이 들었기 때문이다. 우리는 매주 약속된 수업에 참석했고, 수업에서 배운 스텝을 기억하기 위해 서로에게 질문하는 것도 잊지 않았다. 그러던 중 네 번째 수업에서 모든 것이 바뀌었다. 강사가 음악을 찾는 동안 우리는 레슨을 시작할 때마다 그랬던 것처럼 무대 중앙에 자리를 잡았다. 음악이 흘러나오기 시작했고, 우리도 몸을 움직이기 시작했다. 남편이 강사의 카운트를 기다리지 않고 박자에 맞춰 앞으로 나왔다. 나는 남편이 춤을 시작할 거라고 예상하지 못했지만 그의 리드에 따라 몸이 반응했다. 남편이 앞으로 나오면 나는 동시에 뒤로 물러섰다. 그간 배운 몇 가지 동작으로 춤을 추니 쉽게 느껴졌다. 나는 그의 리드에 몸을 맡겼다.

우리는 갑자기 춤을 출 줄 아는 부부가 되었다. 어떻게 이런 일이 일어났을까? 어색하고 불편했던 동작이 어떻게 갑자기 자연스러워진 걸까?

| 새로움은 곧 익숙해진다 |

우리가 새롭고 낯선 것을 배우는 과정은 스스로를 성장시키고 컴포트존을 확장하는 과정과 동일하다. 나는 이 과정을 적응-acclimate 이라 부른다. '새로운 환경에 익숙해진다'라는 뜻의 이 단어는 크게 세 단계로 이루어진다.

| 적응의 3단계 과정 |

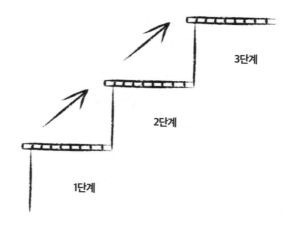

- **1단계**: 낯설고 불편함
- **2단계**: 익숙하고 불편함
- **3단계**: 익숙하고 편안함

앞서 말한 춤을 예로 들면, 첫 번째 레슨에서 강사가 알려준 스텝과 동작은 낯설고 불편하게 느껴졌다(1단계). 함께 춤을 추는 것은 확실히 나와 남편의 컴포트존을 벗어나는 일이었지만 설렘과 기대도 있었다. 매주 레슨을 통해 스텝을 연습하면서 우리는 춤에 더욱 흥미를 느끼기 시작했다. 여전히 어색하게 느껴지긴 했지만 호기심이 생겼고, 계속해서 배우고 싶었다(2단계). 우리가 원하는 것은 컴포트존에서 더 이상 크게 벗어나지 않고 가장자리에서 조금씩 움직이는 것이었다. 이 두 번째 단계에서도 남편과 나는 여전히 서로에게 질문을 던져야 했다. "방금 그 동작 뭐였지?" 그러면서 올바른 스텝을 떠올리려고 애썼다. 어려운 과정이었지만 우리가 제대로 하고 있다는 확신이 서고 나면 좀 더 자신 있게 연습을 할 수 있었다.

그러던 중 네 번째 수업에서 우리는 예상치 못하게 갑자기 3단계로 접어들었다. 스텝이 익숙하고 편안하게 느껴진 것이다. 우리의 컴포트존이 새로운 춤 동작을 완전히 흡수할 정도로 확장된 것이었다. 남편이 나를 안아도 더 이상 뻣뻣하거나 부자연스러운 느낌이 들지 않았다. 스텝도 더 이상 어색하지 않게 느껴졌다. 어느 발이 어디로 가야 하는지 자연스럽게 떠올랐기 때문에 스텝에는 한 치의 망설임도 없었다. 함께 춤을 추는 것이 쉬워졌고 무대 위에서 부드럽게 움직일 수 있게 되었다. 내가 남편 대신 리드를 해야 할 필요가 전혀 없었다. 스텝이 이미 내 몸에 각인되었기 때문에 떠올리려 애쓸 필요도 없었다. 그저 편안하게 그의 리드에 따랐다.

우리는 스텝을 배우고 춤에 적응해 점차 우리의 컴포트존에 포함시켰다. 훗날 나는 이러한 과정을 뜻하는 이론이 있다는 것을 알게 되었다. 심리학자 레프 비고츠키Lev Vygotsky가[1] 제시한 스캐폴딩 이론이다. 비고츠키는 학습자가 도움을 받았을 때와 도움을 받지 않았을 때 성취할 수 있는 것에는 차이가 있다고 생각했다. 누군가에게 적절한 도움을 제공하면 업무 수행 능력이 크게 향상될 수 있다.[2] 그렇기 때문에 교사, 코치 또는 멘토와 가까이하는 것이 매우 중요하며, 특히 컴포트존을 빠르게 확장하고자 한다면 더욱더 이들의 도움이 필요하다.

내가 이 개념을 처음 알게 되었을 때 매우 기뻤던 이유는 스캐폴딩을 이용하면 컴포트존에서 쉽게 적응할 수 있기 때문이었다. 하지만 학습이라는 것은 우리의 의지와 상관없이 이루어질 수도 있는 것이기 때문에 적응을 위해 스캐폴딩이 무조건적으로 필요한 것은 아니다. 적응은 도움의 여부와 관계없이 일어난다. 우리의 뇌가 주변 세계를 이해하기 위해 끊임없이 노력하기 때문이다. 우리가 다른 나라로 이주해 어학 수업을 한 번도 수강하지 않고도 비교적 짧은 시간에 해당 국가의 언어를 습득할 수 있는 것도 이 때문이다. 즉 새로운 것을 배우고자 한다면 대상을 나의 환경 가까이로 끌어오는 것에서부터 시작하는 것이 좋다. 춤을 배우고 싶다면 댄스 클럽에 가서 춤을 추는 사람들을 직접 보거나 온라인 댄스 영상을 찾아보는 것부터 시작하는 것이다. 오늘날 우리는 배우고 싶은 것은 무엇이든 배울 수 있는 세상에 살고 있다. 영상을 보거나 전문가의 인터뷰를 듣거나 어떤 분야의 최신 소식에 대해 읽으면서 앞으로 나아가기 위한 발판을 손쉽게 마련할 수 있다. 다음 단계가 무엇이든 계속해서 그다음 단계로 나아가는 것을 목표로 삼자.

내가 원하는 삶의 방식에 더욱 잘 적응하기 위해
의도적으로 내외부의 환경을 만들어 인생을 바꿀 수 있다는 것을
깨닫는 일은 매우 강렬한 경험이다.

풍요로운 삶을 원한다면 내 주변을 풍부한 경험과 아이디어가 많은 환경으로 만들면 된다. 밖으로 나가 돈을 많이 써야 한다는 말이 아니다. 풍요로운 삶을 사는 사람들의 인터뷰를 듣고, 아이디어가 풍부한 사람들과 어울리고, 자연을 걸으며 주변의 풍요로움을 눈에 담고, 좋아하는 음식을 만들고 음식의 풍부한 맛을 만끽하면 되는 것이다. 춤이나 달리기와 같은 신체적 경험에 적응하는 것과 마찬가지로 우리는 행복, 긍정적인 사고, 내면의 평화와 같은 정신적 상태에도 적응을 할 수 있다. 만성적으로 스트레스를 받으며 살고 두려움에 가득 차 있으며 자기 의심이 있는 경우, 자신감 있고 평화롭고 용기를 주는 사람과 어울리거나 그들이 하는 활동에 참여하거나 나를 북돋아 주는 콘텐츠를 시청함으로써 마음의 평화와 자신감을 갖는 것에 적응을 시작할 수 있다.

이제 원하는 것에 적응하는 일이 그 어느 때보다 쉬워졌을 것이다. 원하는 것이 무엇이든 당신은 즉시 자신의 주변을 그와 관련된 사람이나 아이디어로 채울 수 있다. 진출하고자 하는 분야에서 경험이 많은 멘토의 도움을 받아 스캐폴딩의 힘을 십분 발휘할 수도 있다. 내가 원하는 바를 이룬 사람들의 인터뷰를 시청하고, 그들에 관한 책을 읽고, 소셜미디어를 통해 전문가와 교류를 할 수도 있다.

원하는 것과 거리가 멀수록, 자신이 쟁취하는 모습을 상상하기 어려울수록 목표를 컴포트존 안으로 데리고 오는 데 더 많은 적응이 필요하다. 현재의 컴포트존을 인식하고 적응 과정에 인내심을 가진다면 보다 점진적이고 지속 가능한 방식으로 적응할 수 있게 되므로 삶의 변화는 쉽고 오래 지속될 것이다.

| 시간과 인내심을 가져라 |

적응은 자연스럽게 이루어지지만, 사람마다 그에 걸리는 시간은 다를 수 있다. 사막과 같은 극한의 기후 속을 여행하는 두 사람의 적응 속도는 각기 다를 수 있다. 한 사람은 지독한 더위 속에서도 불과 며칠 만에 편안함을 느끼는 반면, 다른 사람은 몇 주 동안이나 극심한 고통을 겪을 수도 있다. 자신의 속도를 알고, 받아들이고, 인내심을 갖고, 적응하기 위해 노력하면 새로운 기술을 배우고 새로운 환경과 경험에 익숙해지면서 컴포트존에 머무를 수 있게 된다.

새로운 것을 배울 때마다 처음에는 막막하게 느껴지더라도 나는 그 감정이 사실은 미지의 영역으로 나아간다는 설렘일 뿐이라고 스스로 상기시키곤 한다. 완벽할 필요도, 모든 것을 다 알 필요도 없다. 그렇게 생각해도 된다는 것을 알게 된 것만으로도 나는 이미 적응하고 있고, 내가 원하는 것을 나의 안전지대로 끌어오고 있다. 지금은 이해되지 않더라도 언젠가는 이 개념을 완전히 이해하게 될 것이다.

학습을 이런 식으로 접근하면 긴장을 풀고 새로운 경험과 정보와 기술에 더 유연한 방식으로 인내심을 가지고 적응할 수 있다. 적응 과정을 무시하고 모든 것을 스스로 해야 한다고 생각하면 학습과 창의 과정에 스트레스가 쌓이게 된다. 자연스러운 적응 과정을 무시하고 준비되기 전에 무리하게 행동으로 옮기면 삶은 연이은 함정으로 빠지게 될 수도 있다. 예를 들어 대중 앞에서 연설하는 것에 익숙하지 않은 상태에서 수천 명의 청중이 있는 무대에 서게 된다면 엄청난 스트레스를 받게 될 것이다. 하지만 그에 앞서 대중 연설에 관한 책을 읽고, 친구들 앞에서 연습하고, 소규모 그룹, 중규모 그룹 앞에서 연습하면서 연설 기술과 메시지를 다듬는다면 수천 명의 청중이 있는 무대에 서게 되었을 때 준비가 되어 있을 것이다.

나 자신에게 새롭고 도전적인 경험에 적응할 시간을 주자. 이는 나와 타인에게 베풀 수 있는 가장 큰 친절이 될 것이다.

| 경제적 풍요를 대하는 자세 |

무언가에 적응하면 컴포트존의 흐름에서 벗어나지 않고도 원하는 것을 컴포트존 안으로 가져올 수 있다. 자신을 둘러싼 환경에 적응하는 것은 인간의 본성이며, 우리는 그 어느 때보다 적응하기 쉬운 환경에 살고 있다. 무엇을 원하든 당신은 즉시 자신의 주변을 그것과 관련된 사람이나 아이디어로 둘러싸고, 올바른 준비와 행동으로 원하는 것을 쟁취할 수 있다. 새로운 언어를 배우거나 5킬로미터 달리기를 하는 것처럼 기본적인 활동에서부터 스카이다이빙이나 에베레스트산 등반처럼 극한에 도전하는 활동에 이르기까지 다양한 목표를 세우고 달성할 수 있다.

내가 사람들로부터 가장 많이 듣는 질문과 그들이 열망하는 욕구 중 일부는 돈에 관련된 것이다. 많은 사람이 더 편안하고 풍요로운 삶을 원하지만, 특히 가난하게 자랐거나 돈 때문에 불편하게 살았던 사람의 경우, 풍요롭고 편한 삶에 적응하는 데 어려움을 겪을 때가 있다. 나 또한 그 범주에 속했다. 나는 어려서 가난과 불편함을 경험했기 때문에 부자가 되고 싶은 마음이 간절했다. 돈만 충분하면 모든 문제가 해결되리라 생각했지만, 부유함에 적응하지 못한 나는 어느 정도의 성공을 거둘 때마다 힘들게 번 돈을 순식간에 탕진하고 오히려 전보다 더 어려운 상황에 처하곤 했다.

시간이 흘러 나는 결국 지속적인 경제적 자유를 얻게 되었지만, 이는 풍요로운 삶이 무엇을 의미하는지 적응한 후에 가능한 일이었다. 현대사회에서 돈은 에너지 교환의 한 형태이기 때문에 우리가 부를 꿈꾸는 것은 지극히 자연스러운 일이다. 하지만 그 전에 우리는 부자가 된다는 것이 어떤 의미인지에 적응해야 한다. 부자들은 돈에 대해 어떻게 생각할까? 그들은 돈과 어떤 관계를 맺을까? 어떻게 돈을 관리할까? 돈을 쓸 때 어떤 기분을 느낄까? 기부할 때는 어떤 기분이 들까? 그들에게는 어떤 습관이 있을까?

분수에 맞지 않는 지출을 피하면서도 풍요로움에 적응하는 방법은 여러 가지다. 다음은 내가 부에 적응하여 원하는 삶을 만드는 데 도움이 된 몇 가지 도구들이다.

- **긍정 확언 사용하기**[3]: 나와 돈 사이의 관계에 변화를 주면서 내가 가장 먼저 한 일 중 하나는 좋아하는 음악을 들으면서 긍정

확언을 읽는 것이었다. 음악은 긍정 확언에 활기를 불어넣고 기쁨과 같은 감정을 활성화시킨다.

- **금융 지식 갖추기**: 나는 학교에서 금융 지식을 가르치지 않는다는 사실이 이해되지 않는다. 금융 지식이 해박한 부모 밑에서 태어나지 않았다면 독학이라도 해야 한다. 다행히도 우리가 활용할 수 있는 자료는 무궁무진하며, 그중 상당수는 무료다. 오늘날 우리는 유튜브에서 금융 전문가를 찾을 수도 있고, 지역 대학에서 금융 강좌를 수강할 수도 있으며, 금융 관련 책이나 경제지를 읽을 수도 있다. 돈을 이해하고 부유한 사람들이 돈을 어떻게 쓰는지 알아간다면 부를 더 편안하게 받아들일 수 있을 것이다.

- **투자에 대해 공부하기**: 이 분야에 문외한이라면 부담스러울 수도 있지만 나처럼 자신의 컴포트존에서 스트레스를 받지 않고도 투자에 대해 공부할 수 있다. 나에게 도움이 된 활동은 다음과 같다. 나는 주식에 1만 달러를 투자할 수 있다고 가정했다. 그때 당시의 나에게는 매우 큰돈이었다. 몇 주 동안 다양한 종목을 살펴보았고, 가장 마음에 드는 종목을 위주로 목록을 만들어 며칠 동안 주가의 동향을 파악했다. 그다음, 주식을 샀다고 가정하고 스프레드시트에 이를 기록하면서 투자 진행 상황을 모니터링했다. 나는 한 푼도 쓰지 않고 주식 시장에 대해 많은 것을 배울 수 있었다. 본격적으로 투자에 대해 공부를 해야겠다는 생각이 들

자 기업이나 부동산에 10만 달러를 투자할 수 있다고 가정하고 몇 주 동안 각종 기업과 부동산에 대해 조사했다.

- **부유한 사람을 곁에 두기**: 오늘날에는 연예인, 작가, 지도자, 시인, 선구자 등 영향력 있는 다양한 사람들을 쉽게 만날 수 있다. 가장 좋은 점은 지난 20년 사이에 콘텐츠 혁명이 일어나 각종 분야에 해박한 사람들이 자신의 전문 지식을 아낌없이 공유한다는 것이다. 이 말은 부를 쌓는 데 도움이 되는 사람들과 아이디어를 편안하고 안전한 당신의 집에서 만날 수 있다는 뜻이다.

- **부의 환경 조성하기**: 호화로운 환경에서 지내는 데 익숙하지 않은 사람이라면 그 상황이 매우 불편하고 부담스럽게 느껴질 수 있다. 몇 년 전, 나는 아주 멋진 레스토랑에서 친구를 만났다. 하지만 그곳에 있는 내내 불편하고 어색한 기분이 들었다. 그 후 나는 그러한 환경에 적응할 수 있도록 그와 비슷한 곳에서 시간을 더 많이 보내려고 노력했다. 차 한 잔을 마시기 위해 근처에서 가장 멋진 호텔로 들어가는가 하면, 가장 저렴한 물건이 내가 내는 집세만큼이나 비싼 상점에 들어가서 내가 원하는 것은 무엇이든 살 수 있는 척했다. 한번은 수백만 달러짜리 주택의 오픈 하우스에 참석한 적도 있다. 소소하게는 소셜미디어에서 좋아하는 아티스트와 디자이너 가구 매장을 팔로우하고, 전문가들이 가는 커피숍에서 커피를 마시고, 잡지를 훑어보고, 건축 관련

서적을 읽고, 여행 다큐멘터리를 보기도 한다.

- **돈과 건강한 관계 맺기**: 어린 시절, 나에게 돈이란 유한하고, 구하기 어렵고, 가지고 있기도 어렵고, 세기도 어려운 것이었다. 돈을 번다는 것은 불확실하고 불안한 일이었다. 나는 의도적으로 돈과 나의 관계를 개선해야만 했다. 돈을 나에게 도움이 되는 사랑스러운 친구로 여기기 시작했다. 청구액을 지급할 때는 이 돈이 다른 사람에게 얼마나 도움이 될지, 그리고 나에게 어떻게 다시 돌아올지를 생각하며 웃는 얼굴로 돈을 지불했다. 계좌에서 인출한 돈을 손에 쥐고 돈이 나에게 의식주를 제공해 주는 것에 대해 감사했다. 나는 돈이 들어올 때나 나갈 때 모두 감사한 마음을 가졌다. 내가 쓴 돈이 세상으로 흘러 들어가 누군가에게 도움을 줄 것이고, 또 그것이 나에게 다시 돌아올 것이라는 믿음이 있었기 때문이다. 우리가 무언가에 감사한 마음을 가지면, 그 대상은 우리 곁에 계속 머물고 싶어 한다.

복권에 당첨된 수많은 사람이 결국에는 복권에 당첨되기 전보다 재정적으로, 개인적으로, 심리적으로 더 불행해지는 이유는 그들이 부에 적응하지 못했기 때문이다. 새로 얻은 부와 그에 따른 책임감은 그들의 컴포트존에서 너무나도 멀리 떨어져 있을 때가 많다.

새로운 것을 배울 때마다 우리는 자연스럽게 그것에 적응한다. 새로운 언어를 배우거나 롤러스케이트를 타거나 스카이다이빙을 하거나 하이킹을 하거나 새로운 악기를 연주하거나 진로를 바꾸거나 경제적 환경이 바뀔 때도 마찬가지다. 실제 다양한 사례가 궁금하다면『컴포트존』홈페이지의 자료 게시판(thecomfortzonebook.com/resources)에서 쉽게 접할 수 있다.

▪ 컴포트존 실천하기 ▪

새로운 것에 적응하기

나만의 컴포트존 비전 보드를 살펴보고, 컴포트존 바깥에 위치한 항목 하나를 선택하자. 그 항목에 대한 당신의 현재 적응 단계는 어디쯤인지 살펴보자.

- 1단계: 낯설고 불편함
- 2단계: 익숙하고 불편함
- 3단계: 익숙하고 편안함

자신이 어느 단계에 있는지 파악했다면, 원하는 항목에 적응할 수 있는 환경을 만들기 위해 어떤 일을 할 수 있는지 생각해보고 목록으로 만들어보자. 예를 들어 특정 자동차를 구입하는 것이 목표라면 딜러에게 연락을 취해 시승해보거나 해당 자동차 소유주들의 온라인 모임에 가입하거나 제조사 웹사이트에 방문해 원하는 모델을 검색해볼 수 있다. 다른 나라에 살고 싶다면 해당 언어를 배우거나 그 국가나 국민에 관한 다큐멘터리를 시청하거나 그곳을 배경으로 한 책을 읽거나 그 나라의 음식을 만드는 법을 배우거나 비슷한 목적을 가진 사람들이 참여한 모임에 참여해볼 수 있다.

| 이 장을 마치며 |

믿기 어렵겠지만 당신은 이제 15장을 다 읽었다! 컴포트존에서 생활하는 것이 일상화되면 적응과 스캐폴딩이라는 도구를 통해 편안하게 확장의 속도를 높일 수 있다. 그렇게 하면 의식적으로 내적·외적 환경을 충만하게 채울 수 있으므로 당신의 목표에 다가가는 데 도움이 되는 사람, 경험, 아이디어, 사물을 자신의 컴포트존으로 끌어당길 수 있다. 이것은 자신이 실제로 원하는 것과 친숙해지도록 도와주는 가장 강력한 도구 중 하나다.

다음 장에서는 컴포트존에서 올바른 행동을 취할 수 있도록 도와주는 마음의 습관에 대해 알아볼 것이다. 생각은 매우 힘이 세서 생각을 바꾸는 것만으로도 우리는 기분을 바꿀 수 있다. 자, 이제 다음 장으로 가보자!

습관은 컴포트존에 심어라

3단계 | 탐험하기

대부분의 일상적인 행동은 우리의 습관에서 기인한다. 아침에 일어나서 이불을 정리하는 법, 몸을 씻는 순서, 커피를 마시는 방식, 식기세척기에 그릇을 넣는 방식, 책을 읽을 때마다 앉는 자리, 휴대폰에서 가장 먼저 여는 앱, 일할 때 자료나 주변 환경을 정리하는 법, 운동할 때 주로 하는 순서나 운동량…. 이러한 것들은 우리가 매일 습관적으로 결정을 내리는 수천 가지의 일 중 일부에 불과하다. 습관으로 생활을 자동화하면 일상은 일부러 고민하거나 생각해서 선택하거나 결정하는 과정 없이 자율주행화 모드로 흘러간다.

| 습관이 나의 정체성이다 |

어떤 일이 습관이 되면 그 일을 할 때 의식적으로 결정을 내릴 필요가 없다. 별다른 자극이 없어도 우리 몸이 자연스럽게 그 일을 실행하게 된다. 나는 소파에 앉아 책을 읽을 때면 습관적으로 커피 테이블 가장자리에 발을 올린다. 아이들은 나와 함께 길을 건널 때 습관적으로 나의 손을 잡는다. 식사를 마치고 자리에서 일어날 때면 식구들은 습관적으로 자신의 접시를 싱크대에 가져간다.

습관이라고 하면 흔히 하루에 세 번 양치질하기, 운동하기, 간식 먹기, 동네 산책하기 등 어떤 물리적 행동을 떠올리기가 쉽다. 대부분의 사람이 매일 반복하는 신체적 행동은 습관이라는 범주에 속한다. 일상은 주로 우리의 신체적 습관에 따라 형성되지만, 일상의 질을 결정하는 것은 우리의 정신적 습관이다. 신체적 행동을 자동화하는 것과 같은 이유로, 우리의 생각과 감정을 자동화하는데 이는 정보를 처리하는 데 필요한 시간을 절약하기 위해서다. 정신적 습관은 한 번 해결한 문제나 상황과 비슷한 경우를 다시 마주했을 때 자동으로 그 해답을 불러오게 한다. 대단히 효율적인 방법이 아닐 수 없다.

그러나 자신을 제약하거나 도움이 되지 않는 습관적인 생각에 갇혀 있으면 심각한 문제가 발생한다. 2 더하기 2를 5라고 믿는다면 삶이 얼마나 복잡해질지 상상해보라. 이상하게 들릴지 모르겠지만, 우리는 항상 잘못된 답을 신념화하고 있다. 친구들과 놀다가 넘어져 발목이 부러졌다고 가정해보자. 부상 때문에 당분간 집에만 있어야 한다면 너무 지루하고 고통스러울 것이다. 왜 이런 일이 일어났는지 생각하다가 재미있는 일을 하다가 넘어져서 그렇게 된 것이라는 결론에 이르게 된다. 그러면 자칫 재미있는 일을 할 때마다 나쁜 일이 일어나거나 다친다는 신념을 내면화하게 될 수 있다. 우리를 제약하는 수많은 신념이 그렇듯, 이것 또한 분명 말도 안 되는 결론이다. 하지만 이를 내면화하는 순간, 즐거운 일을 할 때마다 불안해지기 시작할 것이다. 또한 어떤 피할 수 없는 사건이 일어나 자신을 고통스럽게 만들 것이라고 지레짐작하게 된다. 이러한 생각 때문에 즐거움을 피하기 시작할 수도 있다. 즐거움 앞에서 움츠러들거나 포기하게 될 수도 있다. 즐거운 일을 할 때마다 부정적인 결과가 생긴다고 생각하는 정신적 습관이 의식 깊은 곳에서 신념으로 작용하면 자기파괴self-sabotage, 공격, 폐쇄 등의 신체적 습관이 생겨난다.

이 장에서는 습관과 정체성의 관계를 보다 깊이 탐구함으로써 습관과 신념에 대한 이해에 한층 더 깊이를 더하고자 한다. 정신적·신체적 습관은 나라는 사람, 즉 정체성을 형성하는 데 도움을 준다. 정체성이 행동을 주도하면 행동 자체가 곧 나의 목표가 된다. 예를 들어 나의 정체성이 작가라면 매일 글을 쓰는 행위는 나의 정체성을 강화해주기 때문에 성취감을 느끼게 한다. 정체성이 요가 수행자라면 요가를 하는 행위가 나를 나답게 만드는 행위이기 때문에 매일 요가를 하게 될 것이다. 다른 종류의 습관으로도 정체성을 강화할 수 있다. 습관적으로 일찍 일어나면 아침형 인간이 되고, 스스로 아침형 인간으로 여기면 일찍 일어나는 것을 습관화하게 된다. 습관적으로 회의에 지각하면 신뢰하기 어려운 사람이 된다. 습관적으로 옷을 치우지 않으면 깔끔치 못한 사람이 된다.

습관이 언제나 신체적인 행동으로만 나타나는 것은 아니다. 습관은 내면의 모습일 수도 있다. 자신의 실수를 객관적으로 바라보고 기꺼이 인정하면 자기반성적 인간이 된다. 부정적인 생각을 멈추면 긍정적인 사람이 된다. 상대방에게 나를 위한 변화를 강요하지 않으면 포용력 있는 사람이 된다.

때때로 우리는 어떤 사람이 되고 싶어도 그런 사람이 하는 것과 반대되는 습관을 고수한다. 운동선수가 되고 싶지만 운동을 결코 습관화하지 못 할 수 있고, 작가가 되고 싶지만 글쓰기를 습관화하지 못할 수도 있다. 정리 정돈을 잘하는 사람이 되고 싶지만 습관적으로 물건을 아무 데나 둘 수도 있다.

원하는 것을 모두 갖춘 미래의 나를 구현하려면
미래의 내가 가진 습관을 파악하고
지금의 내 습관으로 만들어야 한다.

어느 순간이든 우리는 확장된 자아의 습관을 가지기 위해 의식적으로 노력할 수 있고, 나의 현재 습관이 그대로 고착화되도록 내버려둘 수도 있다. 습관을 활용해 꿈을 실현하는 나 자신으로 발전해 나가거나 꿈을 이루지 못한 현재의 내 모습에 머물러 있을 수도 있다. 지금 잠시 시간을 내어 현재 습관이 당신의 어떤 잠재적 정체성에 기여하고 있는지 살펴보면 좋겠다.

■ **컴포트존 실천하기** ■

나의 일상 습관 파악하기

빈 종이나 메모장, 일기장 등을 준비하고 맨 위에 이렇게 적자. '내가 일상적으로 하는 일.' 그리고 이어서 다음의 과제를 실천해보자.

1. 매일 습관적으로 어떤 일을 하는지 적어보자. 사소한 것도, 거창한 것도 모두 좋다. 잠에서 깨면 몇 분간 침대에 누워 있다가 일어날 수도 있을 것이다. 화장실을 가고 양치질을 한 다음 세수를 하거나 바로 샤워를 할 수도 있다. 스트레칭을 하는가? TV를 켜는가? 산책을 하는가? 커피를 내리는가? 휴대폰 메시지를 확인하는가? 매일 규칙적이고 습관적으로 하는 일을 최대한 자세히 적어보자.

2. 목록을 완성한 후에 11장의 '나의 확장된 자아 만나기' 실천 과제(188~189쪽 참고)에서 썼던 내용을 다시 살펴보며 그 내용을 상기시킨다. 그리고 확장된 자아에 동화될 때까지 그 자아와 함께 시간을 보내자. 그런 다음 자신의 일상 습관 목록으로 돌아가 다시 한번 읽으면서 자신의 습관을 다음과 같이 냉정하게 평가해보자.
    - 이 습관들은 확장된 자아의 습관과 일치하는가?
    - 확장된 자아의 습관과 일치한다면 문장 옆에 체크(∨) 표시를 하자.
    - 확장된 자아의 습관과 일치하지 않는다면 문장 옆에 아니오(X) 표시

를 하자.
- 확신이 없다면 물음표로 표시하자.

3. 물음표나 아니오 표시가 있는 습관을 주의 깊게 살펴보자. 그리고 스스로 이렇게 묻자. '확장된 자아는 이러한 행동 대신 어떤 행동을 할까?' 머릿속에 떠오르는 것 중 대체할 만한 습관이 있다면 적어보자.

4. 새롭게 적어놓은 습관을 살펴보자. 다음 일주일 동안 현재의 습관을 새로운 습관으로 대체해보자. 예를 들어 일상 습관 목록에 있는 '나는 아침에 일어나 가장 먼저 휴대폰을 확인한다'라는 문장에 아니오 표시를 했다고 가정해보자. 그리고 브레인스토밍 후 '확장된 자아는 아침에 일어나 가장 먼저 긍정일기를 쓴다'라고 적었다면 다음 주부터 아침에 일어나 가장 먼저 휴대폰 대신 일기장을 찾는 식으로 실천하는 것이다.

| 억지와 진심의 차이 |

확장된 자아의 시선으로 현재의 습관을 평가해보라고 이야기한 데에는 특별한 이유가 있다. 습관에 관해서는 정체성이 일관성을 좌우하기 때문이다. 친절한 사람은 친절을 베푸는 것을 귀찮은 일로 생각하지 않고 주변 사람들에게 일관되게 친절하다. 건강에 관심이 많은 사람이라면 매일 꾸준히 운동하는 것이 자신의 정체성의 일부이기 때문에 운동이 내킬 때도, 내키지 않을 때도 일관성 있게 운동한다.

습관이 자신의 정체성에서 비롯된 것이라면 별다른 어려움이나 불평 없이 자연스럽고 일관되게 실천할 수 있다. 이러한 일관성은 추진력과 자신감을 키워줄 뿐 아니라 정체성을 강화하는 데도 도움이 된다. 앞서 실천하기 과제에서 작성한 일상 습관 목록을 살펴보면서 그 습관들이 자신의 어떤 정체성을 강화하는지 생각해보자. 그 습관을 바탕으로 살아갈 때 당신은 어떠한 사람이 되는가?

해야 하는 일이 아닌 하고 싶은 일

내 친구 중에는 요가 강사가 되기 위해 수년간 고군분투한 이가 있다. 그는 요가 수련회에 참가하고, 요가 지도자 프로그램을 수료했으며, 웹사이트를 만들고, 여러 요가 스튜디오의 멤버십에도 가입했다. 그런데도 정규 강사가 되지는 못했다. 그는 "꾸준히 회원들을 가르치는 게 어려워요."라고 말했다. 그의 노력은 아무런 효과가 없는 것 같았다. 함께 이야기를 나누다 보면 그 이유가 분명히 보인다. 그 친구는 요가 수행자가 되기를 원하지만 요가를 가르치는 일을 좋아하지는 않는다. 요가에 대한 대화를 나눌 때마다 요가가 즐겁다고 이야기하지만 가르치는 것은 마치 하기 싫은 일처럼 느껴진다고 말한다. 한번은 자신이 요가 수업을 받을 때만 요가가 즐겁다고 이야기한 적도 있다. 그가 요가 강사가 되는 데 어려움을 겪을 수밖에 없는 이유가 이해됐다. 꾸준히 요가를 가르치는 것은 그의 정체성의 일부가 아니며, 즐기는 일도 아니니 당연한 결과였다.

우리가 하는 일이 정체성을 바탕으로 하고 있지 않다면, 우리는 목표를 향해 나아가며 규율에 의존하게 된다. 규율은 단기적으로는 효과가 있을 수 있지만, 원하는 결과를 얻지 못하는 상황에서는 그 효과가 떨어진다. 규율이 단기적인 효과가 있는 이유는 새로운 습관으로 결과를 내는 것이 규율을 통해 결과를 낼 때보다 시간이 오래 걸릴 때가 많기 때문이다. 어떤 일에 진심으로 끌리지 않았거나 자신의 노력이 빠른 시간 안에 결실을 맺지 못할 때 일관성을 유지하기란 어렵다.

규율이 행동을 강제하면 그 행동은 외적 목표를 달성하기 위한 수단이 되기 때문에 당신은 새로운 습관을 시작하자마자 자신의 발전(또는 부족)에 대해 점수를 매기기 시작한다. 예를 들어 헬스장에 나간 지 이틀 만에 결과를 기대하며 몸무게를 재고, 글을 쓴 지 일주일 만에 책이 완성되지 않는다고 좌절감을 느낀다. 우리는 해야 할 일 앞에서 과도하게 경직되고, 해야 할 일을 하지 못하면 자신을 질책하다가 좌절감과 패배감, 심지어는 죄책감을 느낀다. 그러다 보면 어느새 생존지대에 깊숙이 들어가 목표를 이루기 위해 아등바등하는 자신을 발견하게 된다.

진정한 변화에는 시간이 필요하다.
일관되고 열정적인 행동도 필요하다.
해야 하기 때문에 하는 것이 아니라
하고 싶기 때문에 그 일을 계속하는 것이어야 한다.

일관된 행동을 뒷받침하는 정체성이 없다면 지쳐 나가떨어지거나 포기하게 될 가능성이 높아진다. 매년 수많은 꿈이 이런 식으로 사라지고 있다. 물론 새로운 습관이 자신의 정체성에 뿌리를 내리지 못하는 경우도 있다. 때로는 새로운 습관이 성과를 내기 시작하면 중간에 멈춰 버리기도 한다. 일찍 일어나 하루를 시작하고 싶지만 나의 정체성이 완벽하게 저녁형 인간에 가깝다고 생각해 보자. 마음을 단단히 먹고 며칠 연속으로 아침 일찍 일어나는 데 성공했을 수 있다. 하지만 일찍 자고 일찍 일어나는 새로운 스케줄에 익숙해지자마자 갑자기 새벽 서너 시에 잠들고 정오가 다 되어서야 일어나는 생활로 다시 돌아가는 것이다. 이것은 일찍 일어나고자 하는 욕구와 늦은 밤까지 일하기를 좋아하는 저녁형 인간의 정체성이 정면으로 충돌하기 때문에 벌어지는 일이다.

규율은 안전하지 않다는 느낌에서 비롯된 통제 욕구에 뿌리를 두고 있어서 종종 저항을 불러일으킨다. 컴포트존을 벗어날 때 우리는 규율에 크게 의존해 의심과 두려움이라는 낯설고 불편한 감정을 헤쳐 나간다. 반면 일관성은 컴포트존 안에서 얻을 수 있는 부산물로, 욕구와 정체성을 원동력으로 한다. 자신의 정체성을 더욱 신중하게 선택하고, 원하는 것을 더욱 명확하게 정의할수록 꿈을 향해 보다 쉽게 일관된 행동을 취할 수 있다. 이것이 바로 내가 '새로운 습관을 고착화하려면 컴포트존에 그 습관을 심어라'라고 말하는 이유다.

지속 가능한 습관 만들기

일상생활 속에서 실천하고자 하는 새로운 습관을 다시 살펴보자. 새로운 습관 하나하나가 규율로 지키는 일인지, 자신의 정체성에서 우러나 자연스럽게 하는 일인지 평가해보자. 규율에 따른 습관이라면 자신이 어떤 사람이 되어야 그 습관이 정체성을 바탕으로 뿌리를 내릴 수 있을지 스스로 묻고 답하자.

이때 자신의 확장된 자아를 다시 한번 살펴보면 더욱 도움이 된다. 확장된 자아의 정체성이 당신이 발전시키고자 하는 새로운 습관을 뒷받침하고 있는가? 만약 그렇지 않다면 같은 목표를 추구하면서도 확장된 자아가 자연스럽게 실행해볼 만한 다른 습관이 있는가?

| 변화를 가속화하는 환경이 필요하다 |

나만의 컴포트존 설계하기의 1단계 '정의하기'에서는 편안함의 영역을 정의하는 데 중점을 두었다. 이해를 돕기 위해 실제 집을 컴포트존에 비유해 설명한 바 있다. 나는 당신이 컴포트존을 떠올릴 때 의식적으로 물리적 집을 떠올리기를 바랐다. 당신이 생활하고 일하는 환경이 목표를 향해 나아가는 습관을 유지하는 데 중요한 역할을 하기 때문이다.

자기계발 전문가 제임스 클리어는 『아주 작은 습관의 힘』에서 '성공 확률을 극대화하려면 결과를 방해하는 환경이 아니라 결과를 가속화하는 환경에서 일해야 한다'고 말한다. 우리 삶의 모든 영역에서 결과를 가속화하는 것은 자신감, 소속감, 기쁨, 감사 그리고 원하는 것을 성취하기 위해 필요한 지식이다. 이것은 컴포트존 내부에서 느낄 수 있는 감정이다. 그러나 클리어가 말하는 환경이란 내면의 상태를 의미하지 않는다. 말 그대로 우리가 일하고 생활하는 외부의 물리적 공간을 의미한다. 살을 빼고 싶을 때는 도넛 대신 사과를 식탁 위에 올려두거나 좋아하는 프로그램을 시청할 때 운동하는 것을 잊지 않도록 TV 앞에 운동기구를 갖다 두는 것이 그 예라고 할 수 있다. 물론 그의 말이 맞다. 효과적인 습관을 길러주는 환경을 조성하는 방법에 대한 그의 통찰력은 유용하고 실행하기 쉽다.

다음 장으로 넘어가기 전에 몇 분만 시간을 내어 자신의 물리적 환경을 평가하고, 새롭게 확장된 정체성에 더욱 잘 부합하도록 환경을 조성해보자. 이 작업을 수행하다 보면 사회적 환경도 함께 변화하는 경우가 드물지 않다는 점에 유의하자. 특히 생존지대나 자기만족지대에서 경험했던 문제와 얽혀 있는 관계가 있다면, 더 이상 그 사람들과 많은 시간을 보내고 싶지 않을 수 있다. 반대로 한때 매우 가까웠던 사람들이 당신의 새로운 정체성이나 새로운 삶의 방식으로 받아들이지 않을 수도 있다. 그러한 변화가 상처가 될 수는 있지만 자연스러운 현상이다.

이후에 나오는 18장에서 인간관계에 대해 더욱 자세히 알아보고, 변화하고 진화하는 인간관계에 어떻게 대처하면 좋을지 살펴볼 것이다. 지금은 가까운 사람들이 당신의 새로운 생활방식에 우려나 거부감을 표해도, 그들에게는 물론 당신 자신에게도 부드럽고 자비로운 태도를 취하자. 그들이 반드시 당신의 여정에 동참할 필요는 없다. 오히려 각자의 길을 걸어가도록 배려하는 것이 그들을 향한 당신의 애정을 드러내는 방법이다. 시간이 지날수록 관계는 진화할 것이며 당신의 삶에 남아 있는 관계는 더 깊고 충만해질 것이다.

■ 컴포트존 실천하기 ■

확장된 자아가 되어 습관 판단하기

자신을 확장된 자아라고 상상해보자. 당신은 미래에서 넘어와 현재의 집을 방문한다. 확장된 관점을 통해 현재의 환경을 바라보고, 확장된 자아의 가치관과 부합하거나 부합하지 않는 점을 찾아 적어보자. 확장된 자아가 일주일 동안 당신과 함께 살게 된다면 당신의 환경과 습관에 어떤 변화가 일어날까?

확장된 자아는 당신과 같은 시간에 일어나는가? 동일한 아침식사를 하는가? 동일한 아침 루틴을 가지고 있는가? 하루를 보내면서 확장된 자아의 관점으로 모든 것을 보고, 그가 할 법한 행동을 하자. 집이 너무 지저분하다면 청소를 하고, TV를 너무 많이 본다면 시청 시간을 줄이자. 확장된 자아라면 소홀히 하지 않았을 삶의 영역을 현재 당신이 소홀히 하고 있다면 확장된 자아의 방식으로 그 영역을 관리해보자.

이 과정에서 내가 하는 일이 확장된 자아가 하는 일과 일치한다면 그 점에도 주목하자. 확장된 자아도 결국 당신의 모습이기 때문이다. 현재 당신의 삶에 확장된 자아처럼 행동하거나 자신을 표현하는 영역이 분명히 있을 것이다. 이러한 영역, 습관, 환경을 발견한다면 기꺼이 기뻐하자.

| 이 장을 마치며 |

당신은 이제 16장을 마쳤고, 거의 결승선에 다다랐다! 습관에 관한 통찰력을 담은 이 장을 재미있게 읽고, 시간을 내어 실천하기 과제 활동에도 참여했기를 바란다. 아직 참여하지 못했다면 다시 앞으로 돌아가 꼭 실천하기를 바란다. 이 책에 구체적인 활동을 담은 이유는 당신 자신뿐 아니라 주변 사람들도 느낄 수 있는 변화를 만들어 나갈 수 있도록 돕고 싶었기 때문이다.

일관된 습관을 통해 일상생활에서 작고 점진적인 변화를 만드는 것이 매우 중요하다. 우리가 하는 대부분의 일은 습관에서 비롯된다. 우리가 매일 "네." "좋아요." "해볼게요."라고 말하는 것에서 정체성의 상당 부분이 비롯된다는 사실이 놀랍다. 습관은 우리의 삶을 자동화하고 또 정체성을 형성한다. 자신의 정체성을 신중하게 선택할 수 있는 자유의지가 있다는 것은 얼마나 감사한 일인가! 이 장에서는 일관성과 규율을 구분해보았다. 많은 사람이 규율을 지키면 무엇이든 다 이룰 수 있다고 믿는다. 사실이 아닌 것은 아니지만, 그게 전부인 것도 아니다. 정체성이 행동을 주도하면 자연스럽게 일관된 태도를 유지할 수 있기 때문에 많은 규율이 필요하지 않다. 규율과 일관성에 대한 이 새로운 시각이 당신에게 신선한 자극이 되었기를 바란다. 일관성은 굉장히 매력적인 가치다.

다음 장에서는 습관에 대해 조금 더 깊이 살펴볼텐데 특히 정신적 습관, 즉 자신의 사고방식을 가다듬어 목표에 가까이 다가가는 방법에 대해 알아볼 것이다. 실제 내 삶을 변화시킨 사고방식에 대한 중요한 깨달음을 당신에게 공유하고자 한다. 어서 페이지를 넘겨 다음 장을 시작해보자!

17장

생각의 습관을 길들여라

3단계 | 탐험하기

현실은 생각을 반영한다. 따라서 현재의 위치에서 원하는 곳에 도달하려면 성장을 뒷받침하는 사고방식을 가져야 한다.

행동이 중요하지 않다는 이야기가 아니다. 발전적인 생각은 창의적인 행동으로 이어지고, 창의적인 행동은 더 좋은 결과를 만든다. 실제로 자신의 컴포트존에서 창의성을 발휘하는 사람들은 다양한 행동을 취하지만, '적을수록 더 좋다'는 사고방식을 가지고 있다. 올바른 정신적 습관을 가지면 더 적게 행동하고, 더 많은 것을 끌어낼 수 있다는 사실을 알기 때문이다. 적은 행동으로 더 많은 것을 성취하겠다는 목표를 이루기 위해서는 더 많은 것을 이루기 위해 노력하면서도 컴포트존에 머무르겠다는 사고방식을 길러야 한다. 이를 위해서는 종종 하던 일을 멈춰야 할 때가 있는데, 목표를 향해 나아가던 중에 행동을 멈추는 것은 직관에 반하는 일처럼 느껴질 수 있다.

| 머리가 아닌 마음으로 행동하라 |

나의 친한 지인 마샤는 몇 년 전 매너리즘에 빠졌다. 그는 지난 20년간 화려하고 스트레스가 많은 직업군에서 일했고, 회사에서 더 높이 올라갈수록, 더 부유하고 풍족한 삶을 살게 될수록 오히려 불행해졌다. 일에 매진하며 자신의 욕구를 철저히 외면한 결과, 불면증과 우울은 물론 여러 가지 신체적 질병까지 얻게 되었다. 마샤는 몸을 병들게 하고 부정적인 생각을 품게 하는 자신의 직업이 원망스러우면서도 벗어나지 못하고 있었다. 그는 변화가 필요했다. 그가 찾은 해결책은 자신에게 적격인 다른 직장으로 이직하는 것이었다. 자신의 경험과 실적을 바탕으로 더 높은 연봉을 받는 다른 직장에 갈 수 있다는 사실을 알고 있었다. 이직을 결심한 후, 그는 자신이 찾을 수 있는 모든 고위급 헤드헌터에게 연락을 취해 자신의 삶에 변화를 가져올 수 있는 다른 회사를 알아보기 시작했다.

마샤는 나와 함께 점심을 먹으며 자신이 어떤 조치를 취하고 있는지 자세히 설명해주었다. 그는 자신의 삶을 바꾸기로 결심했다고 말했다. 하지만 내가 보기에 그가 걸어가려는 길은 더 많은 스트레스, 더 잦은 욕구 회피, 더 많은 신체적 압박과 질병으로 이어질 수 있는 강압적 행동으로 점철되어 있었다. "그럼 기쁨을 느낄 수 있는 일자리에 지원하는 건가요?" 내가 물었다. "기쁨이요? 이건 일이지 휴가가 아니잖아요!" 마샤가 웃으며 대답했다.

나는 그에게 내가 본 그의 모습을 솔직하게 이야기해도 되는지 물었다. 마샤는 주저하지 말고 말해달라고 했다. 나는 그에게 이직 준비는 잠시 멈추고 자신을 알아가는 시간을 가져야 한다고 말했다. 그가 진정으로 하고 싶은 것은 무엇이었을까? 그를 행복하게 하는 것은 무엇일까? 무엇보다 일을 쉬고 자신을 온전히 내려놓은 것은 언제가 마지막이었을까? 이야기를 나누면서 마샤가 이 질문에 대해 깊이 생각한다는 것을 느낄 수 있었다. 하지만 그는 이렇게 대답했다. "그렇다고 해서 아무런 일도 안 하고 있을 수는 없어요."

그래서 그에게 이렇게 제안했다. "일주일만 쉬어보는 건 어떨까요? 일주일 동안 아무 일도 하지 않고 온전히 쉬는 거예요. 그 일주일 동안 기분 좋은 일, 자신이 원하는 일, 즐거운 일만 하는 거예요. 그리고 남는 시간에는 자연에서 걷고 휴식을 취하는 거죠. 실질적으로는 아무런 일도 하지 않는 거예요." 마샤는 나의 제안이 조금 이상하다고 생각했지만, 시험 삼아 한번 해보자는 생각으로 동의했다. 자신의 말처럼 변화가 필요했기 때문이다.

몇 주 후 나는 마샤에게서 걸려온 전화를 받았다. 그는 무척 들떠 있었다. 일주일간의 휴가에 들어간 지 며칠 만에 소화기 계통의 문제와 몸의 통증이 가라앉기 시작했다고 말했다. 그는 휴가가 끝나갈 무렵에는 드디어 밤중에 한 번도 깨지 않고 깊은 잠을 잘 수 있게 되었고, 산책이 하고 싶어지면 하루 중 어느 때고 계획에 없던 산책을 가기도 했다. 심지어 한 주간의 휴식이 끝나는 것이 아쉬워 휴가를 일주일 더 연장했다. 2주간의 휴가가 끝나기 며칠 전, 마샤는 문득 어린 시절 가족과 함께 휴가를 보내곤 했던 호수에 가고 싶다는 생각이 들었다. 바로 차를 몰아 호수로 간 그는 그곳과 가까운 작은 마을에서 오후를 보냈다. 한 건물 앞에 놓인 '매매' 팻말을 본 그는 자신이 항상 도시 외곽에 집을 한 채 갖고 싶어 했던 것이 생각나 건물을 둘러보기로 결정했다. 마을 중심부에 있는 그 건물은 환상적이었다. 건물에 들어가 보니, 도로에 면한 앞면은 상가로, 상부는 아파트로 이루어진 주상복합 형태의 건물임을 알 수 있었다.

'사지 말아야 할 이유가 있나?' 그의 머릿속에 이런 질문이 떠올랐다. 그는 부동산에 투자할 수 있을 만큼 충분한 돈을 모아두었고 이 작은 마을이 너무나도 좋았다. 건물 중 한 칸은 자신이 이곳에 올 때마다 사용하고, 나머지는 임대를 놓으면 될 것 같았다. 이 건물에 투자하면 스트레스가 많은 직장에서 1년 동안 버는 만큼의 수익을 올릴 수 있을 것이라는 계산이 섰다. 그리고 이 건물도 그의 자산이 될 터였다. 마샤는 부동산 중개인과 이야기를 나누던 중 해당 건물이 이제 막 매물로 나왔다는 사실을 알게 되었다. 건물을 계약하던 날 나에게 전화를 건 그는 정말이지 너무나도 기뻐 보였다. 건물의 리모델링도 굉장히 기대된다고 말했다. 현재 마샤는 지난 20년간 직장에서 임원으로 일했을 때보다 더 많은 수익을 올리고 있다. 훌륭한 리더로서 자신이 가진 기술을 활용해 자신이 진정으로 좋아하는 일을 하며 창의력을 발휘하고 있는 것이다. 마음이 즐거워진다면 방향을 전환해도 괜찮다.

두려움이나 의무감 또는 동기에 따른 것이 아니라 영감에서 비롯된 행동은 명확성과 자신감을 통해 추진력과 힘을 얻는다. 지금 당장은 결과가 눈에 보이지 않더라도, 결국에는 유익한 결과를 만들어낸다. 시간 가는 줄 모를 만큼 재미있는 프로젝트를 만나 밤을 새워본 적이 있는가? 가슴 뛰는 아이디어가 떠올라 그 일을 마무리 지을 때까지 멈추지 못하고 일했던 적이 있는가? 영감을 얻어 행동으로 옮기면 시간이 순식간에 지나가고, 불현듯 해결책이 떠오르며, 마법처럼 프로젝트를 완료하게 된다.

행동을 위한 행동은
우리를 지치게 할 뿐이다.

상황에 대해 어떻게 생각하느냐에 따라 우리가 취하는 행동의 유형은 달라진다. 나와 대화를 나누고 마샤의 생각은 '생산성을 높이기 위해 이직을 해야겠다'에서 '잠시 쉬면서 나 자신을 돌아보는 시간을 가져도 괜찮겠다'로 바뀌었다. 그 덕분에 마샤는 마음의 여유를 찾고 온전히 자기 자신이 되는 시간을 가질 수 있었다. 호숫가에 가보겠다는 영감이 떠오른 것도 그가 심신 모두 안전함을 느끼며 자신의 내면과 충분히 소통할 수 있는 컴포트존으로 들어갔기 때문이었다. 이 영감은 호수에 가고 건물을 둘러보는 행동으로 이어졌고, 이후 그는 그 어떤 직업을 가졌을 때보다 더 큰 발전, 더 큰 성취감, 더 큰 기쁨을 주는 새로운 직업의 길로 들어서게 되었다.

생각을 바꾸면 행동이 바뀐다. 나는 인생을 살며 나에게 필요한 영감이나 행동의 지침을 찾지 못할 때는 지금의 사고방식을 바꿔야 한다는 사실을 알고 있다. 생각은 힘이 세지만 모든 생각이 그런 것은 아니다. 우리는 스스로를 제약하는 생각을 할 수도, 반대로 힘을 주는 생각을 할 수도 있다. 선택은 우리의 몫이다.

| 문제 Vs. 해결, 어디에 집중하는가? |

나는 모든 생각을 두 개의 바구니에 나누어 담는다. 하나는 해결책 중심의 사고라는 바구니고, 다른 하나는 문제 중심적 사고라는 바구니다. 특히 어려운 상황에 처했을 때, 잠시 멈춰 나의 생각을 살펴보고 스스로 이렇게 묻는다. '이 생각은 문제에 초점을 맞추고 있는가, 아니면 해결책에 초점을 맞추고 있는가?'

당신도 자신의 생각이 어디에 속하는지 인지하는 이 중요한 정신적 습관을 반드시 발전시켜 나가기를 바란다. 이를 위해 이 두 가지 사고방식을 조금 더 자세히 살펴보도록 하겠다. 사람들은 대부분 문제에 우선순위를 둔다. 우리는 어릴 때부터 그런 사고방식을 가지도록 배웠다. 뉴스를 볼 때 각종 사건, 사고를 중심으로 접한다. 이야기를 할 때면 무엇이 우리를 기분 나쁘게 만들었는지에 대해 말한다. 계획을 세울 때는 발생할 수 있는 모든 문제를 염두에 둔다. 우리의 신경계는 끊임없이 잠재적 위험을 감지한다.[1] 이러한 사고방식의 문제점은 실제로 경험하고 싶은 일에 능동적으로 참여하기보다는, 원치 않는 일을 피하기 위해 사후 반응적으로 인생을 살게 된다는 것이다. 나는 이러한 종류의 사고방식을 '문제 중심적 사고'라고 부른다. 주로 문제에 초점을 맞춘 사고방식이기 때문이다.

나의 생각이 문제 중심적일 때 불평이 많아지고, 한계를 지적하며, 일이 잘 풀리지 않는 이유에 대해 설명하고, 두려움에 사로잡혀 결정을 내리며, 해결책을 제시하려는 사람들과 논쟁을 벌이는 경향이 있다. 그러면 일이 잘 풀리기를 간절히 바라면서도 문제에 매몰되어 시야가 흐려진 상태로 문제 해결 과정을 신뢰하지 못한다. 문제 중심적 사고에 사로잡히면 우리는 두려움과 불편함 때문에 행동을 취하게 된다. 그러면 결과는 혼란스러울 수밖에 없다. 원하는 것을 일부 얻을 수는 있지만, 항상 100퍼센트 만족스럽지는 않을 것이다. 컴포트존을 벗어나 생활하면, 우리는 대부분 문제 중심적으로 사고하게 된다. 지금까지 보았듯이, 컴포트존에서 멀어지면 멀어질수록 안전감과 소속감이 감소하고 주변의 환경이 더욱 위협적으로 느껴지기 때문이다. 그러면 취약성과 두려움이 더욱 활성화되어 우리를 둘러싼 문제와 위협을 과도하게 인식하도록 한다. 문제와 위협에 집착하면 해결하고자 하는 문제에 대한 실질적이고 지속적인 해결책을 찾기 어려워진다.

실질적이고 지속적인 해결책은 안전하고 편안한 상황에서 자신감을 느낄 때 나온다. 이것은 컴포트존 안에서 생활할 때 느끼는 감정이다. 안전하다고 느끼면 두려움으로부터 자유로워지기 때문에 해결책 중심으로 사고하게 된다. '해결 중심적 사고'는 가능성과 해결책에 더욱 초점을 맞추고, 잘 진행되고 있는 일에 주목하며, 눈앞에 이미 옳은 길이 펼쳐져 있다고 믿게 한다. 해결 중심적 사고는 상황을 보다 객관적으로 바라보고 위험을 느끼지 않고도 문제를 직시할 수 있도록 해준다. 이러한 행동은 신뢰, 안전, 자신감에 뿌리를 두고 있기 때문에 머릿속에 떠오른 영감이나 내면의 의지에 기반을 둔 행동으로 이어진다. 더 이상 자기 보호나 절박함에서 비롯된 행동을 취하지 않게 되는 것이다. 그 대신 우리는 희망, 설렘, 긍정적인 기대감에 기반을 둔 행동을 취하게 된다. 그러면 이 행동은 다시우리가 목표를 달성하는 데 도움이 되는 사건, 상황, 상호작용, 관계로 이어진다.

나는 해결 중심적 사고를 할 때 더 차분해지고, 더 안정적이며, 더 평화로워지는 경향이 있다. 잘 풀리지 않는 일에 너무 애쓰지 않고 올바른 해결책이 곧 나타날 것이라고 믿는다. 사소하고 작은 일이라도 잘 풀리는 일에 대해 이야기하려고 노력한다. 그러면 열린 마음으로 영감을 받아들이고, 예상치 못한 곳에서 해결책을 찾아내기도 한다. 공원에서 피크닉을 즐기는 커플을 보고 갑자기 아이디어가 떠오르기도 하고, 저녁 식사를 준비하다가 스파게티 상자의 디자인을 보고 내가 고민하던 문제의 실마리를 찾기도 한다.

두 가지 유형의 사고방식 모두 우리에게 해결해야 할 문제가 있다는 사실을 부정하지는 않는다. 문제와 도전이 없다면 해결책을 찾을 수 없고, 해결책이 없다면 삶이 확장되기 어렵기 때문에 문제와 도전은 그 자체로 모두 의미가 있다. 하지만 문제는 해결하기 위해 존재하는 것이지 우리를 고통스럽게 만들기 위해 존재하는 것이 아니다.

컴포트존을 벗어나면 문제 중심적으로 사고하게 되면서 단순한 도전마저도 큰 위협으로 느낄 수 있다. 반면 컴포트존 안에서는 해결책 중심으로 사고할 수 있고 아무리 큰 문제라도 해결의 즐거움을 느낄 수 있기 때문에 문제 해결이 흥미진진한 경험이 된다. 해결책 중심으로 사고하는 사람에게 문제가 발생하면 자연스럽게 차분함을 유지하면서도, 스트레스를 덜 받으면서 해결책을 찾을 수 있다. 이것은 불가능한 시나리오가 아니다. 일상을 적절히 변화시켜 이런 태도를 현실로 만들 수 있다.

| 해결에 집중하는 5가지 습관 |

다음은 내가 문제 중심적 사고에서 해결 중심적 사고로 전환하기 위해 주기적으로 활용하는 몇 가지 정신적 습관이다. 이를 꾸준히 연습하면 나만의 컴포트존 설계하기를 보다 효과적으로 활용할 수 있을 것이다. 물론 당신의 신경계의 긴장을 푸는 데도 도움이 될 것이다!

긍정적인 자기암시를 반복한다

당신에게 의식적으로 긍정적인 문장을 만들어 되뇌는 습관이 없다면 당신의 잠재의식이 부정적인 자기암시를 만들어내고 있을 가능성이 높다. '어떻게 해야 할지 모르겠다', '힘들다', '피곤하다', '소용없다', '괴롭다'와 같은 문장을 사용하고 있다면 당신은 현재 문제 중심적인 사고를 하고 있다는 뜻이다. 나만의 문장을 만들어 의식적으로 하루에 몇 번씩 반복해서 듣거나 되뇌면 보다 쉽게 상황을 뒤집을 수 있다. 그렇게 하면 내면에서 안전함을 느끼고 자신감을 되찾을 수 있게 된다. 문제가 발생했을 때 되뇔 수 있는 몇 가지 문장을 준비하면 된다. 습관이 되면 이보다 더 쉽고 간단한 방법은 없다고 느낄 것이다. 내가 개인적으로 좋아하는 문장은 다음과 같다. '나는 모든 일이 잘 풀린다.' '나는 나에게 가장 좋은 해결책이 있다는 것을 안다.' 긴장을 풀면 풀수록 해결책이 더 쉽게 떠오른다. 마음이 편안해질 때까지 이 문장들이나 자신이 만든 문장을 반복해서 말하자. 문장을 녹음해 산책이나 목욕할 때 재생하는 것도 좋다. 즐거운 일을 할 때 해결책이 떠오른다는 사실을 알게 될 것이다.

매일의 성취를 축하한다

문제는 제쳐두고 성취에 집중하자. 문제가 발생하면 그것에 집착하는 것이 인간의 본능이다. 하지만 문제에 집착하면 집착할수록 해결책을 찾기는 더욱 어려워진다. 해결할 수 없는 문제에 직면했을 때, 그 문제를 잠시 덮어둘 수 있는지 살펴보자. 그리고 잘 풀리고 있는 일에 집중하자. 덮어둔 문제와 아무런 관련이 없더라도 성취한 일에 관심을 집중하자. 크고 작은 성취에 집중하고 이를 축하할수록 컴포트존으로 더욱 깊숙이 들어가게 될 것이다. 컴포트존에 들어가면 문제에 대한 해결책은 저절로 떠오르게 된다.

이미 해결된 것처럼 상상한다

미래의 어느 날 가장 완벽한 방법으로 문제를 해결한 자신의 모습을 상상해보자. 이보다 더 완벽할 수는 없는 모습이다. 무척 기쁘다! 정말 성공적이다! 잠시 시간을 내 현재의 기분을 적어보자. 감정적으로 충전하는 것이다. 이렇게 하면 할수록, 더 좋은 결과를 얻을 수 있을 것이다. 약속한다. 감정적으로 아무것도 느끼지 않는 단순한 시각화는 효과가 없다. 온 마음을 다해 실천해보자. 일기를 쓸 때, 현재 직면한 문제를 이미 해결한 것처럼 과거형으로 쓰자. 문제를 해결했다는 느낌을 받으면 안전함과 자신감을 느낄 수 있는 컴포트존으로 돌아가는 데 도움이 된다. 이 상태에서 당신의 두뇌는 창의적으로 사고하고, 내면과 깊이 교감함으로써 원하는 해결책을 찾아낼 수 있다.

몸에 영양을 공급한다

몸과 마음 사이에는 실제적이고 중요한 유대 관계가 있다. 몸에 영양이 부족하면 긍정적인 정신적 습관을 유지하기가 어렵다. 좋은 음식과 규칙적인 운동으로 몸에 영양을 공급하면 활력이 생기고 마음도 풍요로워진다. 몸에 좋은 연료를 공급할수록 더 많은 해결책과 창의력이 샘솟는 것이다. 심지어 어떤 때는 하루 종일 끝도 없이 아이디어와 해결책이 떠오르곤 하는데, 이는 결코 과장이 아니다.

정신 상태를 기록한다

일기장이나 공책에 매일의 기분, 스트레스 수준, 수면 시간, 수분 섭취량을 비롯한 기타 정신 상태의 지표를 기록해보자. 각 영역에 1부터 10까지의 점수를 매겨 평가하자. 나는 다소 성가신 이 작업을 통해 나의 습관과 사고방식에 대해 깊이 성찰할 수 있었다. 자신의 정신 상태를 들여다보는 관찰자가 되면 주의를 전환하고, 상황을 좀 더 명확하게 파악하고, 힘든 날에는 자신을 위로하고, 주변에서 해결책을 찾는 데 도움이 된다. 때로는 슬럼프의 원인이 사고방식 때문이 아니라 해결책을 찾는 정신적 능력에 방해가 되는 신체적 습관 때문일 수도 있다.

■ **컴포트존 실천하기** ■

목표에 관한 사고방식 점검하기

앞에서 작성한 나만의 컴포트존 비전 보드를 살펴보고, 현재 자신의 컴포트존을 벗어난 목표가 무엇인지 점검해보자. 그리고 다음 질문에 대한 답을 적어보자.

- 이 목표에 대한 자신의 생각을 솔직하게 파악해보자. 성취해낼 수 있다고

생각하는가? 아니면 의구심이 드는가? 친구들에게 그 목표에 대해 말할 때 자신감이 생기는가, 아니면 변명하고 싶은 마음이 드는가? 목표에 대해 말할 때 긍정적으로 말하는가, 아니면 부정적으로 말하는가?

- 이 목표에 더욱 가까이 다가가기 위해 사용할 수 있는 긍정적인 자기암시는 무엇인가?
- 이 목표를 향해 나아가는 과정에서 이미 경험한 성과와 성취가 있다면 무엇인가?
- 이미 이 목표에 도달했다고 상상해보자. 원하는 것을 정확하게 얻었을 때의 기분은 어떠한가? 성공의 순간은 어떤 모습인가?

| 명상하라, 인생이 관리된다 |

내가 해결 중심적 사고를 하면서 얻게 된 가장 효과 있는 정신 습관 중 하나는 바로 명상이다. 명상은 매우 중요하고 효과적인 도구이기 때문에 이에 대해 조금 더 자세히 설명하고자 한다. 당신도 명상을 생활의 일부로 받아들일 수 있게 되기를 바란다. 긴 역사를 가진 이 간단한 활동이 당신의 삶을 기쁘고 긍정적으로 변화시킬 것이기 때문이다.

명상을 해본 적이 있는가? 조용히 별을 바라보는 것도 명상의 한 형태이기 때문에 나는 당신이 어떤 식으로든 명상을 해보았을 것이라고 확신한다. 조금 더 구체적으로 묻자면, 일상적으로 꾸준히 명상을 해본 적이 있는가? 명상은 정신적·육체적·영적 건강을 책임지는 가장 혁신적인 도구 중 하나다. 몸과 마음의 건강은 물론 인생을 확장하는 데 도움이 되는 전인적인 마음 수련 방식이기도 하다.

미국 국립보완통합보건센터의 연구에 따르면 하루에 10분만 명상을 해도 정신 건강과 삶의 질이 크게 개선될 뿐만 아니라 세포 단위에서 생리적으로 더욱 건강한 몸 상태를 만들 수 있다고 한다. 예를 들어 규칙적인 명상은 대뇌 피질의 두께와 회백질을 증가시키는 동시에 뇌의 스트레스 중추인 편도체를 축소시킨다.[2] 이러한 연구 결과는 명상을 하는 사람들이 스트레스와 불안에 덜 민감하면서도 문제를 더 쉽게 해결하는 경향이 있다는 또 다른 연구 결과와 일맥상통한다. 점점 더 많은 의료 전문가들이 환자에게 예방, 치료 또는 일반적인 건강 계획 수립의 일환으로 명상 수련을 권하는 것은 당연한 결과다.

이미 명상을 하고 있다면 스스로 명상이라는 큰 선물을 한 당신에게 박수를 보내고 싶다. 명상을 하고 싶지만 어디서부터 시작해야 할지 모르는 수백만 명의 사람들 중 한 명이라면, 내가 일상생활에서 명상을 하는 데 도움이 된 몇 가지 팁을 공유하겠다.

명상은 본질적으로 집중력을 키우기 위한 마음 수련 도구다. 어디에 집중하느냐는 크게 중요하지 않다. 무엇이 더 좋고, 무엇이 더 나쁘다고 말할 수도 없다. 중요한 것은 명상을 하는 동안 집중할 대상을 선택함으로써 자신의 마음을 통제하는 것이다. 예를 들어 나의 호흡에 집중하기로 마음을 먹었다고 가정해보자. 나는 자리에 앉아 눈을 감고 내 몸을 드나드는 호흡을 관찰하기 시작한다. 조용히 앉아 호흡에 집중하다 보면 필연적으로 여러 가지 생각이 떠오른다. 저녁으로 무엇을 먹을지, 집에 적당한 재료가 있는지 등을 생각하게 되는 것이다. 그러다가 갑자기 내가 호흡에 집중하기로 한 사실을 잊어버렸다는 것을 깨닫는다. 음식에 대한 생각만 했다는 사실을 알아차리게 되는 것이다. 그 순간, 나는 아주 중요한 일을 하기로 결심한다. 저녁 식사에 대한 생각을 내려놓기로 한 것이다. '명상이 끝나면 생각해보자'라고 스스로 말하고 다시 나의 호흡에 집중한다. 명상을 하면서 이 과정을 충분히 반복하다 보면 뇌가 나의 생각을 알아차리고 의도적으로 생각을 전환하는 능력이 강화되기 시작한다.

명상은 자신이 원하는 삶과 일치하지 않는 생각을 할 때 이를 알아차리고, 그 생각을 자신이 원하는 삶과 일치하는 생각으로 전환할 수 있도록 한다. 규칙적으로 명상을 하면 문제 중심적 사고를 인식하는 즉시 해결 중심적 사고로 전환하는 데 능숙해진다. 또한 명상을 통해 자신의 생각과 정체성을 분리할 수도 있다. 감정과 행동은 생각의 영향을 받기 때문에 생각을 바꾼다는 것은 상황에 대한 감정적 반응을 바꾸고, 영감과 내면의 목소리에 따라 행동을 취한다는 것을 의미한다.

명상은 본질적으로 생각을 통제하게 해주므로
우리는 명상을 통해 삶을 통제할 수 있다.

명상을 습관으로 만드는 법

다음 일주일 동안 매일 10분 이상 명상을 하자. 이것은 내가 처음으로 명상을 시작할 때 세운 목표였는데, 명상을 점점 더 좋아하게 되면서 지금은 더 긴 시간 동안 명상을 즐기고 있다. 처음에는 짧게 시작하는 것이 중요하다. 우리의 목표는 '일관성'이라는 사실을 잊지 말자.

명상의 목표는 간단하다. 내가 선택한 대상에 집중하는 것이다. 에어컨이 돌아가는 소리, 부드러운 명상 음악, 콧속을 드나드는 숨소리, 명상을 도와주는 사람의 목소리, 잔잔한 시냇물 소리 등 다양한 선택지가 있다. 집중의 대상은 어떤 생각이나 감정을 불러일으킬 만한 소지가 없는 것이 좋다. 일정하면서도 별다른 설명이 없는 것이면 된다. 예를 들어 명상을 하는 동안 오디오북을 듣고 싶지는 않을 것이다.

그런 다음, 알람을 설정한 뒤 눈을 감고 소리나 감각에 마음을 집중하자. 마음이 흔들리는 순간이 오면 그 생각을 부드럽게 밀어내고 다시 집중했던 곳으로 돌아오자.

매일 규칙적으로 하는 일과 명상을 병행하면 명상을 습관화할 수 있다. 예를 들면 아침에 컴퓨터를 켜기 전에 책상에 앉아 명상을 하는 것이다. 또는 잠자리에 들기 전에 책을 읽는 사람이라면 책을 집어 들기 전에 몇 분간 명상을 할 수도 있을 것이다. 명상을 습관으로 만드는 일에 익숙하지 않다면 명상 가이드의 도움을 받아보자.

| 이 장을 마치며 |

　정신적 습관을 바꾸면 생각을 쉽게 통제할 수 있고, 결과적으로 삶의 질이 달라진다. 여기서 핵심은 바로 '웰빙'이다. 우리는 스트레스를 덜 받고, 더 많은 해결책을 찾고, 더 여유로운 삶을 살기를 원한다. 하지만 대부분의 사람은 자신이 문제에 집중하고 있다는 사실을 깨닫지 못하기 때문에 불안정하고, 예측할 수 없고, 때로는 불행한 삶을 산다. 그러면 결국 막막함이나 무능함을 느끼게 된다.

　그러나 습관을 통해 얼마든지 문제 중심적 사고에서 해결 중심의 사고로 전환할 수 있다. 나는 당신이 이 장에 소개된 몇 가지 정신적 습관을 일상에서 실천하기로 마음먹었기를 바란다. 스스로 마음을 먹었다면 소셜미디어에 그 결심을 공유하면 좋겠다. 나를 태그하는 것도 잊지 말기를 바란다!

　이제 정신적 습관의 중요성에 대해 알게 되었으니 인간관계의 중요성에 대해 살펴보도록 하겠다. 여기서 말하는 인간관계에는 즐거운 관계뿐 아니라 힘들고 고통스럽고 용서하기 어려운 관계도 포함된다. 나는 당신의 주변에 어떤 사람이 있든 흔들림 없이 컴포트존에 머물 수 있도록 하는 새로운 관점을 제시하고자 한다.

18장

모든 관계가 성장의 기회다

3단계 | 탐험하기

치료사로 일하는 내 친구가 말하길 사람들은 자신의 가장 깊은 상
처를 발견하고 치유하는 데 도움이 되는 인생의 동반자를 선택한다
고 한다. 이 말을 들은 누군가가 질문했다. "파트너가 폭력적인 경
우도 해당되나요? 바람을 피우는 사람은요?" 치료사 친구가 답했
다. "그래도 여전히 당신의 상처를 발견하는 데 도움이 될 겁니다."
질문을 던진 사람이 다시 물었다. "하지만 어떻게 그게 치유를 도울
수 있죠?" 친구는 "상처가 무엇인지 알면 이에 대해 뭔가를 할 수 있
기 때문입니다. 상처를 이해하고 용서하기 시작하고, 마침내 치유
할 수 있게 됩니다."라고 말했다.

관계는 가장 큰 성장의 기회를 준다. 친구, 가족, 직장 동료, 배우자, 아이들, 이웃 등 다양한 사람들과의 관계는 우리 삶의 세부적인 부분을 구성한다. 나와 마주치는 모든 사람은 나에 대해 무언가를 보여줄 수 있다. 이러한 외적 관계를 통해 우리는 자신과 자신의 기호, 강점, 약점을 알게 된다. 다른 사람들과 관계를 맺는 방식이 내가 어떤 사람이고, 특정 순간에 어떤 모습을 드러내는지 보여주는 힘을 갖고 있기 때문이다. 다른 사람들과 교류하는 동안 자신의 내면을 들여다보고 관찰한다면 확장된 자아의 모습으로 변모하는 데 도움을 주는 중요한 정보의 세계에 발을 들일 수 있다. 또한 책, 뉴스, 팟캐스트, 노래, 예술 작품, TV쇼, 영화와 같은 매체를 통해 유명인, 역사적 인물 및 선구적 사상가들과 관계를 맺을 수도 있다. 일방적 관계이긴 하지만 자신에 대해 많은 것을 알아갈 수 있다. 심지어는 세상을 떠난 가족이나 친구 혹은 신, 천사, 우주와 같이 논리적으로 이해할 수 없는 추상적 존재와도 관계를 형성할 수 있다.

| 관계는 계속해서 변한다 |

내적이든, 외적이든, 일방적이든 또는 비물리적이든 모든 관계는 성장의 기회를 제공한다. 우리가 솔직하고 편견 없는 방식으로 내면을 들여다본다면 자신 안에 뿌리를 내리고 있는 행동, 생각이나 습관을 파악할 수 있다. 만약 자신에게 도움이 되지 않는 상태라고 판단되면 내면의 집을 정리하고 대신 내면의 평화, 안전, 기쁨으로 가득 찬 자기표현을 촉진하는 환경을 조성할 수 있을 것이다.

이 장에서는 우리가 대부분의 시간을 함께하는 사람들과 맺는 외적 관계에 대해 좀 더 자세히 살펴보고자 한다. 외적 관계에서 자신이 어떻게 드러나는지를 의식하지 않으면 이러한 관계를 핑계 삼아 컴포트존을 너무 쉽게 벗어날 수 있기 때문이다. 나만의 컴포트존 설계하기에 적극적으로 참여하면 나 자신이 변화하기 때문에 관계 또한 변할 것이다. 지금껏 마주하지 못한 자신을 더 잘 관찰하고 받아들이게 되면 진정한 자신의 모습을 더 많이 알게 된다. 그동안 쌓아온 잘못된 신념, 사고방식, 습관을 버리기 시작한다. 이는 확장된 자아로 변모하는 과정이기 때문에 올바른 변화다. 그 결과 일부 관계는 사라지고, 어떤 것들은 공고해지며, 새로운 관계가 삶에 들어올 것이다. 이 모든 것은 자연스러운 과정이다. 무슨 일이 일어나고 있는지 인식하고 있으면 거부감이나 죄책감, 미련 없이 이러한 관계의 변화를 탐색할 수 있다.

사실은 멀어진 관계도 언젠가 우리 삶에 다시 돌아올 수 있다. 생존지대에서 주로 활동할 때 나는 비슷한 친구들에 둘러싸여 있었다. 우리는 사명을 가진 젊고 열정적인 기업가들이었고, 꿈을 이루기 위해 뼈 빠지게 일할 준비가 되어 있었다. 내가 관점을 바꾸어 컴포트존 안에서 살기로 결심했을 때, 이런 관계의 대부분이 떨어져 나갔다. 누군가는 더 이상 자신처럼 열심히 일하지 않기로 한 내 결정을 비난했고, 누군가는 더 행동하고 공부하라고 나를 설득하려 했으며, 누군가는 나의 결정을 연대감에 대한 공격이라고 느꼈고,

누군가는 내가 야망을 잃었다고 생각하며 관계를 지속할 필요가 없다고 느꼈다. 수년이 지나자 이러한 친구들 중 상당수는 각자의 번아웃 순간에 도달하고 더 즐거운 삶을 원한다며 컴포트존으로 들어왔다. 심지어 몇몇은 나의 '컴포트존 동료'가 되었다. 컴포트존에서 자신을 발견하고 성장하는 여정에 기꺼이 동참한 사람들을 말한다. 이들은 인생이 힘들어서는 안 된다는 것을 이해하는 사람들이다. 세상의 통념과는 달리 인생은 즐거워야 한다. 위험을 감수해도 안전하다고 느끼고, 자신의 능력에 자신감을 가지며, 자신의 아이디어에 흥분하고, 삶을 인도하는 영적 지성을 신뢰해야 한다. 주변 세상을 탐험할 때 마치 자신을 최상급 슬로프를 처음 시도하는 스키어처럼 느껴서는 안 된다. 부모가 바로 근처에 있음을 아는 어린아이가 놀이터를 탐험하는 것처럼 새로운 곳으로 앞을 향해 나아가야 한다.

한 방향으로 열심히 가고 있지만, 원하는 목적지에서는 멀어지고 있는 기차를 상상해보라. 생존지대에서 구시대적인 세상의 규칙에 따라 생활할 때 우리는 마치 잘못된 방향으로 움직이는 이 기차의 모습과 같다. 컴포트존에 살면 기차를 필요한(안전하고 편안하게 생각되는) 만큼의 속도로 움직이며 지금 자신의 상태와 주변 풍경 등 이 순간을 충분히 살피며 나아갈 수 있다. 자연스럽게 기차가 향하는 방향을 살피고 또 필요에 따라 수정하며 인생에서 정말 경험하고 싶은 것을 향해 나아갈 수 있다. 이렇게 하면 때와 장소에 따라 주변 사람 중 일부는 기차에서 내리거나 함께 올라타 가게 되는 것이 정상이다. 이를 허락하고 그 과정에 몸을 맡기자. 컴포트존에 머무르며 기차가 꿈을 향해 달리도록 하자.

| 고통을 주는 관계, 힘을 주는 관계 |

우리 모두는 빛과 어둠을 가지고 살고 있다. 이 말에는 어떤 판단도 없다. 말하자면 어둠이 '나쁜' 혹은 '잘못된' 부분은 아니다. 이는 단지 고통과 두려움, 자신이나 타인에 대한 부정을 느끼는 자신의 일부다. 상처를 받았을 때 다른 사람에게 상처를 주려는 자신이다. 또 스스로를 컴포트존 밖으로 내몰며 나라는 사람을 부정할 때 고통, 외로움, 혼란으로 괴로워하는 자신이다. 우리는 어둠(고통)이나 빛(힘)의 상태에서 주변 사람들과 연결되고 관계를 맺는다.

한편 빛은 스스로 강력하고 아름다우며 가치 있는 존재임을 알고 있는 자신의 일부다. 설령 우리가 느끼지 못하는 순간에도 우리 안에는 언제나 빛이 존재한다. 이것이 내가 "매일이 빛나는 하루다. 당신의 빛을 발하라!"라고 말하는 이유다.

매일이 완벽할 수는 없지만
나의 빛을 발할 수 있는 기회는 항상 존재한다.

그러니 외부 환경 때문에 자신의 빛을 꺼뜨릴 필요는 없다. 다만 빛의 상태로 살아간다고 해서 당신이 반드시 '좋은 사람'이 되는 것은 아니다. 그저 자신의 진정한 본성, 즉 가치와 능력을 잘 인식하고 있다는 의미일 뿐이다. 컴포트존에 있을수록 우리는 자연스럽게 빛의 상태를 유지하게 된다. 가치, 자신감, 신뢰, 자기애와 같은 것들은 컴포트존에 집중할 때 얻을 수 있는 부산물이기 때문이다.

전등을 켜고 끄는 것에 대해 생각해보자. 전등이 켜지면 방 안이 밝아진다. 이처럼 빛 안에서는 원하는 바를 이루는 데 필요한 모든 것이 바로 눈앞에 있다는 것을 명확하게 볼 수 있다. 나를 둘러싼 모든 것이 나를 위한 것이고, 내가 가진 것이며, 스스로 이 모든 것을 가질 자격이 있음을 알 수 있다. 그러다 갑자기 빛이 사라지면 어떻게 될까? 불과 몇 센티미터 앞조차 볼 수 없는 어둠 속에 있는 자신을 발견한다. 방이 사라졌는가? 조금 전까지 내 것이었던 마법 같은 도구들이 모두 사라졌는가? 아무것도 볼 수 없다고 해서 갑자기 가치 없는 사람이 되었는가? 외롭고 사랑받지 못하는 존재가 되었는가?

컴포트존에서 성장을 이뤄내는 데 있어 중요한 부분은 어둠과 빛의 상태에서 다른 사람과 연결될 때의 차이를 아는 것이다. 즉 고통의 상태에서 누군가와 연결되면 그 관계는 불안정하고 불규칙하며 일촉즉발로 느껴질 수 있다. 처음에는 자신의 아픔을 투영하거나 보완해줄 수 있는 사람을 찾았다는 사실에 위안받을 수 있다. 또 자신의 고통과 혼란을 야기한 위험하고 불안정한 세상에 함께 맞서는 동지애를 느낄 수도 있다. 하지만 이런 식의 동맹은 종종 더 많은 고통을 경험하게 만든다.

나는 어둠의 상태에서 연결되는 인간관계를 '우울한 관계'라고 부르고, 빛의 상태에서 맺는 관계를 '빛나는 관계'라고 부른다. 우울한 관계는 상당히 어둡게 느껴질 수 있다. 극단적인 경우, 이러한 관계는 아주 힘들고 감정적으로 고갈되는 기분이며 정말 짜증스럽게 느껴질 수 있다. 이러한 관계에서는 흔히 무력감과 외로움, 깊은 불안감을 느끼게 된다. 하지만 모든 우울한 관계가 이렇게만 느껴지는 것은 아니다. 자신의 고통을 비춰주고, 부족함을 메꾸어주며, 자신에게 공감해주는 누군가와 함께 있기 때문에 때로는 위로가 되거나 심지어 안전함을 느낄 수도 있다. 하지만 우울한 관계는 대부분 우리의 강점보다는 단점을 상기시킨다. 또 가능성과 해결책에 대해 이야기하기보다는 고통에 대해 불평하며 대부분의 시간을 쓴다. 결국 이 관계 속에서 자신이 파괴적인 악순환에 갇혀 있다고 느끼며 이를 끊어낼 수 없다는 것에 좌절감이나 분노를 경험한다. 안정적이고 균형 잡힌 상태라기보다는 불안정하고 감정적인 상태라고 느낀다.

이와 반대로 빛의 상태로 연결될 때 우리는 빛나는 관계를 형성할 수 있는 기회를 갖는다. 이러한 관계는 삶에서 어떤 일이 일어나든 진실한 정체성을 바탕으로 이뤄진다. 그 결과 나와 연결되는 상대방 역시 스스로에게 진실하다. 자신의 강점에 두 발을 딛고 있기에 단단한 관계를 맺을 수 있으며, 서로가 서로를 인정하고 사랑하며 안전하다고 느낄 수 있는 관계를 만든다. 컴포트존 안에서든, 밖에서든 빛이나 어둠의 상태로 다른 사람들과 연결될 수 있다는 점에 유의하자. 그럼에도 주로 컴포트존 안에서는 빛나는 관계를 더 많이 맺게 된다. 컴포트존에서는 자신감, 만족감, 평화로움을 느끼는 자신의 능력으로 오롯이 살아갈 수 있으며, 그 결과 상대방이 가진 그러한 자질을 발견하고 다가갈 수 있다.

습관적으로 컴포트존에서 벗어나 삶의 방향을 잃고 혼란스러움과 외로움, 두려움을 느끼기 일쑤라면 대부분의 관계는 우울한 관계가 된다. 컴포트존 밖에서는 대부분의(전부는 아니다) 관계가 두려움이나 불안전함, 고통을 기반으로 하기 때문이다. 무언가에 대항하여 모일 때, 다른 사람이나 세상이 싫어하는 것을 중심으로 우정을 쌓을 때, 타인에게 상처주는 말과 행동을 하는 나를 발견할 때… 이런 모든 상황은 어둠의 상태에서 관계를 맺을 때 벌어지는 일들이다.

당신과 빛나는 관계를 맺고 있는 사람을 빛나는 사람으로, 우울한 관계를 맺고 있는 사람을 어두운 사람으로 생각하자. 물론 우리는 정적인 존재가 아니기 때문에 관계 또한 고정되어 있지 않다. 삶의 서로 다른 시기에 따라 어느 한 사람과 빛의 상태로 연결되기도 하고, 어둠의 상태로 연결되기도 한다. 이는 당신이 언제든 빛나는 존재이자 어두운 존재가 될 수 있고, 빛나는 사람들과 어두운 사람들 모두와 만날 수 있으며, 필연적으로 빛나는 관계와 우울한 관계 모두에 참여할 수 있다는 뜻이다.

관계의 핵심은 나 자신이 일관되게 어떤 사람인가다.

빛과 어둠, 두 가지 유형의 관계 모두 우리가 개인으로서 성장하는 데 도움이 되고, 우리 삶에 치유 효과를 주어 다시는 과거의 실수를 반복하지 않게 하는 힘이 있다는 사실을 기억하자. 따라서 빛과 어둠 어떤 것을 통해 연결되어 있든 모든 관계에 감사하고, 관계가 주는 교훈을 받아들이는 것이 중요하다.

| 컴포트존이 관계에 미치는 9가지 영향 |

의식적으로 컴포트존 안에서 생활하기 시작하면 관계에 몇 가지 중요한 변화가 일어나기 시작한다. 내가 경험한, 그리고 당신이 여러 관계에서 경험할 수 있는 몇 가지 변화를 소개한다.

1 자연스럽게 빛나는 사람에게 끌리고, 빛나는 사람과 더 많이 상호작용하며, 빛나는 관계를 더 많이 맺기 시작한다.

2 어두운 사람을 만나거나 자신이 우울한 관계를 형성하고 있음을 발견하면 자연스럽게 더 나은 바운더리를 긋고 자신이나 상대방의 고통에 관여하지 않으려 한다.

3 어둠 속에 있는 자신을 발견하면 자신의 고통스러운 이야기에 모든 신경을 쏟으려 하지 않는다. 대신 기분 전환을 우선시하여 내면의 빛을 향해 발걸음을 옮길 수 있도록 한다.

4 더 많은 시간을 기분 좋게 보내는 일을 우선시하며 우울한 관계와 만남이 점차 줄어들기 시작한다.

5 자신을 부정적인 생각이나 감정에 가두는 단편적인 생각이나 상호작용에 휘둘리거나 혼란을 느끼는 일이 사라지기 시작한다.

6 자신의 삶에 들어온 어두운 사람들을 치유하고 그들에게 감사하기 시작한다. 그들과 관계를 맺으며 자기 내면의 어느 부분이 여전히 혼란에 빠져 있는지 깨닫게 되기 때문이다. 어두운 관계는 우리 자신의 구속적인 믿음과 상처를 되돌아보게 하여 생각을 바로잡고 과거의 트라우마를 치유할 수 있게 해준다.

7 가십, 자기 비하, 부정적인 생각, 고통과 좌절에 대한 끝없는 푸념에 흥미를 잃기 시작한다. 대신 의지를 불러일으키는 해결책이나 아이디어를 탐색하는 일에 더 관심을 갖는다.

8 주변에 빛나는 사람들의 존재를 알아차리고 그들에게 감사하기 시작한다. 이들은 지지하는 태도로 우리에게 영감을 주고 동기를 불어넣는 사람들이다. 그들과 멘토링 관계를 맺어 성장에 도움이 되는 아이디어를 논의할 수도 있다.

9 빛나는 사람들을 삶에 더 많이 초대할수록 더 건강하고 활기찬 기분을 느낄 수 있다.

관계의 본질을 알게 되면 빛나는 관계든 우울한 관계든 결국 자신의 선택에 달렸다는 사실을 깨닫는다. 만약 지금 우울한 관계에 있다면 당신이 그 관계에 참여하기로 선택했기 때문이다. 상대방이 당신의 동의 없이 혼자서 관계를 맺을 수는 없다.

파괴적인 관계는 남의 탓만이 아니다

내 친구 중 한 명은 결혼 전에 데이트를 할 때 상대방에게 전 애인과 헤어진 이유를 매번 묻곤 했다. 그는 자신의 애인이 전 여자친구의 끔찍한 점에 대해 불평하며 "구속하려 한다", "미쳤다" 등의 말을 하면 그 사람을 경계했다. 상대방이 어떻게 행동했든 우울한 관계가 형성된 데에는 두 사람의 선택과 책임이라는 사실을 알고 있었기 때문이다. 그래서 친구는 여전히 고통과 분노에 감정적으로 얽혀 있는 '어두운 사람'과 깊은 관계를 맺는 일을 경계했던 것이다.

내 친구의 데이트 상대처럼, 우울한 관계에 갇혀 있는 사람들이 그 관계가 주는 교훈을 보지 못하는 경우는 너무나 흔하다. 자신의 선택에 책임지기보다는 타인에게 책임을 떠넘기는 것이 훨씬 쉽기 때문이다. 따라서 많은 사람이 그 관계의 원인이 된 상처를 치유하기 위해 자신의 내면을 들여다보지 않는다. 대신 죄책감, 수치심, 자기 회의, 불안감 또는 두려움과 같은 감정으로 어렵고 고통스러운 관계에 머물러 있게 된다. 이들은 우울한 관계를 핑계 삼아 자신의 성공이나 행복을 방해한다. 이런 관계에 있을 때 사람들은 흔히 자신에게 해를 끼치는 행동이나 선택을 하고, 그 결과가 더 고통스러울수록 고통의 패턴에서 벗어나기를 더 어려워한다. 이러한 파괴적인 관계에 발을 들이게 된다면 자신 또한 어두운 존재임을 인정하는 것이 중요하다. 결코 상대방만의 문제가 아니다. 자기 내면의 고통이나 어둠에 빠지기는 쉽다. 어둠에 빠진 자신을 비난하거나 부끄러워하는 대신 죄책감, 수치심과 두려움에서 벗어나 편안함,

자신감, 신뢰와 평화를 누릴 수 있는 컴포트존으로 돌아와야 한다.

어두운 사람들이 우리 삶에 찾아오는 데는 이유가 있지만, 그 우울한 관계에서 가능하면 잠깐 동안만 머무르도록 해야 한다. 이는 우리 자신에게도 마찬가지다. 때때로 어둠 속으로 발을 들여놓을 수는 있지만 그곳에 오래 머물러 있을 필요는 없다.

▪ 컴포트존 실천하기 ▪

우울한 관계와 빛나는 관계 살펴보기

빛나는 관계만큼 소중하면서도 관심이나 치유가 필요한 자신의 부정적인 부분을 성찰하고 해소할 수 있도록 도와주는 것은 우울한 관계다. 또한 이 관계는 자신이 원하지 않는 것이 무엇인지 깨닫게 하므로 진정으로 원하는 것 또한 더 명확하게 알 수 있다. 다음의 실천하기 과제를 통해 인생에서 가장 어려운 우울한 관계에서조차 교훈을 얻을 수 있게 될 것이다.

우울한 관계 ────────────────────

1. 힘든 관계에 있는 사람을 떠올려보자. 당신을 자주 성가시게 만들거나 자극하거나 화나게 만드는 사람을 말한다.
   - 이 관계를 어렵게 만드는 요인은 무엇인가?
   - 이 사람이나 관계에서 가장 실망스러운 점은 무엇인가?
   - 실망스럽다고 생각되고 매우 싫어하는 이와 같은 유형의 행동을 스스로 했을 경우에 대해 솔직하게 적어보자. 그렇게 행동했을 때 자신의 행동이 정당하다고 느꼈는가?

---

2. 당신을 화나게 하고 좌절시키는 어두운 사람의 입장이 되어 그들의 관점에서 다음 질문에 답해보자.

- 내 행동을 통해 무엇을 성취하려고 하는가?
- 상처 주는 행동을 할 때 어떤 기분이 드는가?
- 원하는 결과를 얻기 위해 어떤 다른 행동을 해야 할까?
- 다른 방식으로 행동해도 내 의견이 전달되는가?
- 나의 욕구를 명확하게 전달하려면 어떻게 말하거나 행동해야 하는가?

3. 다시 나의 관점에서 이 관계를 더 깊이 투영해보자.

- 이 사람에게 연민을 느낄 수 있는가?
- 이 관계를 통해 무엇을 배웠는가?
- 만약 이 관계가 없었다면 자신에 대해 무엇을 배우지 못했을까?
- 만약 이 관계가 없었다면 얻지 못했을 기쁘거나 자랑스러운 결과는 무엇인가?
- 당신의 삶에 있는 이 우울한 관계에 감사한 마음이 드는가?

이제 당신 인생의 빛나는 사람들을 주목해보자. 이 연습을 통해 당신에게 도움이 되는 영감과 긍정적인 영향력을 빛나는 관계에서 추출할 수 있게 될 것이다.

빛나는 관계

1. 강하고 긍정적인 관계를 맺고 있는 사람을 떠올려보자. 당신을 자주 기분 좋게 만들고, 영감을 불어넣으며, 특별한 노력이 필요치 않고, 더 나은 자신이 될 수 있도록 나의 성장을 도와주는 사람을 말한다.

- 이 관계가 그토록 쉽고 아름다운 이유는 무엇인가?

- 이 사람이나 관계에서 당신에게 가장 영향을 주거나 영감을 주는 것은 무엇인가?
- 당신이 다른 사람에게 이와 같은 유형의 행동을 보였던 때를 떠올리고 적어보자. 기분이 어땠는가? 어떻게 하면 이런 모습을 더 많이 보여줄 수 있을까?

2. 당신에게 큰 영향을 끼치는 빛나는 사람의 입장이 되어 그들의 관점에서 다음 질문에 답해보자.
- 인생에서 가장 중요한 것은 무엇인가?
- 어떤 유형의 관계를 가장 가치 있게 여기는가?
- 친구나 사랑하는 사람의 어떤 자질을 가장 가치 있게 여기는가?
- 긍정적이고 고양된 기분을 어떻게 유지하는가?
- 친구나 사랑하는 사람에게 어떤 기분을 느끼게 하는가? 왜 그렇게 그들을 대하는가?
- 낯선 사람을 어떻게 대하는가? 그렇게 대하는 이유는 무엇인가?

3. 다시 나의 관점에서 이 관계를 더 깊이 투영해보자.
- 이 사람의 어떤 자질을 가장 높이 평가하는가?
- 이 관계에서 배운 것 중 자신의 정체성으로 삼고 싶은 것은 무엇인가?
- 만약 이 관계가 없었다면 자신에 대해 무엇을 배우지 못했을까?
- 만약 이 관계가 없었다면 얻지 못했을 기쁘거나 자랑스러운 결과는 무엇인가?

| 관계에 승자와 패자는 없다 |

인생에서 맺게 되는 또 다른 종류의 관계는 더 폭넓고, 더 사회적이다. 이는 개인적인 관계보다는 일이나 클럽처럼 사회적인 관계에 속하는 사람들이다. 이러한 관계에서는 포함된 모든 사람에게 해를 끼치는 방식으로 경쟁하는 경향이 있다. 어릴 때부터 우리는 누군가는 이기고, 누군가는 진다는 것을 배우며 자랐기 때문이다. 내가 이기려면 친구가 져야 하며, 우리 팀이 승리하려면 상대 팀이 패배해야 한다. 승자는 하나뿐이지만 패자는 무수히 많다는 것도 배운다. 승자가 '최고'라고 여기게 되고, 만약 '최고'가 존재한다면 '최악'도 있어야 한다는 가정을 하게 된다.

현대사회는 비교를 기반으로 한 조직 체계를 구축했으며, 이에 가치를 부여한다. 사람들 간의 능력을 비교하기 용이하도록 시험을 만들었다. 누가 더 똑똑한지, 누가 더 빨리 문제를 해결하는지, 누가 더 많은 단어를 외우는지, 누가 더 운동 신경이 뛰어난지, 누가 더 음악적인지, 누가 더 과학적인지, 누가 더 능력 있는지, 누가 더 인정받을 만한지, 누가 더 성공적인지 파악할 수 있도록 시험 결과에 따라 사회적 서열을 만든다. 그 속에서 우리는 이기지 못하는 것을 부끄러운 일로 여기며 패배자가 되고 싶지 않다고 결심한다. 지금 자신과는 달라지는 것이 승리할 수 있는 유일한 길이라고 배웠기 때문에 불편하고 안전하지 않다고 느껴지는 일들을 하기 시작한다. 불편함을 기꺼이 감수하고 참호 속에서 생활하며 목숨을 걸고 싸우면 성공에 이르는 자질을 갖출 수 있다고 배운다.

어릴 때부터 그렇게 배웠기 때문에 자신을 남들과 비교하기도 하지만, 다른 사람과의 관계에서 자신이 어디에 서 있는지 알아야 한다고 생각하게 만드는 세상 때문에 우리는 비교에 목숨을 건다. 소셜미디어가 발달한 오늘날에는 그 어느 때보다 비교 경쟁이 심해져 '이 정도로는 부족하다'는 끝없는 악순환의 고리에 빠지기 쉽다. 이런 사고방식에 빠지면 경쟁적인 삶을 살게 된다. 평생을 바쁘게 지내고, 불편하다고 느끼며, 남들보다 앞서가야 한다고 생각하기 쉽다. 안타까운 사실은 컴포트존을 벗어난 삶을 산다고 해서 자동으로 성공하는 것은 아니라는 것이다. 열망, 의지력, 절제력이 영광의 순간으로 이어질 수도 있지만 동시에 고된 노동, 두려움, 스트레스 그리고 종종 후회로 가득 한 삶으로 이어지기도 한다. 안전을 위협하는 경험을 쫓다 보면 트라우마가 생기고, 이는 수년에 걸쳐 누적되어 신체적·정신적 건강은 물론 인간관계까지 해칠 수 있다. 습관적으로 컴포트존 밖으로 자신을 몰아내는 노력은 큰 대가를 치를 수 있다. 이 모든 것이 '경쟁은 나쁘다'라는 의미일까?

사실 경쟁은 매우 훌륭한 도구다. 하지만 이 도구의 최대 효과를 누리기 위해서는 컴포트존 안에서 활용해야 한다. 경쟁은 아마도 컴포트존을 확장하는 가장 적극적인 방법 중 하나일 것이다. 이는 동시에 컴포트존 밖으로 밀려나 그곳에 갇혀버리기 가장 쉬운 방법 중 하나이기도 하다. 사람마다 경쟁은 다른 의미와 다른 결과를 낳는다. 누군가는 경쟁의 압박 속에서 성공할 수 있는 반면, 누군가는 문을 닫고 숨어버리게 될 수도 있다. 컴포트존 안에 있으면 경쟁이 영감을 주고 가능성을 열어주며 능력의 깊이를 탐색할 수 있게 해준다는 것을 깨닫는 순간이 있다. 한편 컴포트존 밖에서는 경쟁이 위협적으로만 느껴질 수 있다. 그러면 방어적이고 신경질적이며 두려움에 찬 행동으로 스스로를 몰아넣게 될 수 있다.

경쟁적인 감정을 유발하는 요인

경쟁할 때 자신이 컴포트존의 안에 있는지, 밖에 있는지 잘 모르겠다면 다음의 몇 가지 지표를 참고하자. 타인의 성공을 바라볼 때 다음과 같은 감정이나 행동을 보이게 된다면 당신은 컴포트존 밖에 있다는 것이다.

- 나와 나의 능력이 불만족스럽다
- 나와 나의 능력의 가치에 의구심이 든다
- '왜 내가 아니고 저들이야? 내가 훨씬 더 재능이 많은데?'와 같은 생각을 한다
- 질투심을 느낀다
- 의욕이 사라진다
- 불안정하거나 화가 나거나 두렵다고 느낀다
- 절망감을 느낀다
- 아무것도 하지 못한다

컴포트존 밖에 있으면 경쟁은 부정적인 감정을 일으킬 수 있다. 안전하고 편안하고 자신 있다고 느끼지 못하는 상태에서는 경쟁을 마주할 때마다 목숨을 걸고 싸워야 할 것처럼 느껴지기 때문이다. 자신과 자신의 능력에 대해 안전하고 편안하며 자신감 있다고 느끼면 패배라는 개념은 존재하지 않는다는 것을 깨닫게 된다. 컴포트존을 의도적으로 확장할 때 모든 경험과 관계, 상호작용은 자신이 원하는 것을 경험하는 방향으로 나아간다.

내가 이기기 위해 다른 사람이 질 필요는 없다는 사실을 깨닫는 순간 인생에 변혁이 일어난다. 내가 더 많이 이길수록 내 주변 사람들도 더 많이 이길 수 있다. 마찬가지로 내 경쟁자들이 더 많이 이길수록 나도 더 많이 이길 수 있다. 나는 이러한 통찰을 얻은 후로 몇 년 전부터는 나와 비슷한 사업을 하거나 비슷한 삶을 사는 사람들을 지칭할 때 경쟁자라는 단어를 사용하지 않게 되었다. 나는 수년 동안 여러 회사들과 파트너를 맺어 왔는데, 그들이 나에게 "제일 큰 다섯 명의 경쟁자가 누구인가요?"라고 물을 때마다 나는 "경쟁자는 없지만 영감을 주는 다섯 명의 사람들은 말할 수 있어요. 나에게 영감을 주는 나의 동료들이죠. 나는 그들이 하는 일을 좋아해요."라고 대답한다. 이 글을 쓰면서도 웃음이 절로 나오는데, 이 말을 들었을 때 그들의 표정을 상상할 수 있겠는가? 시간이 지나면서 그들도 나의 급진적인 아이디어에 익숙해졌고 심지어 즐기게 되었다.

승자와 패자가 있어야 한다는 고정관념에서 벗어나 우리 모두가 함께 흥망성쇠 한다는 것을 깨닫는다면 다른 중요한 사실도 알게 된다. 경쟁자는 나를 불안하게 만들거나 나의 성공을 가로채기 위해 존재하는 것이 아니다. 오히려 그들의 발전과 성공이 나를 앞으로 나아가게 할 수 있다. 우리는 함께하고 있으며, 경주는 신기루다. 우리는 함께 창조하고 성공할 수 있다. 누군가의 승리가 다른 사람의 승리를 앗아가는 것이 아니다. 사실 당신의 가족, 친구 또는 커뮤니티에서 더 많은 사람이 풍요와 성공, 행복과 확장을 경험할수록 당신도 같은 경험을 할 가능성이 높아진다. 우리 모두는 자신만의 창조적 에너지를 갖고 있기 때문에 그것을 서로에게서 빼앗을 필요가 없다. 우리는 모두 잘할 수 있다!

영감을 주는 사람들은 우리가 스스로 보지 못하는 가능성을 볼 수 있게 해준다. 내 안에 있는 잠재력, 나아갈 길에 대한 영감 또는 탐색해볼 만한 아이디어를 보여준다. 패했을 때조차 우리의 시야, 나아가 인생이 확장되기 때문에 실제로는 승리한 것이나 다름없다는 사실을 깨닫게 된다. 패배에 대한 부끄러움이 없기 때문에 타격을 받지 않는다. 그 대신 넓어진 시야로 자신과 새롭게 소통하고, 기술을 향상시키고, 다시 시도할 수 있는 기회로 삼는다.

모든 것은 항상 더 나아지기 위한 과정에 있다.
이것이 컴포트존에 있을 때 누릴 수 있는
성공의 이면에 숨어 있는 진실이다.

부자가 더 부유해지기 쉬운 이유가 바로 이것이다. 빛이 있다면 빚은 더 쌓이기 쉽다. 운이 좋다면 시간이 지날수록 운은 더 좋아진다. 심술쟁이는 더 심술쟁이가 된다. 우리가 실천하고 있는 말과 행동은 언제나 더 깊어지는 방향으로 수렴한다. 영감을 주는 사람들이 당신에게 더 창의적이고 더 뛰어난 일을 할 수 있도록 한다면 당신은 더 많은 영감을 주는 사람들을 만나게 될 것이다. 그러면 그들은 당신에게 그보다 더 많은 영감을 불어넣을 것이고, 그 과정에서 당신은 점점 더 나아지게 될 것이다. 이 얼마나 놀라운 선물인가!

■ **컴포트존 실천하기** ■

나에게 영감을 주는 관계 찾기

당신에게 가장 큰 영감을 주는 다섯 사람을 적어보자. 각각의 사람이 당신에게 어떤 영감을 주는지 목록을 작성하자. 그 사람을 생각할 때 어떤 감정이 드는가? 그 사람에게서 무엇을 배울 수 있는가? 컴포트존을 확장시키기 위해 그들에게서 배운 것을 어떻게 활용할 수 있을까?

만약 그들에게 질투를 느낀다면 이렇게 생각해보자. 질투를 느끼는 부분은 당신이 이미 가지고 있는 자질이지만 잘못된 믿음이나 부끄러움, 죄책감, 또는 두려움으로 사용하지 못하고 있는 자질이다. 정말 사실일까? 질투의 핵심을 해결하려면 어떤 잘못된 신념을 고쳐야 할까?

| 이 장을 마치며 |

이제 18장을 마쳤다. 어려운 일이지만 나는 관계를 맺는 일을 정말 좋아한다. 당신은 어떤가? 이 장에서 우리는 주변의 사람들과 고통(어둠)의 상태 또는 힘(빛)의 상태에서 연결된다는 것을 배웠다. 결국 모든 관계는 가장 큰 성장의 기회를 준다. 우리는 관계를 통해 자신의 정체성, 기호, 세상에 드러나는 모습을 정의하고 구체화한다. 우리가 관심을 기울이면 외적 관계를 통해 자신이 어떤 모습으로 비치는지, 어떤 상처나 믿음이 자신의 반응을 결정하는지, 어떤 상처가 아직 치유되지 못했는지를 알 수 있다. 이러한 관계는 우리가 고통을 파악하여 치유할 수 있도록 도와줄 뿐 아니라 자기 본연의 힘으로 살아갈 때 우리가 어떤 사람이 될 수 있는지 보여줄 수 있다. 빛나는 사람들과 어두운 사람들 항목에 당신이 공감했기를 바란다. 또한 경쟁자들을 당신에게 영감을 주는 사람들이라는 더 밝은 시각으로 바라보기를 바란다.

이제 당신도 내가 세상을 긍정적으로 바라보는 관점을 찾고, 이 책의 사명(컴포트존에서 성장하는 것)에 어울리지 않는 단어를 바꾸는 일을 좋아한다는 걸 알게 되었을 것이다. 당신도 이러한 틀을 깨는 일을 즐기길 바란다. 여기까지 온 당신이 자랑스러우며 스스로도 자부심을 갖기를 바란다. 나만의 컴포트존 설계하기의 세 단계를 완료했으므로 컴포트존을 성장시키는 법으로 넘어갈 준비가 되었다. 당신도 마지막 여정을 즐길 준비가 되었는가? 그럼 시작하자!

THE
COMFORT
ZONE

3부

나만의 컴포트존
성장시키는 법

무의미한 고통과 번아웃 없이 꿈이 이루어진다면
당신이 온전히 자기 자신답게 존재하며
내면의 목소리에 부응하는 길을 걷고 있다는 뜻이다.

19장

인생의 모멘텀에 올라타라

컴포트존을 완전히 파악하는 것은 자신이 진정으로 원하는 인생을 사는 열쇠다. 당신은 자기 자신, 꿈, 목표, 현재 그리고 다가올 미래와 사랑에 빠지고 있다. 온전한 나 자신이 되어 내면이 기꺼이 응하는 기분 좋은 방식으로 사는 것에 능숙해질수록 모든 일이 수월하게 이루어지기 시작할 것이다.

또 다른 마법 같은 일도 일어난다. 당신이 내면의 편안함을 가장 우선시하게 되면 안전하다고 느끼기 시작한다. 안전하다고 느끼면 자신과 자신의 삶, 능력에 대한 자신감이 커진다. 자신감이 쌓이면 스스로를 시험하고 표현하기 시작한다. 자신을 표현할수록 삶을 더 즐기고, 더 큰 꿈을 꾸기 시작한다. 큰 꿈을 꾸면 열망하는 것을 향해 나아가기 시작한다. 원하는 바를 향해 나아가기 시작하면, 그리고 그 시작이 안전함과 자신감, 설렘을 느낄 수 있는 컴포트존에서 이뤄진다면 마침내 당신은 모멘텀을 갖기 시작한다.

모멘텀은 원하는 것이 더 쉽고, 더 빠르게 다가오기 시작할 때 생겨난다. 필요한 물건이 갑자기 코앞에서 나타나거나 친구와 통화하고 싶은데 그 친구가 갑자기 전화를 건다. 어떤 원리가 이해되지 않을 때 마침 시청 중인 TV 프로그램에서 누군가 그것에 대해 설명하기 시작한다. 누군가에게 질문을 했는데 그 사람이 답하기도 전에 답을 발견한다. 부탁하지도 않았는데 누군가가 나에게 필요한 물건을 들고 나타나기도 한다. 이렇게 신기한 일들이 이어지고 있다면 당신이 컴포트존을 완전히 파악하고 앞으로 나아가고 있다는 신호다. 당신은 흐름에 올라탔으며 올바른 길을 가고 있다.

이 불가사의한 일을 우연이라고 여길 수도 있다. 나도 예전에는 그렇게 생각했지만, 지금은 '동시성synchronicities'이라고 정의한다. 이런 일은 결코 우연이 아니기 때문이다. 동시성은 상당한 관련이 있지만 뚜렷한 인과관계가 없는 사건들이 동시에 일어나는 것으로 정의할 수 있다. 이는 마치 마법처럼 느껴지며, 당신이 컴포트존 안에서 생활하면서 모멘텀이 만들어내는 흐름과 편안함을 경험할 때 발생한다.

| 인생이 잘 풀리는 흐름을 누려라 |

컴포트존에서의 모멘텀은 삶의 모든 영역에서 나타날 수 있다. 프로젝트가 그 어느 때보다 수월하게 마무리되고, 관계는 더욱 아름답게 피어난다. 갈등은 저절로 봉합되고, 일이 상상 이상으로 순조롭게 풀리기 시작한다. 스트레스나 과도한 노력 없이도 삶이 점점 더 잘 흘러간다. 모멘텀이 쌓이는 것은 놀라운 일이지만, 모멘텀에 긴장하는 자신을 느낄 수도 있다. 특히 노력을 발판 삼아 목표를 향해 점진적으로 나아가는 것을 찬양하며 너무 쉽고 빠르게 다가오는 축복을 경계하는 구시대적인 세상에서는 모멘텀이 두렵게 느껴질 수 있다.

나는 왜 사람들이 쉽게 얻은 성공이나 좋은 결과를 평가절하하거나 무시하는지 이해하지 못했다. 하지만 이는 구시대적인 세상에서 흔히 볼 수 있는 사고방식이다. 어떤 일이 잘 풀리면 우리는 '너무 잘 풀려서 미심쩍다'라고 생각하곤 한다. '고통 없이 얻는 것은 없다'라는 사고방식은 '쉽게 얻은 것은 쉽게 잃는다'라는 사고방식으로 뒷받침된다. 부모는 자녀에게 열심히 노력해서 얻어낸 것이 아니면 진가를 알 수 없다고 가르치곤 한다. 내가 만난 많은 사람이 너무 쉽게 찾아온 성공은 소중하게 여겨지지 않는다고 말하곤 한다.

자신을 제약하는 이러한 믿음은 버리고, 그 대신 모멘텀을 만드는 데 중요한 역할을 하는 편안함, 흐름, 안정감, 지지와 같은 감정들을 찬양하자. 타인의 손쉬운 성공을 '행운'으로 폄하하지 말고, 별

다른 노력 없이 어떤 일이 이루어졌다 해도 죄책감을 느끼거나 "별 거 아니야.", "그렇게 대단한 일은 아니야."라고 이야기하지 말자. 모멘텀이 당신의 욕망에 추진력을 불어넣어 쉽게 성취할 수 있게 해주는 것은 대단한 일이다. 무의미한 고통과 번아웃 없이 꿈이 이루어진다면 당신이 온전히 자기 자신답게 존재하며 내면의 목소리에 부응하는 길을 걷고 있다는 뜻이다.

컴포트존을 실제 집에 비유했던 이야기로 잠시 돌아가보자. 자신의 취향과 기호에 완벽히 일치하도록 직접 짓고 꾸민 집에 앉아 있다고 상상해보자. 소파에 느긋하게 앉아 가장 좋아하는 애프터눈 티를 마시며 안전하고 평온한 느낌을 만끽하고 있을 때, 주문해야 할 책이 생각나 휴대폰을 들어 책을 주문한다. 그다음엔 무엇을 할까? 주문한 책을 찾기 위해 출판사로 가는 비행기 표를 살까? 당장 집에서 나와 차를 몰고 아무 책방이나 들러 책을 찾아볼까? 아니면 책이 문 앞에 도착할 때까지 기다릴까? 물론 책이 배송될 때까지 기다리면 된다.

하지만 실제 삶에서 우리는 원하는 것을 결정하고 요청하면 갑자기 컴포트존을 벗어나야 할 것 같다고 느낀다. 편안하고 안전한 상태에만 있으면 원하는 것이 이루어지지 않을 것이라고 생각하도록 학습되었기 때문이다. 그래서 방금 주문한 물건을 찾기 위해 집을 떠나 정처 없이 돌아다니고, 아무 문을 두드리고, 바위 밑을 살펴보는 것과 같은 행동을 하게 된다. 단순한 진실은 원하는 것을 얻으려면 우선 집에 머물러야 한다는 것이다. 컴포트존의 언어로 표현하자면 안전하고 편안하고 충만함을 느끼는 상태에서 진정으로 원하는 것이 당신을 찾아올 수 있다. 사실 컴포트존에 더 오래 머무르며 이런 감정을 경험할수록 더 빨리 찾아올 것이다. 컴포트존을 벗어나 생존을 위해 몸부림치는 한 원하는 것을 찾기는 어려워질 것이다. 그리고 다시 집으로, 즉 컴포트존으로 돌아왔을 때 마침내 당신이 원하는 모든 것이 문 앞에서 기다리고 있다는 사실을 알게 될 것이다.

컴포트존에서 있는 것이 익숙해지면, 원하는 것이 더 빠르고 더 빈번하게 나에게 오고 있다는 것을 발견할 것이다. 컴포트존에 머무는 한 당신은 자신에게 다가오는 모든 축복과 기회를 마주하고 받아들일 준비가 된 것이다. 그리고 이러한 축복을 받아들이면 받아들일수록 축복은 더 자주 나타난다. 모멘텀이 쌓이면 머지않아 당신은 다른 사람들이 "운이 좋다."라고 말하는 마법 같은 흐름에 올라탄 자신을 발견하게 될 것이다.

하지만 대부분의 사람이 그러하듯 당신도 꿈이 문을 두드릴 때 그것을 안으로 들이는 것을 주저하기 쉽다. 여전히 구시대적인 신념과 이상에 얽매여 살고 있다면 진정으로 원하는 것을 얻는 것에 대해 죄책감을 느낄 수 있다. 이 모든 것을 가질 자격이 없거나 합당하지 않다고 느낄 수도 있으며, 원하는 것을 쉽게 얻었을 때 속임수를 쓰는 것처럼 느껴질 수도 있다. 나는 다른 사람의 기분을 상하게 할까 두려워 자신의 기쁜 소식을 알리기를 주저하는 사람들을 많이 보았다. 2020년 팬데믹 기간에 번영을 누린 많은 사람이 자신이 경험한 확장을 공유하는 것에 죄책감을 느꼈다. 팬데믹 덕분에 가족들과 더 깊이 소통하고, 수년간 미뤄 두었던 프로젝트를 끝마쳤으며, 새롭고 흥미로운 방식으로 사업을 확장할 수 있었다고 얘기할 때마다 누군가는 항상 나를 옆으로 끌어당기며 "저에게도 정말 좋은 시간이었어요. 하지만 주위 많은 사람이 고통받고 있어 제가 얼마나 성장했는지 사람들에게 이야기하기가 꺼려져요. 죄책감이 들거든요."라고 말하곤 했다.

확장을 부정하거나 무시하는 일은 구시대적인 세상에서나 일어난다. 나는 화제가 되었던 저명한 영성가이자 작가 에스더 힉스Esther Hicks의 명언을 좋아한다. "당신이 아프다고 해서 다른 사람들이 건강해지지 않으며, 당신이 가난하다고 해서 다른 사람들이 부유해지지 않는다." 이 현명한 발언은 깊은 진실을 가르친다.

컴포트존에서 생활하는 것이 당연해지면 주변 사람들을 돕는 유일한 방법은 자신의 삶에서 번창하는 것임을 깨닫게 된다. 확장하는 삶을 살면 주변 사람들의 삶도 확장된다. 자신에게 오는 성공과 축복을 기쁘게 맞이할 때 당신의 삶, 그리고 가까운 사람들의 삶에도 더 많은 축복이 찾아온다. 모두가 어려움을 겪고 있을 때 당신이 성공하면, 다른 사람들도 성공할 힘을 얻게 된다. 자신의 성공을 축하하고 다른 사람들도 각자의 성공을 축하할 수 있도록 돕는 것이 궁극적으로 우리가 주변 사람들을 고양시키는 방법이다. 파급 효과는 실재한다.

| 붙잡을수록 유연함을 잃게 된다 |

우리가 빠른 변화의 흐름에 몸을 맡기기를 주저하는 데에는 다른 이유도 있다. 원하는 것들이 빠른 속도로 밀려들기 시작하면 삶의 많은 디테일이 손아귀에서 빠져나가고 통제력을 잃는 것처럼 느껴질 수 있다. 원하는 모든 것을 받아들이기 위해 삶이 확장되면 신경 써야 할 새로운 부분들이 많아져 압도당하는 느낌을 받을 수도 있다.

나도 이런 일을 겪었다. 원하는 대로 컴포트존에서 창작하는 법을 알기 전에는 열정적으로 창작하던 시기가 있었다. 모멘텀은 충분했지만 성숙하거나 경험이 풍부하지 않았기 때문에 그 모멘텀으로 무엇을 해야 할지 몰랐고 압도당하는 느낌이 들었다. 성공을 즐기기는커녕 성공의 무게에 파묻히는 기분이 들곤 했다. 완전히 지쳐 일을 멈추게 되었고 곧 뒤처지고 있는 나를 발견하게 되었다. 다가오는 모든 새로운 기회의 속도를 따라잡지 못했을 때 나는 기회의 물결에 휩쓸리는 것 같았다. 내가 경험하고 있는 놀라운 확장을 따라잡을 만큼 충분히 빠르게 움직일 수도, 충분히 오래 일할 수도 없었다. 대신에 다른 어떤 것도 들어오지 못하게 문을 닫아 버리고 해야 할 모든 일을 처리할 수 있기를 바랐다. 다른 한편으로는 나에게 찾아오는 모든 기회에 깊은 감사를 느꼈기 때문에 그 어떤 것도 외면하고 싶지 않았다.

이 상황에서 나에게 가장 큰 도움이 된 것은 통제권을 포기하는 것이었다. 삶의 속도가 빨라지면 긴장하기 쉽고 이때 우리의 본능은 더 많은 통제권을 갖고자 한다. 하지만 더 붙잡으려 하면 할수록 우리는 더 경직되고 유연함을 잃게 된다. 이러한 경직은 내적 긴장과 저항을 유발한다. 스키를 타고 산에서 내려갈 때를 상상해보라. 속도가 빨라질수록 힘을 빼고 모멘텀에 몸을 맡기는 것이 중요하다. 긴장하거나 무릎을 고정하면 심각한 부상을 입을 수 있다. 속도가 빠를수록 산에 순응하고 자신의 기술과 능력, 장비를 믿고 슬로프에서 마주치는 다른 스키어들을 신뢰하는 것이 더욱 중요해진다.

이제 나는 모든 것이 빠른 속도로 성장하여 압도적으로 느껴질 때, 컴포트존을 벗어나지 않는다. 압도적인 상황에 굴복하거나 더 열심히 일하거나 얼어버리는 대신 나는 즉시 나에게 가장 중요한 것이 무엇인지 우선순위 목록을 작성한다. 이 목록에는 직업적인 목표뿐 아니라 가족, 자기관리, 나 자신과의 약속도 포함된다. 무엇이 중요한지 명확히 파악한 후에는 목록을 살펴보고 어느 부분에 대한 통제를 포기할 수 있는지 확인한다. 위임할 수 있는 일은 무엇인가? 미루거나 지울 수 있는 일은 무엇인가? 크게 노력하지 않아도 이루어질 수 있는 일은 무엇인가? 컴포트존에 산다는 것은 모든 것을 스스로 해야 한다는 의미가 아니다. 그건 생존지대의 방식이다. 컴포트존에 살면 다른 사람들과 기꺼이 협력하게 된다. 필요할 때 도움을 요청하고 커뮤니티를 포용한다. 모든 일을 스스로 해야만 하고 그렇지 않으면 제대로 해내지 못할 것 같다고 느낀다면 생존이 항상 노력 정도에 따라 결정되는 생존지대에 살고 있을 가능성이 높다.

이를 읽고 다른 사람에게 위임하는 것에는 금전적인 투자가 필요하고 직접 하면 비용을 절감할 수 있다고 생각할 수도 있다. 나 또한 그렇게 생각했었다. 하지만 부업, 사업, 집안일, 자녀 양육 등 어떤 일이든 혼자서 하는 것은 장기적으로 도움이 되지 않는다. 성장의 초기 단계에서는 포기하고 도움을 청하는 것이 어려울 수 있다. 하지만 내 경험에 비추어 볼 때 게임체인저는 바로 다른 사람에게 투자하고 그들을 신뢰하며 자신의 시간과 가치를 소중히 여기는 것이다. 내 친구이자 영화제작자인 조나단 블랭크Jonathan Blank는 사람들에게 돈을 주고 도움을 받는 것을 좋아한다고 말한 적이 있다. "각각의 사람들이 너의 문을 열어줄 열쇠를 갖고 있어. 혼자서는 결코 쉽게 열 수 없을 거야." 나는 내 인생에서 이것이 진리임을 직접 목격해왔기 때문에 그것을 절대 잊지 않았고, 이는 내가 모멘텀을 쌓아 올리고 유지하는 데 도움을 주었다.

세상은 자원으로 가득 차 있다. 컴포트존 내에서 생활하면 자신을 객관적으로 바라보고 도움이 필요한 부분을 파악하여 죄책감을 느끼거나 부끄러워하지 않고 도움을 요청할 수 있다. 이런 방식으로 생활하면 당신을 압도하는 모든 것을 세분화하고 당장 처리할 필요가 없는 일은 위임하거나 지우거나 미룰 수 있다. 그러면 우선순위 목록이 줄어 컴포트존의 빠른 속도를 유지할 수 있다.

이러한 방식의 삶을 견지할수록 자신을 더욱 신뢰하게 될 뿐 아니라 자신의 삶 전체를 인도하는 지성에 대해 더 많은 신뢰를 쌓을 수 있다. 신뢰하고 내려놓는 시간이 많아질수록 눈에 보이지 않는 신성한 지성과의 관계가 공고해진다. 삶이 안전하고 편안하며 충만할 것임을 깨달으면 세상의 선함, 공정함, 광대함에 대한 당신의 믿음은 더욱 깊어진다. 나는 우리 삶을 인도하는 우리보다 더 큰 존재에 대한 믿음이 모멘텀에 기대고 통제권을 내려놓을 수 있도록 도와주며, 따라서 우리에게 다가오는 모든 축복을 누릴 수 있게 해 준다고 믿는다.

삶이 확장될수록
세상이 나에게 유리하게 돌아간다는 믿음이
더 필요하다.

영적 관계가 깊어지면 모든 것을 조율하는 더 큰 힘이 작용하고 있다는 것을 믿게 되기 때문에 통제권을 더 쉽게 내려놓을 수 있다. 이 힘이 어떻게 작동하는지 이해하지 못한다 해도 어떻게든 내 삶을 올바른 방향으로 인도하고 있다는 것을 믿게 된다. 비슷한 예로, 비행기를 탈 때 이 거대한 기계가 어떻게 그렇게 먼 거리를 비행할 수 있는지 알 필요 없이 단지 그 사실을 믿기만 하면 된다. 항상 정확한 현재의 위치를 알 필요도 없고, 승무원에게 어디로 가는지 계속 확인할 필요도 없다. 대신 비행기가 당신을 원하는 목적지로 데려다줄 것이라는 믿음만 있으면 된다. 하늘에 떠 있을 수 있는 비행기의 능력과 당신을 목적지로 데려갈 조종사의 능력에 대한 믿음이 있기 때문에 편안하게 비행을 즐길 수 있는 것이다.

컴포트존 안에서 생활할 때도 마찬가지다. 눈에 보이지 않는 전지전능한 조종사가 당신을 원하는 목적지까지 인도하기 때문에 인생이 비교적 순탄하게 흘러갈 것이라고 믿기만 하면 된다. 이 모든 것이 어떻게 작동하는지는 중요하지 않으므로 편안히 앉아 긴장을 풀고 여행을 즐겨보자.

■ 컴포트존 실천하기 ■

모멘텀으로 에너지 전환하기

어떤 일이나 상황에 막막함이나 부담감을 느낄 때 다음과 같이 해보자.

1. 그 일에 초점을 맞추지 말고 대신 활동적이고 즐거운 일을 한다. 예를 들어 하이킹, 산책, 그림 그리기, 악기 연주하기, 영화 보기, 퍼즐 풀기 등이 있다.

2. 다음 질문에 답해보자.
   • 재미있었는가?
   • 자기 자신과 소통할 수 있었는가?
   • 지금 내 몸의 느낌은 어떠한가?

3. 자기관리 영역으로 관심을 돌려서 다음 질문에 대한 답을 적어보자.
   • 기분을 좋게 만들기 위해 무엇을 하는가?

- 나는 나의 몸(마음, 영혼)을 어떻게 돌보는가?
- 에너지가 전부 소진된 것 같을 때 어떻게 보충하는가?

| 이 장을 마치며 |

이제 막 19장을 끝마쳤고 앞으로 세 개의 장밖에 남지 않았다! 나는 당신 자신에 대한 헌신이 큰 결실을 맺어 당신의 삶에 기적과도 같은 놀라운 결과를 가져올 것이라고 믿는다.

지금까지 컴포트존에서 생활하고 확장하는 데 필요한 모든 것을 배웠다. 3부의 내용은 당신을 더 높은 수준으로 이끌어줄 것이다! 이 장에서 소개한 도구를 더 많이 연습할수록 확장이 더 빠르고 쉬워진다. 각 장을 반복해서 읽으면 이 생활방식을 완전히 익히는 데 도움이 될 것이다. 컴포트존에서 생활하는 것의 주목할 만한 부작용 중 하나는 꿈을 향해 가속하는 자신을 느낀다는 것이다. 우리는 생존지대와 자기만족지대에 사는 것에 익숙하기 때문에 때로는 모멘텀을 쌓는 것이 두렵게 느껴질 수 있다. 이 모멘텀을 인식하고 컴포트존에 머무르면서 그 모멘텀에 기대는 것은 일종의 균형을 잡는 행위로, 완전히 익히기는 어려울 수도 있다. 하지만 일단 익히고 나면 숙련된 서퍼가 파도를 타는 것처럼 당신은 인생의 파도를 쉽게 탈 수 있을 것이다.

다음 장에서는 내가 매일 사용하고 있으며 어떤 상황에서도 내면의 균형을 찾는 데 도움이 되는 가장 효과적인 정신적 도구 중 하나를 소개하겠다.

20장

내면의 유연성을 키우는 법

달리는 기차 안에 서 본 적이 있는가? 기차는 일반적으로 승차감이 부드러워 비교적 쉽게 움직일 수 있다. 안정적으로 서 있기 위해 무언가를 붙잡아야 할 수도 있지만, 코어와 다리 근육을 사용해 균형을 잡을 수도 있다. 이제 달리는 버스 안에 서 있다고 상상해보라. 길이 너무 울퉁불퉁하지 않다면 좌석을 살짝 잡는 것만으로도 서 있을 수 있다. 심지어 당신의 운을 믿고 손을 놓은 채 다리와 코어를 이용해 균형을 잡으려 할 수도 있다. 하지만 길이 너무 울퉁불퉁하다면 더 단단히 붙잡고 지지해야 한다. 갑작스러운 움직임에 대응할 수 있도록 손을 고쳐 잡아야 할 수도 있으며 다리에 더 큰 탄력을 주기 위해 무릎에 힘을 뺄 수도 있다. 어쩌면 무게중심을 낮추고 더 균형 잡힌 자세를 만들기 위해 다리를 더 넓게 벌려야겠다고 느낄 수도 있다.

우리의 몸은 지능적이어서 이러한 조정이 거의 자동으로 이루어진다. 필요할 때 균형을 잡는 방법을 본능적으로 알고 있는 것이다. 외부 환경에 대응하여 자세를 조정하는 방법을 알고 있기 때문에 주변 상황과 관계없이 편안한 안정감을 유지할 수 있다. 물론 더 불안정한 조건에서도 균형을 잘 잡을 수 있도록 신체 안정화 능력을 더 연마하고 훈련할 수도 있다. 주변을 둘러보면 요가 자세를 취하거나 스케이트를 타거나 난간, 줄, 막대기 위에 있거나 여러 다양한 상황에서 균형을 잡기 위해 자신을 훈련하는 사람들을 볼 수 있다. 구르는 공 위를 걷고, 파도를 가르는 서핑 보드에 올라타고, 심지어 질주하는 말 위에 서는 모습도 볼 수 있다. 신체적으로 달성할 수 있는 균형과 이를 경험하는 다양한 방식은 경외감을 불러일으킨다.

순전히 신체적인 관점에서 보면 균형을 더 잘 잡기 위해 끊임없이 자세를 조정하는 것은 당연한 일이다. 이는 우리가 유아기에 처음으로 두 발을 딛고 일어섰을 때부터 계속해온 일이다. 처음 몇 걸음이 흔들린다고 낙담하지는 않는다. 우리 몸은 말 그대로 균형을 찾도록 '설계되어' 있기 때문에 결국 잘 걷게 된다는 것을 안다.

하지만 흥미롭게도 우리는 신체적인 자세가 균형 잡힐 것은 예상하는 반면, 내면의 삶에서의 균형에 대해서는 이런 예상을 하지 않는다. 균형과 안정성은 신체적인 것만을 의미하지 않는다. 신체적으로 균형을 잡거나 잃을 수 있는 것과 마찬가지로 내적으로도 균형을 잡거나 잃을 수 있다. 컴포트존을 벗어나 생활하면서 내적 균형을 찾는 것은 달리는 버스에서 걷는 일과 비슷하다. 구불구불한 비포장도로를 빠르게 달리는 버스가 아니라 하더라도 균형을 유지하는 것이 불가능한 일처럼 느껴질 수 있다. 컴포트존을 벗어나면 벗어날수록 승차감은 더 나빠지고, 균형을 잡기가 더 어려워진다. 컴포트존은 서기 쉽고 안전하게 움직일 수 있는 견고한 기반을 제공한다.

컴포트존을 벗어나 발밑의 지면이 불안정해지면 당신이 하는 일에 대해 얼마나 편하게 느끼는지에 따라 안정감의 수준이 결정된다. 서고 걷는 데 익숙한 성인이라면 이제 막 두 발로 균형을 잡는 법을 배운 유아보다 달리는 버스에 서 있거나 걷기가 훨씬 쉬울 것이다. 이처럼 당신이 업무와 기술에 더 익숙해질수록 더 변덕스럽고, 불안정하고, 예측 불가한 상황에서 작업을 수행하도록 훈련할수 있다. 이를 통해 변동성, 불안정성, 예측 불가능성에 적응하게된다. 다시 말해 서퍼가 변덕스러운 바다에 적응하는 것과 같이 이러한 조건을 컴포트존의 일부로 만드는 것이다. 그 결과 불안정한조건에서도 균형을 잡을 수 있게 된다.

물리적 세계에서 신체 균형을 잡기 위해 우리는 자세, 즉 서 있는 동안의 몸의 위치나 방향을 조정한다. 매일 주변 환경에 반응하여 신체 자세를 조정한다. 차도 위 약간의 경사, 인도의 고르지 못한 노면, 계단의 높낮이 등을 마주할 때 의식하지 못할 정도로 너무

나 쉽게 조정한다. 같은 방식으로 내적 스탠스inner stance, 즉 의식 속에서 당신이 취하는 정신적 위치 역시 바깥 환경에 끊임없이 적응하고 있다. 당신이 항상 자신을 둘러싼 정보를 평가하고 반응하는 과정에 있기 때문이다. 컴포트존 안에서 대부분의 시간을 보낸다면 내적 스탠스는 자연스럽게 더 균형 잡히고, 안정적이고, 편안하고, 안전하고, 손쉽게 느끼는 방식으로 조정될 것이다. 나는 이렇게 내면의 균형을 높이는 내적 스탠스를 '파워 스탠스'라고 부른다. 파워 스탠스는 당신이 컴포트존 안에 있을 때 취할 수 있다.

| 내면의 파워 스탠스 파악하기 |

내면세계에서 취하는 스탠스는 당신이 진실이라고 '알고 있는' 것에서 기원한다. 안다는 것은 의구심이나 궁금증이 전혀 없는 상태다. 무언가를 절대적이고, 의심할 여지 없는 진리로 알고 있을 때 이 진실을 부정하는 것은 미친 짓처럼 보일 정도로 내 안에 그 존재가 확고하게 자리 잡게 된다. 매일 아침 태양이 떠오르는 것, 바다의 광활한 드넓음, 내 발이 내 것이라는 사실은 의심의 여지가 없다. 당신은 이러한 사실이 진실임을 알고 있다.

안다는 것은 믿음 이상의 것이다. 믿음은 스스로 진실이라고 결정한 생각이지만, 의문을 제기하거나 의도적으로 바꿀 수 있다. 하지만 어떤 것이 진실이라고 '알고' 있을 때, 그 앎에 대한 절대적인 믿음을 흔들기 위해서는 많은 노력이 필요하다.

당신이 취하는 스탠스는 당신이 진실이라고 알고 있는 것에서 비롯되며, 이러한 이유로 당신의 내적 스탠스는 강한 확신에 차서 표현된다. 이는 가장 강력한 내면의 정체성의 표현인 것이다. 정치 성향, 음식 취향, 옷 스타일, 육아법, 삶의 우선순위, 삶의 방식 등 당신은 매 순간 내적 스탠스를 가지고 살아간다. 자신이 절대적으로 진실이라고 알고 있는 것에 뿌리를 두고 있는 모든 믿음과 생각, 결정은 잠재적으로 자신이 취하고 있는 입장일 수 있다. 어떤 주제에 대해 의견을 바꾸기가 어려울수록 더 강한 스탠스를 취하고 있는 것이다.

우리는 때로 자신이 취하는 스탠스에 자부심을 느낀다. 적어도, 이를 방어할 준비가 되어 있다. 자신이 취하고 있는 스탠스를 의심받거나 공격받으면 자기 자신과 인생에 대해 진실이라고 생각하는 것 역시 공격받는 것이기 때문이다. 반면에 내가 절대적 진실이라고 알고 있는 것에 누군가 의문을 제기할 때 방어적인 태도를 전혀 취하지 않을 수도 있다. 하늘이 파란색임을 알고 있는데 누군가 검은색이라고 하는 게 중요할까? 당신이 성장하고 변화함에 따라 당신이 진실이라고 알고 있는 것들이 변하고, 당신의 스탠스 또한 변화한다.

| 얽매이지 않고 변화할 수 있는 기회 |

파워 스탠스란 지식을 바탕으로 자신에게 힘을 실어주는 스탠스를 의미한다. 파워 스탠스는 세상이 우리에게 유리하도록 조정되어 있다는 내적 인식과 일치하기 때문에 항상 우호적으로 느껴진다. 이러한 스탠스는 파괴적이거나 제한적인 사고 패턴에서 벗어나게 해주며 마치 전등을 켠 것처럼 즉각적으로 상황을 밝게 비추는 힘이 있다. 파워스탠스는 컴포트존에서 생겨나 이상을 공고히 해주므로 이를 통해 안전함, 확신, 안정감을 느낄 수 있다.

컴포트존을 벗어나 있는 것은 마치 바람에 이리저리 날리는 것과 같아서 파워 스탠스를 유지하기가 거의 불가능하다. 딛고 설 견고한 기반이 전혀 없기 때문에 세상과 삶의 생리에 대한 이해가 냉소적이고 방어적이게 된다. 대부분의 시간 동안 안전하지 않다고 느낀다면 세상이 위험하고 불공정한 곳이라고 인식하게 되고, 그 결과 통제 불능으로 회전하는 버스에서 발 디딜 곳을 찾는 것처럼 당신의 스탠스는 절망적인 혼돈 상태에 빠지게 된다. 배운 것이 삶을 쟁취하기 위해 싸우는 것뿐이라면 우리를 인도하는 선함을 알 길이 없다.

컴포트존 안에 있으면 파워 스탠스를 인지하고 발전시켜 컴포트존과 더 깊은 관계를 맺을 수 있다. 요가나 무술이 신체의 유연성, 근력, 균형 감각을 향상시켜 주는 것처럼 파워 스탠스는 내면의 유연성, 근력, 균형 감각을 길러 주어 컴포트존을 벗어나지 않고도 손쉽게 컴포트존을 확장하고 성장시킬 수 있게 해준다. 또한 파워 스탠스는 회복력을 높여준다. 이는 당신이 어떤 상황에서도 흔들리지 않고 유연하게 대처할 수 있게 해주는 확고한 지식이다.

파워 스탠스를 사용할 때는 자신에게 힘을 실어줄 수 있는 내면의 진실을 택해야 한다. 선언으로서의 파워 스탠스는 확언 이상의 의미를 가지는데, 확언은 자신의 삶에서 실현하기 위해 노력하는 생각을 나타내는 반면 파워 스탠스는 이미 내면에 자리 잡고 있는 지혜를 표현하는 것이기 때문이다. 인간이라면 누구나 스탠스를 취할 수밖에 없으며 이는 우리의 본성이다. 따라서 스탠스를 취해야 한다면 자신의 힘과 컴포트존에서 발현되는 스탠스, 즉 파워 스탠스를 취하는 것이 바람직하다.

| 컴포트존에서의 파워 스탠스 |

여기 내가 개인적으로 좋아하는 몇 가지 문구가 있다. 이는 파워 스탠스가 표현하는 내면의 지혜를 가리킨다.

모든 것은 언제나 나를 위한 것이다

이 파워 스탠스를 취하면, 비록 그렇지 않은 것처럼 보여도 사실은 내가 직면하는 모든 상황이 나에게 도움이 된다는 것을 의심의 여지 없이 알 수 있다. 그러다 보니 어떤 일이 내가 원하는 대로 풀리지 않을 때 '오, 이거 흥미로운데'라는 생각이 들곤 한다. 자연스럽게 나에게 어떤 기회가 찾아올지 궁금해지기도 한다. 놀라운 점은 이 스탠스를 취하면 모든 일이 항상 최선의 방법으로 해결된다는 것이다.

불확실성은 가능성을 의미한다

나는 불확실성을 끔찍이 싫어했다. 그물이 없는 곳에 추락하는 듯한 느낌이 싫었고, 잘못될 소지가 있는 모든 나쁜 일들에 짓눌릴 것만 같았다. 하지만 가능성과 확장은 불확실성에서 피어난다는 것을 알게 되었을 때 내 삶은 말 그대로 하루아침에 바뀌었다. 가능성을 의미한다면 불확실성은 흥미진진한 것이다. 이제는 삶이 불확실해지는 순간 앞으로 어떤 놀라운 확장을 경험하게 될지 기대가 되어 가슴이 벅차오른다. 이 파워 스탠스는 다음의 스탠스와 정말 잘 어울린다.

온 우주가 나를 지켜준다

삶이 불확실하거나 예측할 수 없을 때 우리는 코너에 몰리게 되고, 이때 유일한 탈출구는 통제권을 내려놓는 것이다. 통제하는 행위 자체에 집착하기 쉬우므로 이를 포기하고, 나의 존재를 넘어서는 눈에 보이지 않는 거대한 흐름이 나를 대신하도록 놓아둘 때 큰 자유가 주어진다. 삶이 이미 나를 위해 모든 것을 설계해두었으며 결국 성공할 수 있도록 인도하고 응원하고 있다는 신념을 갖는 일은 큰 위안이 된다. 이 파워 스탠스를 취하는 것은 모든 일이 잘 풀릴 것이고, 기적은 결코 불가능한 것이 아님을 일깨워준다. 인생에서 일어나는 모든 일에는 의미가 있으며, 내 제한된 시야로 볼 수 있는 것보다 더 깊고 넓은 관점에서 세상이 순리대로 흐르고 있기 때문이다.

이 또한 지나가리라

이 말을 처음 들었을 때 그 간명함에 충격을 받았던 기억이 난다. 당시에는 이 단순한 문장이 얼마나 놀라운 파워 스탠스인지 미처 알지 못했다. 그때 이것이 진실임을 알았다면 내 삶의 밑바닥에 있을 때 그 정도로 좌절하지 않았을 것이며 최고의 순간들도 당연시하지 않았을 것이다. 기쁜 일이든 아니든 모든 경험은 지나간다. 이를 아는 것이 얼마나 멋진 일인가. 이 파워 스탠스 덕분에 힘든 일에 얽매이지 않을 수 있고 좋은 일을 경시하지 않을 수 있다.

난 항상 지지받고 있다

누구나 인생을 살며 혼자라고 느끼기 쉽다. 특히 자신의 능력 밖의 무언가를 해내려 할 때 이런 느낌을 받게 된다. 이 파워 스탠스는 비록 그렇게 느껴진다 해도 '나는 결코 혼자가 아니'라는 사실을 일깨워준다. 나의 경우 모든 것을 관통하는 신의 가호가 항상 함께한다는 것을 알기에 항상 의지할 곳이 있다고 느낀다. 이 지지가 당신에게는 다른 이름이나 의미일 수도 있지만, 기본적으로 그것은 내면에 있는 무언가를 아는 것이고 믿는 것이다. 가능하다면 이런 마음의 안정을 주는 영적 에너지에 기대고 이를 배양하여 이 파워 스탠스의 효과를 충분히 누릴 수 있도록 하자.

내가 원하는 것은 언제나 나에게 다가온다

무언가를 원할 때 특별한 노력 없이 이루어진 적이 있는가? 나에게는 이런 일이 종종 일어난다. 원하는 것에 대한 스트레스나 집착이 적을수록 더 쉽고 빠르게 나를 찾아온다. 때로는 정말로 내 무릎에 툭 떨어지는 느낌인데 이때 나는 그저 순수한 감사와 놀라움으로 기뻐할 뿐이다. 예를 들어 어떤 공연이 보고 싶을 때, 티켓을 선물 받는다. 친구를 만나고 싶을 때, 갑자기 그 친구에게서 연락이 오기도 한다. 이런 일들은 우리 모두에게 일어나고 있다. 이 특별한 파워 스탠스를 취하면 삶을 인도하는 지성이 나에게 필요한 모든 것을 전해주기 위해 항상 계획을 세우고 있다는 것을 알기 때문에 이런 일들이 일어나는 것을 목도할 수 있다.

문제가 있다면 해결책도 있다

문제와 해결책은 동시에 생겨난다. 문제가 있는 한 해결책도 있기 마련이고, 질문이 있으면 답이 있다. 이 간단한 진리를 아는 것은 내 삶의 혁명이었다. 해결할 수 없는 문제를 마주할 일이 없다는 뜻이기 때문이다. 해결책이 있다는 것을 아는 것만으로도 해결책을 찾을 수 있는 경우가 많다.

파워 스탠스의 다른 예가 아래에 있다. 이 중 일부는 확언과 비슷해 보일 수 있지만, 이를 구별하는 것은 앎의 차이라는 것을 기억하라. 만약 당신이 이 문구가 진리라는 것을 알고 있다면, 이를 파워 스탠스로 사용하여 어려운 상황에서 내면의 중심을 잡는 데 도움이 될 수 있다. 만약 당신의 태도가 애매하고 이 문구들을 의심하거나

의문을 품는다면, 이에 대한 믿음이 더욱 확고하질 때까지는 확언
으로 사용할 수 있다.

- 당장 결정할 필요는 없다
- 기적은 일어날 수 있고, 일어나고 있다
- 모든 것은 파악 가능하다
- 삶이 나를 번영하게 한다.
- 나는 무엇이든 타개할 수 있다
- 모든 일은 신의 계획에 따라 일어난다
- 내 타이밍은 언제나 완벽하다
- 운명이라면, 그렇게 될 것이다
- 나는 안전하다
- 내가 하는 일이 중요하다.
- 때가 되면 알게 될 것이다
- 다 하지 못해도 괜찮다.
- 나는 언제나 모든 존재로부터 지지받고 있다
- 나는 배울 수 있다
- 나는 하지 못할 게 없다
- 나는 인생의 여정을 믿는다
- 인생은 공평하다
- 당장 할 수 있는 일을 해도 된다
- 어려워 보이는 일도 해낼 수 있다

- 모든 단계가 중요하다

- 당장 몰라도 괜찮다

- 바운더리는 건강하다

- 사랑은 모든 것을 이긴다

- 나는 내가 대응하는 방식을 통제할 수 있다

- 인내가 핵심이다

- 인생의 흐름은 변할 수 있다

■ 컴포트존 실천하기 ■

나만의 파워 스탠스 만들기

1. 종이나 일기장, 휴대폰의 노트 앱에 당신에게 가장 울림을 주는 파워 스탠스를 적어보자. 직접 만들어도 좋다. 이 문장들이 진실로 여겨지며, 자신에게 힘을 실어주는지 확인해야 한다. 앞으로 일주일간 이 목록을 지니고 다니면서 내면이 흔들리거나 균형을 잃었다고 느낄 때마다 꺼내어 읽어보자. 이 중 한두 가지를 골라서 그 스탠스를 취해보자.
2. 파워 스탠스를 취했을 때 상황이 어떻게 바뀌었는지 써보자. 스탠스를 취하는 것이 쉽거나 어려웠다면 그 이유는 무엇이었는가?

│ 이 장을 마치며 │

당신은 이제 20장을 마쳤다. 주변의 영향을 받지 않고 내면의 균형을 유지하는 새로운 방법을 습득한 것을 축하한다. 정말 대단한 일이 아닐 수 없다! 세상에 대부분의 사람은 컴포트존을 벗어난 채 살고 있으며 이 상황을 바꿀 수 있는 방법을 모르기 때문에 내면의 균형을 잃었다고 느낀다. 파워 스탠스를 사용하면 당신에게 힘을 실어주는 내면의 진실을 의식적으로 선택할 수 있다. 이 장에서 소개한 예시를 재미있게 활용하기를 바란다. 여기에 나열되지 않은 다른 파워 스탠스가 생각났다면 목록을 만들어보라. 당신의 생각도 듣고 싶다. 당신의 통찰력은 소중하기 때문이다.

다음 장에서는 컴포트존 안에서 몰입과 성장을 활용할 수 있는 방법을 기쁜 마음으로 공유하고자 한다.

21장

성장은 흐름을 타고 시작된다

인간의 가장 자연스러운 존재 상태는 내면의 흐름을 타고 확장하는 방향으로 움직이며 번창하는 것이다. 이 책을 덮을 즈음 당신이 자연스럽고 편안하게, 또 쉽고 지속 가능한 방식으로 자신이 원하는 성장을 이루는 것이 나의 가장 큰 바람이다. 한계를 '벗어나는' 것이 아니라 한계를 '확장하는' 방식으로 성장해야 한다. 컴포트존에 산다면 자연스럽게 삶을 개선하고 확장할 수 있는 방법을 찾게 될 것이다. 컴포트존을 적으로 만들지 않으면 본능적으로 자신의 경험을 한 단계 업그레이드할 방법을 찾게 되며 이를 통해 삶의 지평이 점차 넓어질 것이다.

창의력이 최고조에 달하면 어떤 노력이나 행동으로도 따라잡을 수 없을 정도로 아이디어가 자연스럽게 흘러나온다. 이는 창작의 경험에 흠뻑 젖어 그 안에서 자신의 존재조차 완전히 잃어버리는 순간이다. 시간이 멈추고, 먹고 마시는 것도 잊어버리고, 창의력이 솟구치는 이 모든 과정을 통해 당신은 '완전한 편안함'을 경험하게 된다. 사람들은 이 상태를 공중에 떠 있거나 날아다니는 듯한 느낌, 또는 세상의 한계를 벗어나 무중력 상태에 있는 것 같은 느낌이라고 표현한다. 이것이 바로 '몰입'이라는 궁극적인 즐거움의 경험이다.

| 몰입은 오롯이 안전할 때 가능하다 |

몰입 상태에서는 모든 것이 빠르게 움직이지만 당신에게는 편안한 속도로 흘러가는 것처럼 보이는데, 이는 마치 하늘 높은 곳에서 엄청난 속도로 나는 비행기와도 같다. 비행기는 시속 수백 킬로미터로 날지만 그 안에 있으면 전혀 움직이지 않는 것처럼 느껴진다. 즐거운 경험에 완전히 몰입하면 모멘텀의 빠른 속도를 느끼지 못한다. 시간이 느리게 흐르는 것처럼 느껴지고 더 많은 즐거움을 누릴 수 있는 여유가 생긴다.

몰입은 컴포트존의 중심에 존재한다. 절대 그 바깥에 존재하지 않는다. 자신이 있는 곳이 온전히 안전하다고 느끼고, 자신의 능력에 완전한 확신이 있으며, 모든 일이 잘 풀릴 것이라는 완전한 믿

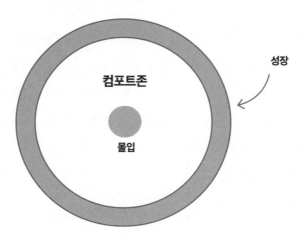

| 컴포트존에서의 몰입과 성장 |

성장

컴포트존

몰입

음이 있을 때 그 몰입에 도달할 수 있다. 이 상태에서는 긴장을 풀고 시공간을 잊고 자신의 생각과 재능에 온전히 자신을 맡길 수 있다. 이러한 흐름 속에서는 도전적인 작업을 할 때도 이미 해결할 수 있는 준비가 되어 있는 상태이기 때문에 편안함을 느낄 수 있다. 제아무리 어려운 문제라도 답을 찾을 수 있음을 알고 있다. 어떤 일이 벌어져도 괜찮을 것이라는 믿음만큼 창의적인 탐험에 도움이 되는 것은 없다.

많은 이가 두려움이나 결핍, 스트레스, 필요와 같은 감정 속에서 몰입을 끌어내기 위해 노력한다. 이를 이루기 위해 스스로를 컴포트존 밖으로 내몰기도 한다. 하지만 이런 감정으로는 몰입에 이를 수 없다. 좌절로 가는 길일뿐이다. 더 불편하고, 두렵고, 스트레스를 받을수록, 즉 컴포트존에서 더 멀어질수록 몰입 상태에 도달하기는 점점 어려워진다. 반면 안정감, 명확함, 감사, 가치 있음과 사랑의 감정을 주로 느낄 수 있는 컴포트존에서 보내는 시간이 많아질수록 자유자재로 몰입 상태에 도달할 수 있다.

컴포트존의 중앙에 있는 공간은 몰입을 쉽게 활용할 수 있는 최적의 장소다. 이곳에 있을 때 비로소 '내 영역'에 들어온 것 같은 기분이 든다. 마법이 일어나는 공간인 것이다. 자신에게 자연스러운 것과 그렇지 않은 것을 잘 알게 될수록 최적의 몰입에 진입하고 그 상태를 유지하는 데 더 능숙해질 것이다.

| 벗어나지 말고 확장하라 |

컴포트존의 중앙에서는 당신이 이미 보유하고 있는 도구와 기술을 사용해 최고 수준의 창작이 가능하지만 새로운 기술을 배우고, 지식 기반을 넓히고, 시야를 확장하는 일은 컴포트존의 가장자리에서 일어난다. 컴포트존 안에서 안전하다고 느낀다면 그 외연을 넓히고 잠재력을 키우는 일은 매우 도전적인 일이며, 짜릿하게 느껴지기까지 한다. 특히 큰 비전을 향해 나아가고 있는 사람이라면 컴포트존의 가장자리에서 시간을 보내는 데 익숙해지는 것이 자신에게 줄 수 있는 가장 큰 선물이 될 것이다.

컴포트존을 비눗방울이라고 상상해보자. 비눗방울의 중심에 가까울수록 더 안전하고 편안하게 느끼지만, 가장자리에 가까워지면 감각이 예민해지고 경계심을 갖기 시작한다. 비눗방울의 반대편, 즉 컴포트존의 바깥에는 두려움과 혼란이 있어서 비눗방울 가장자리에서는 흥분을 느끼게 되는데 이는 불안과 혼동될 수 있다. 편안한 영역의 경계에 다가갈수록 이러한 감정이 들 것이라고 예상하게 된다. 컴포트존의 바깥쪽 경계에 가까워질수록, 당신은 점점 더 불편해지기 시작한다. 이러한 불편함은 혼란(어떻게 해야 할지 모르겠어), 무기력(이 일을 하고 싶지 않아) 또는 흥분(너무 흥분돼서 가만히 앉아 있을 수가 없어) 등의 형태로 나타난다. 컴포트존의 경계에 가까워질수록 이를 헤쳐 나가는 자신의 감정에 귀를 기울여야 한다.

15장에서 배운 적응의 3단계 과정을 다시 떠올려 보자. 컴포트존의 가장자리는 익숙함과 불편함이 공존하는 2단계에 해당한다. 이 단계에서는 자신의 기술과 지식의 한계에 도전하면서 편안함과 불편함 사이의 아슬아슬한 경계를 넘나들게 된다. 성장하는 아이들은 자연스럽게 편안한 것과 불편한 것의 경계를 탐색하는 데 많은 시간을 보내며 이를 통해 컴포트존의 범위를 서서히 넓혀 간다. 이제 막 걷기 시작한 아이를 데리고 공원에 가면 이러한 현상을 쉽게 확인할 수 있다. 아이에게는 부모가 컴포트존에 해당한다. 부모가 기다리고 있다는 확신이 들면 아이는 탐색을 시작하지만 언제나 자신의 편안함과 안전함의 중심인 부모에게로 다시 돌아온다. 부모의 존재를 확신할수록 아이는 더 용감하게 세상을 탐색한다.

나는 왜 사람들이 나이가 들면 컴포트존의 가장자리를 불편하게 느끼게 되는지 의아하다. 왜 많은 사람이 편안함 속에서는 성장이 시작될 수 없다고 믿는 것일까? 컴포트존의 가장자리에서 시간을 보내는 데 익숙해지면, 지속적인 행동을 취하고 조금씩 변화를 일으키는 것을 배우게 되어 컴포트존을 서서히 넓혀 갈 수 있다.

성장은 컴포트존의 가장자리에서 일어난다.

컴포트존의 가장자리는 강력한 장소이며, 이곳에서 시간을 보내는 법을 배우는 것은 더 넓은 삶을 창조하는 능력에 큰 영향을 줄 수 있다. 이 공간을 탐색할 때는 자신이 마주하는 감정을 완화하기 위해 스스로 어떤 행동을 하는지를 주의 깊게 보아야 한다. 긴장감을 완화하기 위해 소셜미디어를 확인하거나 무력감을 외면하기 위해 일을 미룬다거나 무가치하다는 느낌을 받지 않기 위해 책을 읽을 수도 있다. 어떤 행동이 되었든 당신의 행동과 이에 선행하는 감정을 기록해두는 것이 좋다.

몰입과 성장의 가장 큰 적은 편안함이 아니라 집중을 방해하는 것들이다. 이웃, 광고, 동거인, 휴대폰 등 주변 환경에 방해를 받을 수도 있고, 자신의 생각, 믿음, 행동과 같이 자기 자신에 방해받을 수도 있다. 컴포트존에 더 깊이 들어가거나 그 경계를 넓히면 방해 요소들을 더 쉽게 받아들일 수 있게 된다. 컴포트존의 중앙과 가장자리, 이 두 영역에서 더 많은 시간을 보낼수록 컴포트존이 익숙해지고 그 안에 더 오래 머무를 수 있다.

이 영역에 있으면서 방해 요소를 제거하거나 신경 쓰지 않을 수 있다면 원할 때마다 몰입에 빠져들고 그 안에 머무르면서 성장할 수 있는 훈련을 시작할 수 있을 것이다. 이 영역들을 완전히 내 것으로 만드는 것은 마법과도 같은 일이다. 이를 통해 자신이 의도한 대로 쉽게 창조하고 확장할 수 있는 능력에 접근하기 시작할 것이다.

▪ 컴포트존 실천하기 ▪

컴포트존의 가장자리로 나가기

일상생활을 하며 컴포트존의 가장자리에 더 가까이 다가가려고 노력해보자. 새로운 음식 먹기를 시도하거나 운동 루틴에 변화를 주거나 새로운 카페에 가거나 낯선 사람에게 인사를 건네거나 사랑하는 사람에게 서툴지만 진심 어린 편지를 쓰거나 자원봉사를 하거나 새로운 기술을 배우거나 새로운 목표를 세우는 등의 활동을 통해 이를 실천할 수 있다.

익숙하지 않은 활동에 참여할 때 어떤 기분이 드는지 살펴보자. 압박감, 스트레스, 긴장감, 불안, 두려움, 혼란을 느끼는 순간은 언제인가? 컴포트존을 벗어나 생존지대에 들어서는 순간을 감지할 수 있는가? 당신이 갖고 있는 도구 중 컴포트존으로 돌아가기 위해 사용할 수 있는 도구는 무엇인가?

컴포트존에 머무르는 동시에 성장하기 위해서는 자신의 감정에 귀를 기울이고 행동도 관찰해야 한다. 컴포트존에 있는 것이 어떤 느낌인지 더 잘 알수록 컴포트존에서 실현 가능한 미묘한 변화를 통해서 인생을 확장해 나가는 일이 훨씬 더 쉬워진다.

| 이 장을 마치며 |

이것으로 21장을 마무리한다! 컴포트존에서 몰입을 경험하면 성장은 저절로 이뤄진다. 컴포트존 내에서 성장과 몰입이 일어나는 지점을 인식하면 의도적으로 해당 상태에 들어가 다음 단계로 확장해 나갈 수 있다. 의도적으로 그리고 원하는 대로 성장하고 몰입하는 법을 배우면 삶은 매우 흥미로워진다. 최대의 즐거움을 경험하면서도 엄청난 성공을 거둘 수 있다니 이 얼마나 놀라운 방법인가!

이제 당신은 완벽한 편안함 속에서 자신이 진정으로 사랑하는 삶을 만들 수 있는 모든 도구를 갖게 되었다. 마지막 장에서는 지금까지 배운 모든 것들을 간단히 요약한 다음, 이 세상 모든 사람이 컴포트존에서 번영하기를 바라는 나의 비전을 공유하고자 한다. 컴포트존에서 당신이 지금 느끼는 모든 것이 한때는 불가능해 보이지 않았는가? 이 책을 통해 함께 큰 꿈을 꾸고 자신이 가고자 하는 곳으로 나아가는 모멘텀을 만들어보는 것은 어떨까? 가자!

22장

진정으로 사랑하는 삶 완성하기

더 이상 컴포트존은 위험지대가 아니다. 성장하고 삶을 통달하기 위한 성공의 원천을 찾을 수 있는 곳이다. 내가 이 책을 쓴 이유는 컴포트존을 벗어나 무조건 불편을 감수하고 무의미한 노력만 쏟으려 할 때 우리 자신과 행복, 인생이 위험에 처한다는 사실을 보여주고 싶었기 때문이다.

산 정상에서 스키를 타고 가파른 경사를 내려가려 한다고 상상해보자. 당신이 스키를 잘 타는 사람이라면 나무 사이로 하얗게 펼쳐진 광활한 설원을 보며 설렘을 느낄 것이다. 스키를 타고 산을 활강해 내려가는 것은 컴포트존의 일부이기 때문에 스키를 타는 것은 즐겁고 신나며 살아 있는 충만함을 느끼게 해준다. 불안하다고 느끼기보다는 자신감에 차 있고, 무섭다고 느끼기보다는 들뜨게 된다. 하지만 한 번도 스키를 타 본 적이 없는 사람이라면 똑같이 눈 덮인 산의 아름다운 풍경을 보고도 가슴 철렁한 불안감을 느낄 것이다. 길고 납작한 판에 발이 묶여 있는 것이 구속으로 느껴지고 심지어 위험으로 느껴질 수도 있다. 언덕을 내려가기 시작하면 아무리 속도가 느려도 패닉에 빠질 것이다. 속도가 빨라질수록 두려움이 밀려오고 지면과의 충돌에 대비해 몸을 웅크리게 된다. 이 경우 스키는 컴포트존 밖에 해당하기 때문에 스키를 타는 경험은 순식간에 두려움으로 바뀔 수 있다.

이 간단한 스키의 예는 컴포트존의 개념이 왜 중요한지 잘 보여준다. 스키 타는 법을 모른다고 자신을 부끄러워할 필요가 없는 것처럼 사람들 앞에서 말하는 것, 사업을 시작하는 것, 어려운 학문을 이해하는 것, 자녀를 갖는 것 혹은 성취하고자 하는 일이 컴포트존 밖에 있다고 해서 절대 스스로를 탓할 필요는 없다.

다시 스키를 예로 들자면, 만약 스키가 컴포트존 밖의 일이라면 당신은 이에 대한 경험을 쌓고 적응하기 위한 방법을 물색할 수 있다. 스키장에 가서 강습을 받고, 초보자용 슬로프에서 연습할 수도 있고, 눈으로 덮인 평평한 곳에서 천천히 이동하며 발이 매여 있는 느낌에 적응하는 연습을 해볼 수도 있다. 다른 사람들이 스키를 타는 것을 보거나 다른 스키어들과 다양한 상황에서 어떻게 대처하는지 이야기를 나눌 수도 있다. 온라인으로 스키 동영상을 시청할 수도 있을 것이다. 이와 같은 쉽고 안전한 방법들을 통해 스키를 접하면 점차 이에 적응하기 시작한다. 몸과 마음이 스키의 메커니즘을 이해하기 시작하고 스키의 모양과 느낌, 스키를 타는 방법을 배우기 시작한다.

평생 스키를 한 번도 타 본 적이 없다면 리프트를 타고 산 정상으로 올라가 최상급자용 슬로프를 혼자 내려오려는 시도는 절대 해서는 안 되는 일이다. 성공을 위해 컴포트존 밖으로 자신을 내몰아야 한다는 사회의 잘못된 고정관념을 따르는 사람들이 하는 일은 이와 크게 다르지 않다. 이들은 무언가에 전력을 다해 뛰어들어야 하고, 실패도 성장의 일부이기에 굴하지 않아야 한다고 주장한다. 하지만 이런 조언은 스키를 배우는 데 결코 도움이 되지 않는다. 오히려 끔찍한 경험을 하게 하고, 심각한 사고와 부상으로 이어질 수도 있다. 그런데도 컴포트존은 꿈을 이루지 못하는 곳이며 정체된 곳일 뿐이라는 사회적 메시지를 귀 담아 듣고 있다면 이런 무모하고 비효율적인 전략을 사용하려 할 것이다. 그렇기 때문에 나는 컴포트존이야말로 진정한 성장을 경험하며 살아갈 수 있는 곳이라는 믿음을 당신 마음속에 깊이 새기기를 바란다.

| 내 존재의 이유 |

당신은 안전하고 자신감에 찬 상태에서 얼마든지 꿈을 좇을 수 있다. 당신은 필요한 모든 기술을 쉽게 지원받으며 배울 수 있으므로 삶의 어떤 상황에서든 성공할 수 있다. 성공한다는 것은 컴포트존을 통해 당신이 진정으로 원하는 삶을 성취하는 것이다. 대부분의 경우 컴포트존을 벗어나 살기로 결정한다고 해서 어려운 슬로프에서 스키를 타는 것처럼 즉각적인 생명의 위협을 받지는 않을 것이다. 그런데도 생존지대나 자기만족지대에 사는 것이 심리적으로나 신체적으로 미치는 영향은 지대하다. 앞서 언급했듯 우리가 컴포트존 안에서 생활하는 것을 우선시하면 우리 사회의 높아진 스트레스 수준과 스트레스 관련 질환의 상당 부분이 감소하거나 심지어 사라질 것이다.

이 글을 읽는 당신도 이미 컴포트존 안에서 생활하는 것의 장점을 경험하였기를 바란다. 그 결과 자신과의 관계가 더욱 깊어지고, 자신의 기호를 파악하여 존중하고, 미래에 대한 비전을 다듬고, 스트레스를 줄이고, 삶의 질을 더 잘 돌볼 수 있게 되기를 바란다. 컴포트존에서 성장하기의 핵심은 자신의 가치와 필요를 존중하고, 기호를 표현하며, 한계를 부끄러워하거나 단정 짓지 않고, 욕구를 충족할 수 있도록 더 깊고 내밀한 수준까지 자신을 알아가는 것이다. 이는 자신의 육체를 넘어선 더 깊은 곳을 탐험하는 일이며, 사고방식과 관점 확장의 개념이기도 하다. 즉 내면의 자아와 교감하고, 자신만의 진실을 바탕으로 정신을 가다듬는 일을 의미한다.

**나 자신을 잃지 않아도 된다는 사실은
큰 해방감을 준다.**

컴포트존에 있을 때 우리는 성장하고자 하는 영역으로 자신을 북돋아 삶을 확장할 수 있다. 새로운 운동을 배우는 것이든, 부를 쌓는 것이든 그 목표에 적응하면서 이를 향해 나아가기 시작한다. 원하는 것이 아직 나의 컴포트존에 있지 않아서 갖지 못한 것이기에 이를 부끄러워할 필요가 없다는 사실을 깨닫게 되면 커다란 자유를 느끼게 된다. 이 아름다운 내면의 공간에서 생활하고 창조함으로써 당신은 원하는 모든 것이 그 안에 들어올 때까지 스스로 편안하고 자연스럽게 느끼는 영역을 점차 확장해 갈 수 있다.

생각해보면 우리는 모든 필요가 충족되는, 안전하고 따뜻한 이상적인 환경에서 잉태되었다. 그리고 태어난 후에는 우리를 이상적으로 돌봐주고, 보호하고, 가르치고, 무탈한 성장을 이루도록 아낌없는 애정을 쏟는 사람들의 품에 안긴다. 우리 존재는 컴포트존에서 잉태되고 태어났다.

이 책에서는 컴포트존을 필수적인 요소로 세분화하여 설명하고, 각자의 컴포트존을 발견하고 성장시키기 위한 최대한 많은 도구를 소개했다. 더불어 제안한 27가지의 컴포트존 실천하기는 당신만의 컴포트존을 정의하고, 가꾸고, 확장할 수 있도록 도울 것이다. 그런 의미에서 '지금 나의 삶의 영역 알아보기' 실천 과제(76~80쪽 참고)를 다시 살펴보길 권한다. 각 질문을 다시 읽어보면서 이 책을 읽은 후 답이 어떻게 달라졌는지 살펴보자. 당신은 지금 어느 영역에 있는가? 이 활동을 언제든 원하는 만큼 해보면서 자신의 편안함 상태를 점검할 수 있다.

또한 이 책을 항상 곁에 두기를 권한다. 자신이 생존지대나 자기만족지대에 빠졌다고 생각될 때마다 이 책을 꺼내서 관련 내용을 다시 읽어보고, 실천하기 활동도 하며 자연스럽게 자신의 컴포트존으로 돌아가도록 노력하자.

| 나답게 사는 삶 |

오롯이 내 본연의 힘으로 사는 삶은 어떤 모습일까? 컴포트존에 집중하기 위해 노력할수록 더 안전하고 자신감 넘치고 창의적이라는 느낌을 받게 된다. 궁극적으로는 나만의 컴포트존이 확장될 것이다. 새로운 자신으로 끊임없이 변모할 수록 당신의 정체성 또한 변화할 것이다. 장담하건대 이 방식의 삶은 당신 자신과 주변 사람들에게 줄 수 있는 가장 큰 선물이 될 것이다.

컴포트존에 있는 당신을 보며 다른 사람들은 당신이 변화하고 있고, 전혀 다른 새로운 사람으로 거듭나는 것처럼 보일 것이다. 몇몇 사람은 이를 축하하며 당신의 어떤 점이 달라졌는지, 왜 자신감 있고 편안해 보이는지, 어떻게 하면 당신이 해낸 것을 그들도 해낼 수 있을지 알고 싶어 할 것이다. 당신이 컴포트존에서 발견하고 깨달은 것들을 공유하면 그들의 얼굴에 흥미로움이 가득 찰 것이다. 마음속 깊은 곳에서는 컴포트존 밖으로 스스로를 몰아내는 일이 고통스럽다고 생각했지만 대부분의 사람들처럼 생존지대에서 살아가야 한다는 압박을 받고 있었을지도 모른다.

우리 모두는 각자의 길을 걷는다. 나부터 오롯이 나 자신으로 살아가는 일은 다른 사람들도 진정한 자기 자신이 될 수 있도록 영감을 줄 것이다. 가장 영향력 있는 방법은 스스로 빛날 수 있는 방식으로 사는 것이다. 그럼으로써 우리는 다른 누군가가 만들었거나 혹은 가야만 한다고 강요하는 길이 아닌 자신만의 길을 개척해나갈 수 있다. 컴포트존에서 성장하는 것의 가장 큰 장점 중 하나는 자신의 인생 여정을 받아들임으로써 다른 사람의 여정 또한 인정하고 존중할 수 있게 된다는 점이다. 타인을 변화시키려 하지 않고, 그 자체 그대로 받아들이는 것이 그들에게도 이롭다. 지금의 상태를 있는 그대로 마주하는 일은 컴포트존에 있어도 괜찮다는 것을 깨닫는 첫걸음이기에 이는 매우 중요하다. 컴포트존에서 성장하기 위해 다음 단계로 나아갈지의 여부는 전적으로 개인의 선택이며 스스로 결정해야 하는 일이다.

우리에게는 매일 선택권이 주어진다. 이때 자신의 기호를 존중할 수 있고, 무시할 수도 있다. 이는 정말 간단한 일이다. 자신을 존중하는 습관을 들이면 자연스럽게 이 책에서 소개된 도구를 활용해 내면에 안전함, 자신감, 자기신뢰를 쌓은 후 자기표현과 즐거움을 마음껏 누리게 될 것이다. 또 자신의 바운더리를 명확하게 정하고 주변에 공유할 것이다. 타인과 상황을 통제하려는 시도도 점차 멈추게 되며, 점차 원하는 모든 것을 갖춘 확장된 자아의 모습으로 거듭나기 시작할 것이다. 컴포트존에서 발견하는 사람, 경험, 기회 그리고 생각들이 모두 당신의 성장을 촉진한다.

인생은 항상 더 나은 내가 되는 과정이다. 세상 모든 것이 확장하는 과정에 있다. 심지어 우주도 끊임없이 팽창하고 있다.

확장은 만물의 본성이자 당신의 본성이다.
당신의 본성과 일치하는 방식,
즉 당신에게 자연스럽고 편하게 느껴지는 방식을 택하면
반드시 삶이 확장되는 경험을 하게 될 것이다.

그렇게 나 자신이 더 많은 행복을 누릴수록 주변에 더 많은 기쁨을 선사할 수 있다. 컴포트존에서는 지속적이고 아름다운 삶의 확장을 경험할 수 있다.

| 세상이 내면의 힘에 주목할 때 |

우리 모두가 컴포트존에 있다면 세상은 어떻게 될까? 컴포트존에서 성장하는 법을 완전히 이뤄냈을 때 당신의 삶이 어떤 모습일지 잠시 상상해보자. 누구에게나 자신 있고 명확하게 자기표현을 할 수 있을 만큼 안정감을 느끼는 모습을 상상해보자. 모든 꿈을 추구할 수 있을 만큼 자신감이 넘치고, 두려움이나 의심을 품지 않을 만큼 자신과 세상을 신뢰하며, 자신에게 주어진 모든 축복을 있는 그대로 받아들일 만큼 스스로 가치 있다고 느낀다고 상상해보자.

이제 당신의 가족과 친구들도 같은 방식으로 경험하고 살아간다고 상상해보자. 친구, 배우자, 부모, 형제, 직장동료를 비롯한 모든 주변 지인들이 안전하고, 균형 잡히고, 사랑받고, 자신감에 차 있는 삶을 살아간다고 상상해보자. 모두가 위협과 불안감을 느끼지 않는다면 관계는 어떻게 달라질까? 그들의 삶에 있는 두려움과 의심이 깊은 소속감과 신뢰감으로 대체된다면 함께하는 시간은 어떻게 변할까? 모두가 각자의 행복에 관심을 갖고 좋은 감정과 안정감을 우선시한다면 가족 구성원들은 어떤 모습을 보일까? 자신의 욕구와 기호를 명확하고 개방적으로 표현할 수 있다면 어떨까? 신체적·정신적 안녕에 우선순위를 둔다면?

이제 세상의 모든 사람이 각자의 컴포트존에 살고 있다면 어떤 모습일지 상상해보자. 이런 세상에서 우리는 나 자신과 타인에게 어떻게 행동할까? 가장 회의적이고 염세적이었던 사람조차 인생이 항상 잘 풀린다는 것을 믿기 시작한다고 상상해보자. 침체, 우울, 불안에 시달리던 사람들이 내면의 평화를 찾고, 자신에게 기분 좋고 보람 있는 삶을 만들어가려는 영감을 얻는다고 상상해보자. 더 이상 두려움, 자존심, 비판에 얽매이지 않고 또 오직 성과를 통해 자신의 권위와 가치를 지속적으로 증명할 필요가 없다면 어떤 모습일까? 지구상의 모든 사람이 이런 방식으로 살아갈 때 어떤 유토피아가 펼쳐질지 그려지는가?

이런 모습을 꿈꾸는 것이 지나치게 이상적인 일로 비칠 수 있지만, 나는 그렇게 생각하지 않는다. 아무리 거대하고 복잡해도 우리가 사는 세상은 결국 개인으로 이루어져 있다. 인체의 건강이 신체를 구성하는 개별 세포의 건강을 반영하는 것과 마찬가지로, 거시적 건강은 미시적 건강의 반영이다. 세포가 건강할수록 신체도 건강해진다. 우리 개인의 몸과 마음이 더 건강해질수록 세상도 더욱 건강해진다.

내가 이 책을 쓴 이유는 당신이 진정한 힘의 원천인 내면에 집중하는 삶, 즉 컴포트존에서 삶을 영위하고 성장하기를 바라기 때문이다. 이러한 삶을 살면 생존지대나 자기만족지대로 자신을 몰아붙이는 수많은 다른 사람보다 훨씬 더 강한 힘을 갖게 될 것이다. 우리 중 많은 이가 컴포트존에서 진정한 성장을 이뤄내고 변화하면 결국 세상의 행복과 건강에 엄청난 영향을 줄 수 있다고 믿는다. 당신은 지금의 존재 자체로 이미 충분히 가치 있고, 사랑과 지지를 받을 자격이 있다. 또 당신은 최고의 즐거움으로 가득한 인생을 살 권리가 있다. 당신의 내면에 있는 힘과 잠재력을 이끌어내 이런 삶을 펼쳐내길 바란다. 우리 모두가 최고의 인생을 사는 모습을 보고 싶다. 이제 그 길을 이끌 횃불을 당신에게 건네주겠다.

빛을 발하라!

참고문헌

·· 들어가며 ··

1 우울과 불안의 확산^{Prevalence of depression and anxiety}. Dugan, Andrew. 2021. "Serious Depression, Anxiety Affect Nearly 4 in 10 Worldwide." Gallup, October 20, 2021. https://news.gallup.com/opinion/gallup/356261/serious-depression-anxiety-affect-nearly-worldwide.aspx.

2 여키스-도슨 법칙(우리가 익숙히 아는 컴포트존 개념을 제시한 법칙)^{Yerkes-Dodson law(the source of the 'comfort zone' as we know it)}. Yerkes, Robert M., and John D. Dodson. 1908. "The Relation of Strength of Stimulus to Rapidity of Habit-Formation." *Journal of Comparative Neurology and Psychology*, no. 18. Collected in *Classics in the History of Psychology*, an online resources of York University: *http://psychclassics.yorku.ca/Yerkes/Law/*.

·· 1장 ··

1 컴포트존에 대한 정의^{Definition of the Comfort Zone}. White, Alasdair. 2009. "From Comfort Zone to Performance Management." Baisy-Thy, Belgium: White&MacLean Publishing. http://www.whiteandmaclean.eu/uploaded_files/120120109110852performance_management-final290110(2)-preview.pdf

2 몸이 멈추다^{Body shuts down}. Ro, Christine. 2021. "How Overwork Is Literally Killing Us." *BBC Worklife*. BBC, May 19, 2021. https://www.bbc.com/worklife/article/20210518-how-overwork-is-literally-killing-us

3 일 번아웃^{Job burnout}. 일 번아웃은 일과 관련된 스트레스의 특수 유형이다. 성취

감 감소와 개인의 정체성 상실을 수반하는 신체적으로, 감정적으로 소진된 상태를 가리킨다. Mayo Clinic Staff. 2021. "Know the Signs of Job Burnout," Mayo Clinic(Mayo Foundation for Medical Education and Research), June 5, 2021. https://www.mayoclinic.org/healthy-lifestyle/adult-health/in-depth/burnout/art-20046642.

4 매우 높은 생산성, 경쟁심, 과로가 트렌드다Being highly productive, competitive, and overworked is trending. Schulte, Brigid. 2014. *Overwhelmed: Work, Love, and Play When No One Has the Time.* New York: Sarah Crichton Books. Also see Rosin, Hanna. "You're Not as Busy as You Say You Are." *Slate*, March 23, 2014. https://slate.com/human-interest/2014/03/brigid-schultes-overwhelmed-and-our-epidemic-of-busyness.html.

5 미국은 세계에서 가장 과로한 선진국이다The U.S. is the most overworked developed nation in the world. Miller, G. E. 2022. "The U.S. Is the Most Overworked Nation in the World." 20somethingfinance.com, January 30, 2022. https://20somethingfinance.com/american-hours-worked-productivity-vacation/.

.... 2장 ....

1 신념이란 진정 무엇인가를 이해하기Understanding what beliefs actually are. Lewis, Ralph. 2018. "What Actually Is a Belief? and Why Is It so Hard to Change?" *Psychology Today*, October 7, 2018. https://www.psychologytoday.com/us/blog/finding-purpose/201810/what-actually-is-belief-and-why-is-it-so-hard-change.

2 신념 체계는 행복, 건강, 웰빙, 성장에 영향을 미친다Belief systems are costing you your happiness, health, well-being, and prosperity. Mautz, Scott. 2019. "A Harvard Psychologist Shows How to Change Those Limiting Beliefs You Still

Have aboutYourself." *Inc.*, March 1, 2019. https://www.inc.com/scott-mautz/a-harvard-psychologist-shows-how-to-change-those-limiting-beliefs-you-still-have-about-yourself.html. 다음의 내용도 참고하라. Shermer, Michael. *The Believing Brain: From Ghosts and Gods to Politics and Conspiracies-How We Construct Beliefs and Reinforce Them as Truths.* 2012. New York:St. Martin's Griffin. 다음의 내용도 참고하라. Grayling, A. C. 2011. "Psychology: How We Form Beliefs." Nature 474 (7352): 446-447. https://doi.org/10.1038/474446a.

3 신념을 바꾸는 일은 왜 어려운가Why changing beliefs is so hard. Bouchrika, Imed. 2022. "Why Facts Don't Change Our Minds and Beliefs Are So Hard to Change?" Research.com, September 30, 2022. https://research.com/education/why-facts-dont-change-our-mind.

···································· **3장** ····································

1 진정한 관계를 만들고 유지하기 위해 애쓰다Struggle to build and maintain authentic relationships. Willsey, Pamela S. 2021. "Creating Authentic Connections." *Psychology Today*, August 24, 2021. https://www.psychologytoday.com/us/blog/packing-success/202108/creating-authentic-connections.

2 아메리칸 드림American Dream. Barone, Adam. 2022. "What Is the American Dream? Examples and How to Measure It." Investopedia, August 1, 2022. https://www.investopedia.com/terms/a/american-dream.asp.

3 번아웃Burnout. Abramson, Ashley. 2022. "Burnout and Stress Are Everywhere." *Monitor on Psychology*, January 1, 2022. https://www.apa.org/monitor/2022/01/special-burnout-stress.

4 당신은 자기돌봄을 우선시하는가Do you prioritize self-care? Barnett, J. E., L. C. Johnston, and D. Hillard. 2006. "Psychotherapist wellness as an ethical

imperative." In L. VandeCreek and J. B. Allen, eds., *Innovations in clinical practice: Focus on health and wellness*(pp.257-271). Sarasota, FL: Professional Resources Press.

5   편도체 Amygdala. "Know Your Brain: Amygdala." Neuroscientifically Challenged. n.d. https://neuroscientificallychallenged.com/posts/know-your-brain-amygdala.

6   일관성 Coherence. 심장과 뇌 사이에 상호작용에 대한 하트매스연구소의 과학 연구·조사에 따르면 사람들은 신체적으로 안전하다고 느낄 때 심박수가 일관성을 보인다. "Heart-Brain Interactions." The Math of HeartMath(HeartMath Institute, October 7, 2012), https://www.heartmath.org/articles-of-the-heart/the-math-of-heartmath/heart-brain-interactions/. 다음의 내용도 참고하라. "Heart Rate Coherence," Natural Mental Health, February 13, 2020. https://www.naturalmentalhealth.com/blog/heart-rate-coherence.

7   제임스 클리어, 『아주 작은 습관의 힘』, 이한이 옮김, 비즈니스북스, 2019.

8   근육을 풀어주는 스트레칭 Stretching to loosen up muscles. "The Importance of Stretching." 2022. Harvard Health(Harvard Medical School, March 14, 2022). https://www.health.harvard.edu/staying-healthy/the-importance-of-stretching.

9   스캐폴딩 이론 Scaffolding Theory. McLeod, Saul. 2019. "The Zone of Proximal Development and Scaffolding." Simply Psychology. https://www.simplypsychology.org/Zone-of-Proximal-Development.html.

4장

1   자신과 타인을 신뢰하는 능력과 의지는 자존감에 달렸다 Ability and willingness to trust ourselves and others is affected by our level of self-esteem. Ellison, C. W., and I. J. Firestone. 1974. "Development of interpersonal trust as a function of

self-esteem, target status, and target style," *Journal of Personality and Social Psychology*, 29(5), 655-663. https://doi.org/10.1037/h0036629; https://psycnet.apa.org/record/1974-32307-001.

2   사소한 행동으로 신뢰가 쌓이고 무너진다Trust is built and broken in tiny, seemingly insignificant acts. Brown, Brene. 2015. "SuperSoul Sessions: The Anatomy of Trust." November 1, 2015. https://brenebrown.com/videos/anatomy-trust-video/.

3   질 볼트 테일러, 『나는 내가 죽었다고 생각했습니다』, 장호연 옮김, 윌북, 2019.

···   **5장**   ···

1   교육에 관한 천편일률적인 접근A one-size-fits-all approach to education. Donohue, Nicholas C. 2015. "How Scrapping the One-Size-Fits-All Education Defeats Inequity." *The Hechinger Report*, June 4, 2015. https://hechingerreport.org/how-scrapping-the-one-size-fits-all-education-defeats-inequity/.

2   우리는 말의 힘이 얼마나 대단한지, 자기 자신에게 건네는 말이 경험에 얼마나 큰 영향을 미치는지 과소평가하곤 한다We underestimate how powerful our words are and how much our self-talk can impact our experience. "Self-Talk", healthdirect(Healthdirect Australia, February 2022). https://www.healthdirect.gov.au/self-talk.

···   **6장**   ···

1   브루스 립튼, 『허니문 이펙트』, 정민영·비하인드 옮김, 미래시간, 2014. 다음의 웹사이트도 참고하라. https://www.youtube.com/watch?v=JKe43Ak1y1c.

2   에이브러햄 매슬로의 욕구단계이론Abraham Maslow's hierarchy of needs. Maslow, Abraham. 1954. *Motivation and Personality*(New York: Harper & Row).

·· **7장** ··

1 편도체 ^{Amygdala}. Ressler, Kerry J. 2010. "Amygdala Activity, Fear, and Anxiety: Modulation by Stress," *Biological Psychiatry 67*, no. 12(June 15, 2010): pp. 1117-1119, https://doi.org/10.1016/j.biopsych.2010.04.027.

2 투쟁-도피 반응 ^{Fight or flight}. "Fight or Flight Response." Psychology Tools, n.d. https://www.psychologytools.com/resource/fight-or-flight-response/.

3 Brown, Brene. 2021. *Atlas of the Heart*. New York: Random House.

4 질 볼트 테일러, 『나는 내가 죽었다고 생각했습니다』, 장호연 옮김, 월북, 2019.

·· **11장** ··

1 패러다임 전환 ^{Paradigm shift}. Lombrozo, Tania. "What Is a Paradigm Shift, Anyway?" NPR, July 18, 2016. https://www.npr.org/sections/13.7/2016/07/18/486487713/what-is-a-paradigm-shift-anyway.

·· **12장** ··

1 가치태그 ^{Value-tagging}. Swart, Tara. "What Is Value Tagging?" *Psychology Today*, October 14, 2019. https://www.psychologytoday.com/us/blog/faith-in-science/201910/what-is-value-tagging. 다음의 내용도 참고하라. Scipioni, Jade. "Top Execs Use This Visualization Trick to Achieve Success-Here's Why It Works, According to a Neuroscientist." CNBC, November 26, 2019. https://www.cnbc.com/2019/11/22/visualization-that-helps-executives-succeed-neuroscientist-tara-swart.html.

·· **13장** ··

1 확언Affirmations. 자기확언은 자기 관련 정보 처리 및 보상과 관련된 뇌 시스템을 강화하고 미래지향성을 강화한다. Cascio, Christopher N., et al. 2015. "Self-Affirmation Activates Brain Systems Associated with Self-Related Processing and Reward and Is Reinforced by Future Orientation." *Social Cognitive and Affective Neuroscience* 11 (4): 621-29. https://doi.org/10.1093/scan/nsv136.

2 루이스 헤이, 『치유』 박정길 옮김, 나들목, 2012.

·· **14장** ··

1 크리스틴 버틀러, 『하루 3분 긍정일기』 김지연 옮김, 더 와이즈, 2023.

·· **15장** ··

1 레프 비고츠키의 근접발달영역Lev Vygotsky's Zone of Proximal Development. McLeod, Saul. 2019. "The Zone of Proximal Development and Scaffolding." *Simply Psychology.* https://www.simplypsychology.org/Zone-of-Proximal-Development.html.

2 스캐폴딩Scaffolding. Cavallari, Dan. 2022. "What Is Vygotsky's Scaffolding?" *Practical Adult Insights*, October 31, 2022. https://www.practicaladultinsights.com/what-is-vygotskys-scaffolding.

3 긍정확언 이론Self-Affirmation Theory. "Self-Affirmation Theory," Encyclopedia.com (International Encyclopedia of the Social Sciences). n.d. https://www.encyclopedia.com/social-sciences/applied-and-social-sciences-magazines/self-affirmation-theory.

1 신경계Nervous system. OpenStax College. "Parts of the Nervous System." General Psychology. University of Central Florida, n.d. https://pressbooks.online.ucf.edu/lumenpsychology/chapter/parts-of-the-nervous-system/.

2 명상과 마음챙김에 관한 연구Studies on meditation and mindfulness. National Center for Complementaryand Integrative Health. 2022. "Meditation and Mindfulness: What You Need to Know." U.S. Department of Health and Human Services, June 2022. https://www.nccih.nih.gov/health/meditation-and-mindfulness-what-you-need-to-know.

옮긴이 안세라 | 서울외국어대학원대학교 한영과를 졸업하였으며, 강주헌의 번역 작가 양성반
및 어린이책 번역 작가 과정 이수하였다. 현재 번역에이전시 엔터스코리아에서 전문 번역가로
활동 중이다. 주요 역서로는 『푸름이 밀려온다』, 『세상을 바꾸는 행동경제학』, 『넷플릭스 세계
화의 비밀』, 『찰리 브라운과 그의 친구들 이야기』 등이 있다.

내 안의 무한한 잠재력이 시작되는 곳
컴포트존

초판 1쇄 인쇄 2023년 12월 5일
초판 1쇄 발행 2023년 12월 15일

지은이 크리스틴 버틀러 | **옮긴이** 안세라
편집 김민혜 | **디자인** dbox

펴낸곳 더 와이즈
출판등록 2023년 6월 12일 제2023-000050호
주소 서울시 관악구 신원로 3길 40
전화 02-854-8165 | **팩스** 02-854-8166
이메일 thewise.book.press@gmail.com
네이버·인스타그램 @thewise_books

ISBN 979-11-984647-0-5(03190)

더 와이즈는 '더 현명하게, 더 넓은 눈으로 세상을 바라보는 사람들을 위한 책'을 만들고 있습니다
함께 책을 펴내고자 하는 독자 여러분의 소중한 아이디어와 원고를 기다립니다.
간단한 기획안이나 원고를 연락처와 함께 이메일(thewise.book.press@gmail.com)로 보내주세요.